U0880282

新电商精英系列教程

网店美工

第3版

阿里巴巴商学院　编著

電子工業出版社
Publishing House of Electronics Industry
北京•BEIJING

内容简介

“电商精英系列教程”自2011年问世以来，伴随电商大潮在国内的兴起，已经热销100多万册，两次荣获电子工业出版社最佳品牌奖，成为全国范围内颇具影响力的电商系列教程，是几代电商人和院校学员学习的“绿色记忆”。中间经过几个版本的更新迭代，2023年，第3次升级版“新电商精英系列教程”问世！

丛书均配有PPT课件，由阿里巴巴商学院召集多位优秀的电商讲师和电商领域的专家与学者编写。丛书包括8本书：《网店推广》（第3版）、《电商直播》、《电商运营》（第3版）、《网店美工》（第3版）、《网店客服》（第3版）、《跨境电商物流》、《跨境电商营销》、《跨境电商独立站运营》。

《网店美工》（第3版）的主要内容包括如何成为一名优秀的网店设计师、拍摄篇、图片设计篇、页面设计篇、店铺装修篇（手机端）与视觉数据篇，涵盖了网店美工培训的各个重要方面。本书从网店美工的需求和实用角度出发，结合编者多年的实战经验进行编写，帮助读者掌握网店美工视觉设计的基本技能，增强其综合实践能力。

本书可作为各类院校电商及相关专业的教材，也可作为网络创业者和电商从业人员的参考用书。

图书在版编目（CIP）数据

网店美工 / 阿里巴巴商学院编著．—3版．—北京：电子工业出版社，2023.10

新电商精英系列教程

ISBN 978-7-121-46406-5

Ⅰ．①网… Ⅱ．①阿… Ⅲ．①网店－设计－教材Ⅳ．① F713.361.2

中国国家版本馆CIP数据核字（2023）第184382号

责任编辑：林瑞和　　　特约编辑：田学清
印　　刷：天津千鹤文化传播有限公司
装　　订：天津千鹤文化传播有限公司
出版发行：电子工业出版社
　　　　　北京市海淀区万寿路173信箱　　邮编：100036
开　　本：787×980　1/16　　印张：18.5　　字数：413千字
版　　次：2016年6月第1版
　　　　　2023年10月第3版
印　　次：2023年10月第1次印刷
定　　价：89.00元

凡所购买电子工业出版社图书有缺损问题，请向购买书店调换。若书店售缺，请与本社发行部联系，联系及邮购电话：（010）88254888，88258888。

质量投诉请发邮件至zlts@phei.com.cn，盗版侵权举报请发邮件至dbqq@phei.com.cn。

本书咨询联系方式：faq@phei.com.cn。

“新电商精英系列教程”编写委员会

序

数字经济的崛起与繁荣，赋予了经济社会发展的“新领域、新赛道”和“新动能、新优势”，正在成为引领中国经济增长和社会发展的重要力量。电商作为数字经济中极具活力和发展潜力的领域之一，持续推动着数字时代各行业商业模式的创新和转型。2022年，全国网上零售额达13.79万亿元，产业电商市场规模达31.4万亿元。随着技术和社会媒体的不断发展，电商行业正在经历着新的转型和变革，在这个过程中，越来越强调消费者体验。智能化进程加速、社交电商和直播电商的崛起，以及数字货币和元宇宙的应用成了当前电商行业的最新趋势，进一步推动电商成为中国经济社会转型发展的重要一极。

新技术的应用，如移动互联网、人工智能和区块链等，推动了电商快速发展和营销模式不断创新。同时，这些技术也对整个电商生态系统中的各类参与方提出了更高的要求。从区域发展的角度来看，各大电商龙头企业争夺的“主战场”已经从一二线城市扩展到三四线城市，并向东南亚、非洲和中东等新兴电商市场转移。下沉市场和跨境电商则成为新的风口。从电商平台模式创新的角度来看，传统主流电商平台规则在不断升级，而新涌现的O2O、社交电商和直播电商等多种新模式更注重消费者个性化需求和购物体验。电商创业者必须具备更前沿化和技术化的知识，以适应以数据驱动、网络协同和客户体验为核心要素的智能商务时代。

在过去30年中，电商人才培养已经取得了显著的成果。然而，如何更好地培养电商人才以适应行业发展是一个难以回避的问题。一方面，新的电商模式和后发地区的电商升级都面临着电商人才短缺的问题。虽然在校电商专业的学生掌握了一定的理论知识，但在实际操作和应用层面，他们往往难以满足最前沿的行业技能要求。从业人员在实践中积累的知识往往零散、片段化，缺乏必要的体系和提升。另一方面，国内现有的电商相关专业课程和培训内容难以与时俱进。传统的工业时代教育体系已经不能适应新经济时代对人才巨大且崭新的知识要求。

教育部高等学校电子商务类专业教学指导委员会在过去数年中，在电商人才培养的总体目标、专业素质构成、培训体系设置及产教融合拓展等方面开展了大量的工作，取得了多项宝贵共识。作为该委员会的一员，笔者参与并见证了国内电商人才培养的改革和创新，深知要在互联网发展日新月异的情境下保持相应知识内容体系的适应性，既是一项振奋人心的任务，又是一个非常艰巨的挑战。电商创新创业人才的培养，必须一如既往地秉承前沿理念，紧跟行业领域的技术及市场趋势，形成更具时代感的电商创新创业知识体系，为电商行业的发展注入新的活力。

多年来，笔者所在的阿里巴巴商学院一直致力于满足新经济时代不断变化和升级的需求，在电商和数字经济领域创新型人才的教育、培训和教材方面做了大量卓有成效的工作，为行业和社会各界输送了成千上万名高素质电商人才。这次学院组织召集了 30 余位活跃于电商一线的资深创业者和优秀商家，高等院校一线教师，以及教育部高等学校电子商务类专业教学指导委员会专家，对“新电商精英系列教程”进行了新一轮的升级，既考虑到数字经济时代的新变化和新需求，又兼顾电商新竞争格局中涌现出的新主体和新规则。我们相信，本套丛书将成为电商人才培养探索的重要里程碑，能够积极促进电商行业的发展，同时也将为广大创业者和从业者提供有价值的参考。

章剑林

阿里巴巴商学院执行院长

教育部高等学校电子商务类专业教学指导委员会副主任

2023 年 4 月于杭州

第3版前言

“电商精英系列教程”自2011年问世以来，伴随电商大潮在国内的兴起，已经热销100多万册，两次荣获电子工业出版社最佳品牌奖，成为全国范围内颇具影响力的电商系列教程，是几代电商人和院校学员学习的“绿色记忆”。

2016年，电子工业出版社推出丛书升级版“新电商精英系列教程”。2019年，第2次升级版“新电商精英系列教程”问世！2023年，第3次升级版“新电商精英系列教程”（本套丛书）问世！

丛书为电商创业者、从业者和大中专院校的电商及相关专业的学生提供了一系列体系化、具有实践性和可操作性的电商知识。这些知识不仅让电商行业人才的技能及素质得到了极大提升，还让我们一起见证了电商行业最激动人心的时代！

实践总是超前于理论的发展，系统的学习必须对来自实践的知识进行梳理与总结。阿里巴巴商学院发起了此轮（第3次升级版）修订工作，旨在“培养一批能够适应新技术和新模式快速涌现现状的电商实操型人才”。我们密切关注新经济趋势，深度调研电商行业人才能力的构成，并严格把关教程内容和作者筛选。历时近6个月，我们完成了这套新版“新电商精英系列教程”。本次修订体现了以下几个特点。

第一，新版教程更符合电商前沿知识体系的需求。

在多方专家讨论的基础上，新版教程新增了跨境电商独立站运营、跨境电商物流、跨境电商营销3个专题，进一步契合全球化电商运营的现实场景，为电商从业人员提供更系统化的基础知识。通过增加的这3个专题，读者可以更深入地了解电商的最新发展趋势和运营方法，有助于更好地应对市场变化和提高竞争力。

第二，电商“产教”整合实现优质内容发布。

“新电商精英系列教程”编写委员会邀请30余位活跃于电商一线的资深创业者和优秀商家，高等院校一线教师，以及教育部高等学校电子商务类专业教学指导委员会专家共同参与编写，既保证了内容的指导性和可操作性，又保证了内容的逻辑性和条理性。通过“产教”整合，丛书能够更好地满足电商行业从业者的实际需要，提高读者的学习效果。

第三，全方位优化设计提高电商相关专业学生的学习体验。

编写团队在创作初期便充分考虑如何将新版教程更广泛地应用到高等院校电商相关专业的全日制大学生群体及自学人员身上。在内容上，丛书结合高校学生培养的特点做了相关设计，如在各章都安排有习题等。这些优化的设计可以帮助读者更深入地理解和掌握电商知识，让学习过程更加轻松、简单和有效。

本书共分 6 章，其中，第 1 章由朱华杰（弥乐）编写，主要介绍如何成为一名优秀的网店设计师；第 2 章由曹培强编写，主要介绍图片拍摄的相关知识；第 3 章由冯慧编写，主要介绍图片设计的方法与技巧，以及网店常用的图片；第 4 章由朱华杰和曹培强共同编写，主要介绍首页设计、详情页设计、活动页设计等内容；第 5 章由曹培强编写，主要对店铺装修（手机端）的相关内容进行讲解；第 6 章由王小建编写，主要介绍视觉优化逻辑、总体视觉数据、页面视觉数据分析、单品视觉数据分析等内容。

本书凝聚了诸多优秀商家的智慧与心血，编写工作得到了政产学各界领导、专家、学者的关心和支持，部分素材、数据来源于行业内权威的研究机构及相关网站，编写团队在此一并表示感谢！

由于电商行业的发展日新月异，而编写团队的水平有限，因此书中难免有不足之处，敬请广大读者指正。

“新电商精英系列教程”编写委员会

目 录

第1章

如何成为一名优秀的网店设计师

1.1　网店设计师的职业生涯忠告

当你打开这本书的时候，或许你还是一名学生，或许你已经是一位网店设计师（在电商行业中经常被称为美工），又或许你还在犹豫未来是否要从事网店设计师这个职业。不管怎样，我作为从业十几年的电商品牌导师，都想给你讲讲这个行业的真实情况，相信对你一定有所启发和帮助。

1.1.1　一名优秀的设计师给品牌带来的价值

这是一个充满竞争的时代，也是一个充满机会的时代。

说这是一个充满竞争的时代，是因为这个时代供远大于求，产品同质化竞争激烈，可能有成千上万个商家在卖同一种产品。电商平台在某种程度上是比价平台，很多商家因为价格战而血本无归。

说这是一个充满机会的时代，是因为这个时代的信息传播得很快。如果一个品牌的产品、服务做得好，视觉也做得好，能够让消费者耳目一新、过目不忘，消费者就会自发地帮其宣传，很快就能打造一个品牌。

这样的案例在互联网时代举不胜举，如电商品牌花西子于 2017 年 8 月入驻天猫，2018 年的销售额只有 4319 万元，到 2019 年攀升至 11.3 亿元，增长了 25 倍多。2021 年，花西子的销售额突破 54 亿元。花西子是怎么做到的？

毫无疑问，花西子是一个没有任何背景和背书的新品牌，没有故事、没有雄厚的研发基础，更没有广告刷屏，就是这样一个小众美妆品牌，依靠独特的产品设计和包装成功崛起。

花西子不走“高大上”的国外彩妆品牌路线，坚持中国风的品牌定位。不论是品牌调性、平面设计感、Logo、包装、产品设计还是品牌代言人，都具有东方文化的特点，如图 1-1 所示。花西子的文化自信和产品自信特别符合“90 后”的独立审美和生活态度。

图 1-1　花西子的视觉设计

图 1-1　花西子的视觉设计（续）

花西子成功的核心原因是其产品设计、包装、店铺装修迎合了年轻人的审美，将中国元素和企业文化完美地结合。此外，其卓越的品质也让消费者赞不绝口。

从消费者对花西子产品的评价（见图 1-2）中可以看出，很多消费者购买花西子的产品是因为其“颜值”高。

经过整理可知，评价中有 4 万人说“用后效果明显”，2.9 万人说“包装精致”，2.1 万人说“粉质很好”，1.4 万人说花西子的产品“颜值很在线”，1.1 万人说“商家服务很好”。要知道，消费者在评价中说什么，就说明他们在买之前关注什么。从不同评价的数量占比可以看出，产品的视觉设计很重要。

在互联网时代，像花西子这样通过视觉设计异军突起的品牌还有很多，如李子柒、蕉内、铜师傅等。

视觉设计做得好，不仅可以让消费者记住一个品牌，还会让他们喜欢上这个品牌。例如，三只松鼠的 Logo 就是 3 只可爱的小松鼠，这 3 只可爱的小松鼠代表了三只松鼠的企业文化。员工的花名都与松鼠有关系，如松鼠老爹、鼠小妹、鼠小疯等，客服也是松鼠的化身，亲切地称消费者为“主人”。3 只可爱的小松鼠成了品牌的记忆符号，让消费者过目不忘。这个品牌的记忆符号给三只松鼠带来的品牌效应是，人们只要想到三只松鼠就想到了坚果，想到坚果就想到三只松鼠，三只松鼠几乎可以代表坚果这个类目。

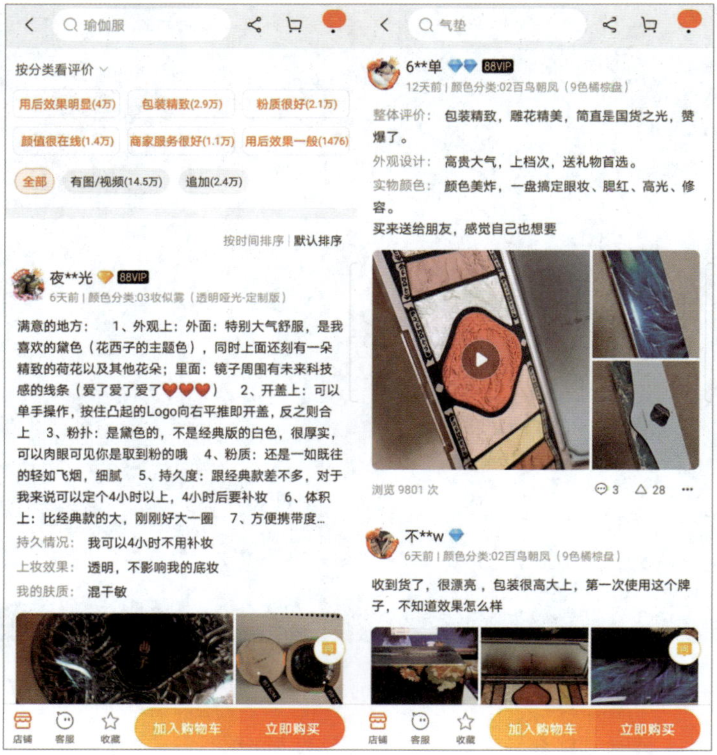

图 1-2 消费者对花西子产品的评价

在阿里指数的搜索词排行中，“三只松鼠旗舰店”曾经比“每日坚果”的搜索指数还要高，如图 1-3 所示。

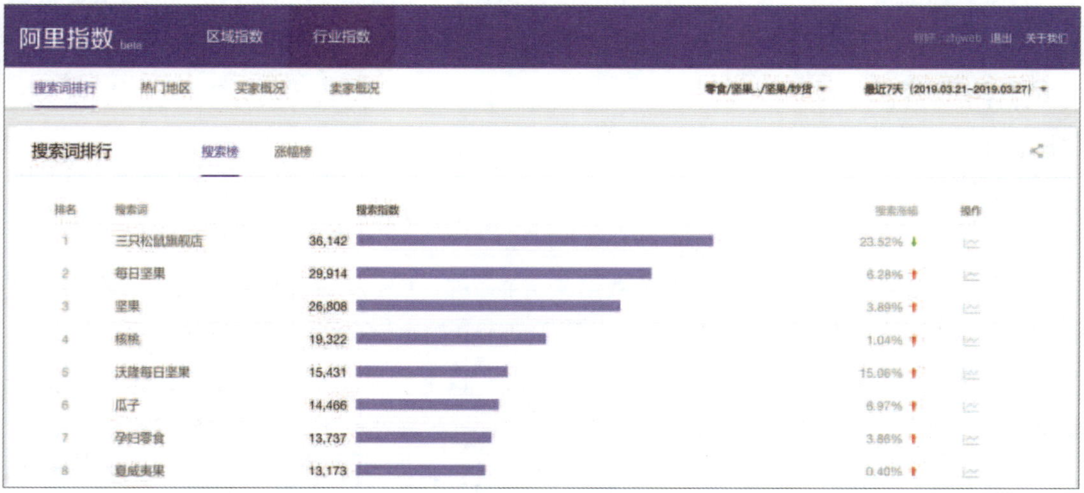

图 1-3 “三只松鼠旗舰店”和“每日坚果”的搜索指数对比

当一个品牌可以代表一个品类的时候，这个品牌就非常厉害了。

为了设计出三只松鼠的品牌标识符号，三只松鼠的创始人松鼠老爹和负责品牌策划的鼠小疯当年可没少动脑筋。他们跑遍了芜湖所有的超市，把市面上能见到的所有坚果食品都买回来研究，分析其包装设计，但由于员工技术有限，因此不能设计出令他们满意的作品。在经过一家宠物店时，橱窗里琳琅满目的狗粮吸引了松鼠老爹。站在宠物店的产品展示架前，松鼠老爹想："消费者是主人，我们是松鼠，什么样的设计可以让人与动物之间的距离更近呢？"他突然想到将 3 只可爱的小松鼠与坚果联系在一起。这就是三只松鼠品牌标识符号的由来，其视觉特点始终未变。

三只松鼠在包装箱上也做足了功课。三只松鼠包装箱（昵称为鼠小箱）上的松鼠头让包装箱别具一格，甚至有消费者在微博上留言说："每次快递到的时候我都会特别开心，因为在大家还按照手机尾号在地上拼命找快递的时候，我一眼就看到了鼠小箱。"

后来，三只松鼠也愈加将视觉营销放在首位，对页面设计的要求越来越高。

3 只可爱的小松鼠形象就能给一个品牌带来如此大的商业价值，看来视觉的作用确实不可小觑！

想要达到花西子或三只松鼠的设计水平并非一日之功，这需要你对设计行业永远保持一颗热爱的心，看到设计行业的发展前景，并且坚持在设计行业中不断地学习。

1.1.2 网店设计师的职业困境与解决方案

下面介绍网店设计师（美工）可能会遇到的职业困境及对应的解决方案。

1. 作品被要求反复修改

很多初入职场的美工往往只懂设计，不懂营销，把店铺页面设计得十分花哨，各种颜色、字体等元素随便用，一味地追求新鲜、天马行空。

作为一个美工，我们一定要知道营销才是目的，视觉设计只是营销的一个手段。

让消费者一眼就能看懂你是卖什么的、核心利益点是什么才是关键，而不是做很多效果，让人眼花缭乱、不知所云。如果遇到一个不懂视觉设计的运营人员，那么美工的大部分时间就会被浪费在修图、改图上。

视觉设计是否美观本身就比较主观，如有的人喜欢红色，有的人喜欢蓝色；有的人喜欢大气的图标，有的人喜欢小而精致的图标；对于同一张模特图，有的人认为好看，有的人认为不好看。因此，美工的作品经常被要求反复修改。于是经常有很多美工朋友跟我诉苦说："不想干了！"我问他们："为什么？"他们说："当店铺转化率低的时候，大家开会讨论，最后问题都归结到我们这里。"

这些沟通上的问题，我在给电商企业做指导的十几年中遇到过太多了。对于这些沟通上的问题，我给出以下建议：建立统一的视觉标准，只有让运营人员和美工的审美观达成一致，才能让他们的沟通变得高效。

2. 作品产出价值小

在淘宝开网店，有时一张“神图”就可以给店铺引来巨大的流量，救活一个店；一个好的详情页就像一位超级销售员，24 小时帮商家收款。

然而，很多美工的作品缺乏营销思维，随意运用颜色、字体、效果等，导致作品的视觉效果差，产品卖不出去。

如图 1-4 所示，同样是婴儿浴盆，一个卖 59 元，有 3.2 万人付款；另一个卖 49 元，却只有 65 人付款。请问：哪个婴儿浴盆的产出价值大？

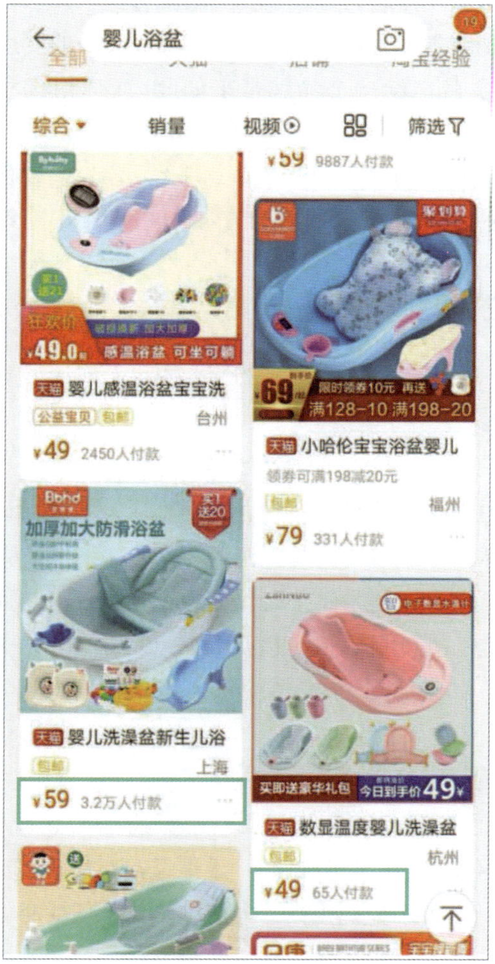

图 1-4　不同婴儿浴盆的销量对比

你也许会说，销量不好可能不单纯是视觉设计差的原因，也许是竞争对手的营销活动做得好、服务好、产品好等。但是，无论原因是什么，视觉设计都起到非常重要的作用。视觉设计是一个店铺的基本功，基本功没有打好，盲目地引流，并不能提高店铺的转化率。

59 元的婴儿浴盆在视觉设计上突出了卖点“加厚加大防滑浴盆”和利益点“买 1 送 20”，而 49 元的婴儿浴盆的卖点是“买即送豪华礼包”，但是并没有说明豪华礼包是什么。消费者在购买婴儿浴盆时关注的可能不是赠品，而是产品的卖点。卖点一般是消费者的“痛点”，而 49 元的婴儿浴盆的视觉设计没有抓住消费者的核心关注点。

除主图外，这两个产品的详情页也有很大的差别，至于具体区别，这里不展开讲解。关于如何设计爆款详情页，后面的章节会重点讲解。

如果你想通过设计作品产出更大的价值，就要不断学习新知识。这些知识不仅包括设计的专业知识，还有营销知识、心理学知识等。

3. 机械地修图，工作乏味

在电商行业里，很多时候网店设计师就是配合运营人员做好设计，运营人员安排他们做什么就做什么，他们常被称为美工。很多网店设计师不喜欢被称为美工，因为他们认为美工就是在别人的指挥下工作，没有自己的主见和思想，只是运营人员的“工具”，这样的网店设计师每天的工作就是机械地修图。

在淘宝上搜索“修图”，按价格从低到高排序，最便宜的是 1 毛钱 1 张，而且是“专业美工，满意为止”，如图 1-5 所示。

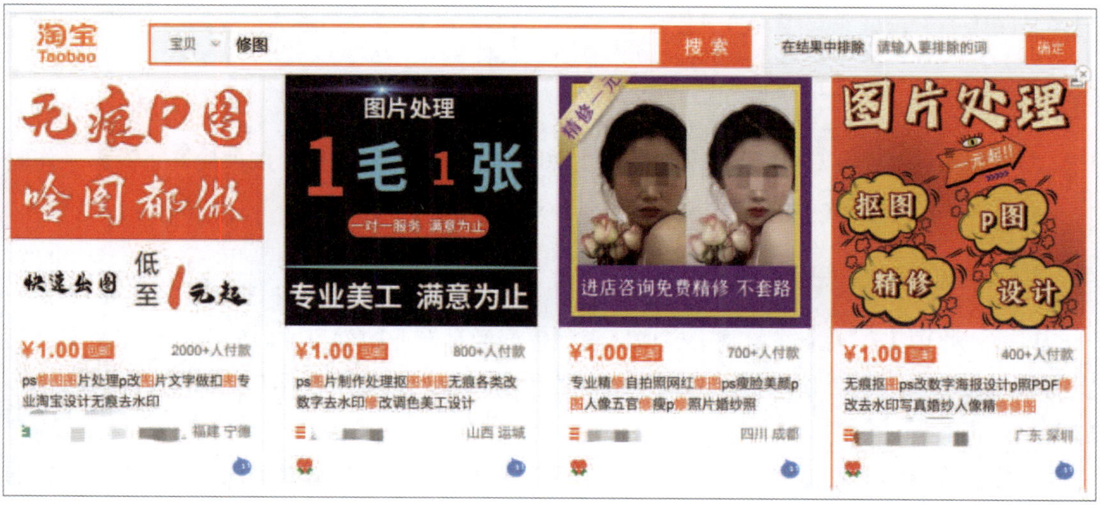

图 1-5　“修图”的搜索结果

试想一下，如果纯人工修图，你一天能修多少张图呢？而且每天做同样的动作，机械地修图，这样的工作想想都觉得乏味。

看到这里你是不是对前途又没有信心了呢？不要着急，其实这些机械性的工作都可以让AI（Artificial Intelligence，人工智能）工具帮你做。

1.1.3 网店设计师必学的 AI 工具

2023 年年初，广受瞩目的 ChatGPT 等 AI 工具异军突起，只有学会使用这些 AI 工具，网店设计师才能立于不败之地。作为网店设计师，你需要学习的 AI 工具包括且不限于以下几种。

1. ChatGPT

ChatGPT 是美国 OpenAI 公司研发的聊天机器人程序，能够通过理解和学习人类的语言来与人对话，还能根据对话的上下文进行互动，具有很大的应用潜力。随着 ChatGPT 后续版本的迭代，其代表的 AI 技术很可能会影响人类社会的各行各业，值得我们关注。

2. 智能作图软件——鹿班

鹿班是阿里巴巴智能设计实验室自主研发的一个设计产品，基于图像智能生成技术，能在短时间内完成大量 Banner 图、海报图和会场图的设计，提高网店的工作效率。用户只需输入自己想要的风格、尺寸，鹿班就能代替人工完成素材分析、抠图、配色等耗时耗力的工作，实时生成多套符合要求的设计解决方案，还会比对网络中数据表现好的图片，供用户选择。鹿班已经是网店美工领域非常成熟的产品。

3. 智能短视频软件——AlibabaWOOD

AlibabaWOOD 可以在 1 分钟内制作多达 200 个产品展示短视频，大大提高了商家制作短视频的效率。AlibabaWood 非常智能，同样是成熟的产品，值得尝试。

4. 手机上的各种智能作图 App

以前，修图工作只能在电脑上完成，人们需要经过专业的学习才能修图，现在很多手机上的 App 就具备智能修图功能，降低了用户的使用门槛，如美图秀秀、光影魔术手、醒图、Lightroom 等。

只要你能准确地表达出你的需求，AI 工具就会快速制作出你想要的图片。让这些便捷的 AI 工具为你所用，帮你提高工作效率吧！

1.2　优秀的网店设计师应该具备的三大思维

1.2.1　品牌思维

作为一个合格的网店设计师，一定要有品牌思维。试想一下，如果你要购买产品，在价格差不多的情况下，你会选择有品牌的还是没有品牌的？我相信大部分人会选择有品牌的，因为有品牌的更值得信任。那么问题来了，为什么有些店铺的视觉设计具有品牌感，而有些店铺的视觉设计没有品牌感？

我有一个朋友经营首饰，他的店铺的视觉设计就非常有品牌感，如图 1-6 所示。他曾做过网店设计师，其店铺风格 20 年没有变过，产品价格比同行要高，从来不打价格战，截至 2023 年 5 月，其店铺已经有 110 万个粉丝。

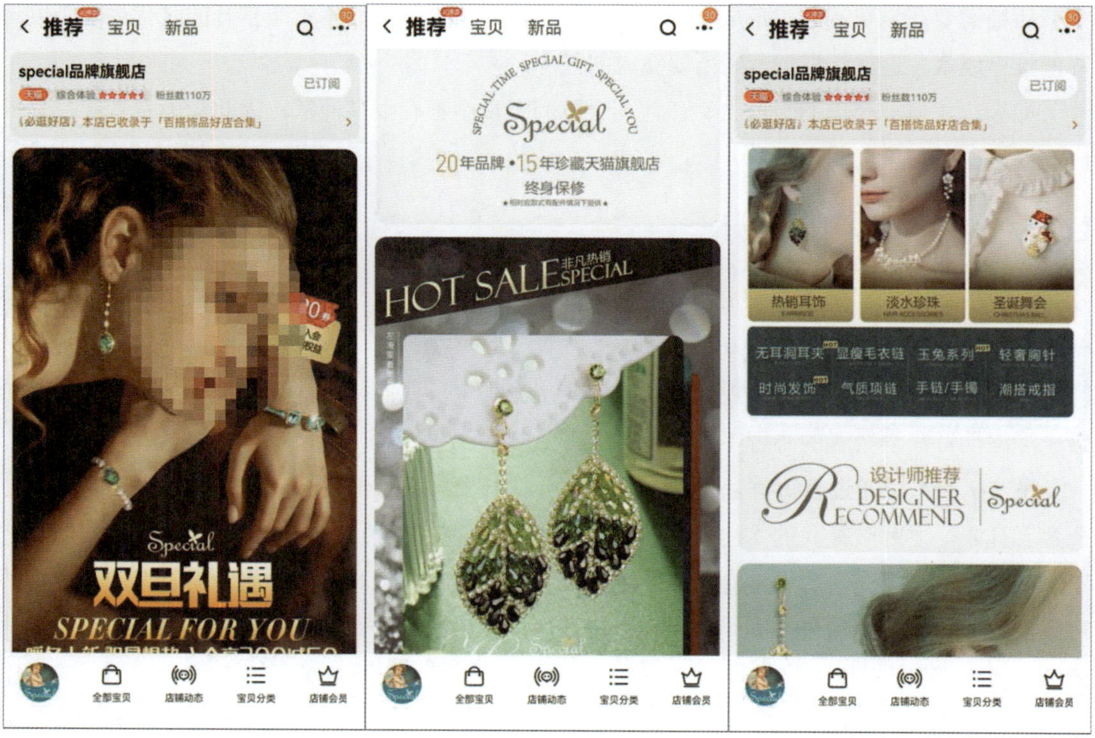

图 1-6　special 品牌旗舰店的首页

我也见过一些大品牌的店铺，因为没有一名好的网店设计师，其页面设计让产品看起来非常廉价。

店铺的视觉设计中需要有店铺的品牌记忆符号，能够让消费者记住，甚至是过目不忘。反之，如果店铺的视觉设计中没有店铺的品牌记忆符号，无法让消费者记住，那么这样的店铺永远无法打造出品牌。

1. 不变的元素

店铺的视觉设计中一定要有不变的元素，如果一个店铺中的所有视觉元素都是变化的，就可能带来两个不好的结果。

其一，网店设计师的工作效率会极其低下，他会把大量的时间浪费在所谓的“视觉创新”上。

其二，消费者每次进店后看到的视觉设计都不一样，来过很多次也记不住店铺。

视觉设计中不变的元素就是品牌视觉的元素，如品牌名、Logo、标语、字体、字号、颜色、品牌活体、品牌标签、品牌包装、品牌故事等。只有这些元素具有统一的视觉设计，才能让店铺看起来有品牌感。

店铺需要在消费者心中形成强烈的记忆符号，才能在推广成本不断攀升的时代最大限度地降低推广成本。这就是视觉营销所要完成的任务。

如今，任何一个电商平台上、任何一个电商类目中都有很多商家，因此让消费者记住你的店铺就显得尤其重要。

2. 视觉锤

品牌的终极目标就是占领消费者的心智。如何才能做到这一点呢？我们需要有一个永远不变的超级符号——超级创意。

我们需要一把视觉锤——视觉是锤子，文字是钉子。我们要用视觉这把锤子，把文字这个钉子深深地钉在消费者的心智中。

图 1-7 的左图通过将短裤套在头上这样的反常画面来吸引消费者的眼球，让消费者忍不住想多看几眼，“呼吸是我的本能”这句话传达出产品的核心卖点是透气。请问：谁家卖的短裤不透气呢？可是，当消费者眼看到“呼吸是我的本能”这句话时，心中就觉得这个店铺的短裤可能比其他短裤更加透气，因为在所有卖短裤的店铺中，只有这个店铺大声地把“呼吸是我的本能”说出来了。

因此，品牌需要用一句话来总结自己产品的核心卖点，这个核心卖点一定要从解决消费者的某个核心“痛点”出发，或者从给消费者带来的某个核心益处出发，这句话就是用来占领消费者的心智的。品牌还要将其用一张图片表达出来，这就形成了这个品牌的视觉锤。在有了这把视觉锤后，我们还要不断地重复，让这个视觉锤不断地在消费者面前出现，直到占领消费者的心智。重复的力量是无穷的。

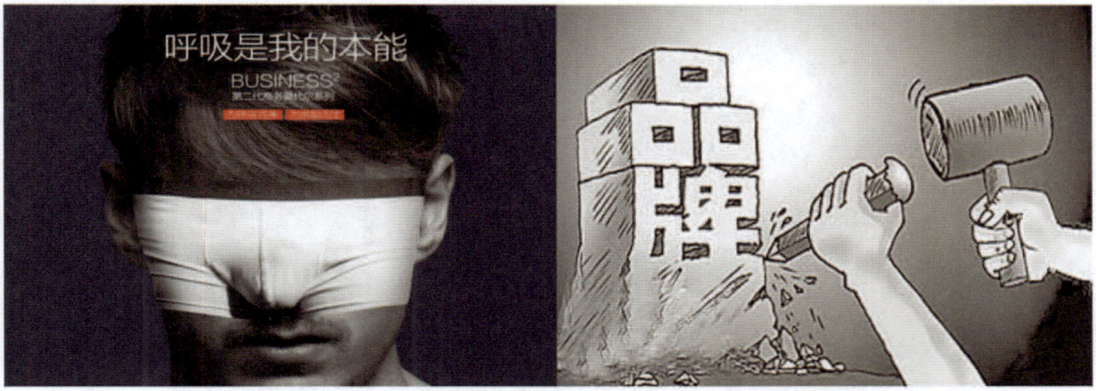

图 1-7 创意图片

1.2.2 用户思维

为什么很多新手网店设计师喜欢用各种各样的字体、颜色、标签、效果，核心原因是缺乏用户思维，认为自己喜欢的东西用户也喜欢。如果用户多为女性，网店设计师就应该以女性喜欢的风格进行设计，而不应该以自己喜欢的风格进行设计。在互联网时代，一切都要以用户为中心。

产品开发需要以用户为中心，用户需要什么产品，就开发什么产品。网店设计师也需要以用户为中心，用户喜欢什么风格，就设计什么风格。例如，时下国潮风很火，很多商家就把店铺装修、产品包装、产品设计都做成国潮风的，如花西子、同仁堂等。

用户思维就是要学会深挖用户的喜好，并以此为依据进行设计，从而给品牌带来非常大的价值。例如，韩都衣舍曾做出一款 T 恤礼盒，3200 份，单价为 798 元，91 秒售罄。它是怎么做到的？

韩都衣舍的产品研发团队对用户进行了深入分析，发现大部分是“95 后”，属于 Z 世代人群，“95 后”喜欢什么样的设计风格和元素？

“95 后”Z 世代的关键词如图 1-8 所示。

韩都衣舍在对用户做了这些深入分析后，设计了一款 T 恤礼盒“TNT 时代少年团”，在衣服上设计了如图 1-9 所示的元素。

韩都衣舍的案例充分说明用户思维有多么重要。

图 1-8 “95 后”Z 世代的关键词

图 1-9 韩都衣舍的 T 恤礼盒“TNT 时代少年团”的设计元素

所有的设计都要有用户思维，如为了提高点击率，需要把用户最关心的利益点放大并突出；

为了提高详情页的转化率，需要把用户最关心的卖点以用户可感知的方式呈现出来。具体的方法就是你要学会做深度的人群画像分析，找到用户的“痛点”，围绕用户的“痛点”做出来的设计才能真正打动用户，使其为你的设计买单。

1.2.3 数据思维

数据是检验真理的标准之一，设计的每个动作都要用数据来指导，这就是精细化视觉营销。

作为网店设计师，如果你不懂数据，运营人员说你的设计不好看，你可能就只能重新做一个设计方案；如果你有数据思维，你就可以按运营人员的意见做一个设计方案，按自己的想法做一个设计方案，将两个设计方案进行对比，选择更优的。

视觉有一个非常重要的数据指标——点击率，主图、直通车图、直播海报图、短视频封面等所有广告图的点击率都直接影响着商家生意的生死。

流量 = 展现量 × 点击率。没有人点击，就不会有流量；没有流量，店铺就经营不下去。有时一张“神图”就能救活一个店铺，一张高点击率的直通车图就可以节省大量的推广费用。

因此，网店设计师每设计完一张广告图都要去看点击率数据，并分析点击率上升或下降的原因，久而久之，和运营人员之间的配合就会越来越默契。

店铺“老钟驾到”有一位网店设计师，之前不会看数据，不知道自己的作品是好是坏，也不知道自己的作品给店铺带来了多大的价值。后来，她学习了数据思维，在设计图片时就会想如何做到差异化，也会自己看数据了，没过多久就做出了一张点击率接近40%的主图，如图1-10所示。

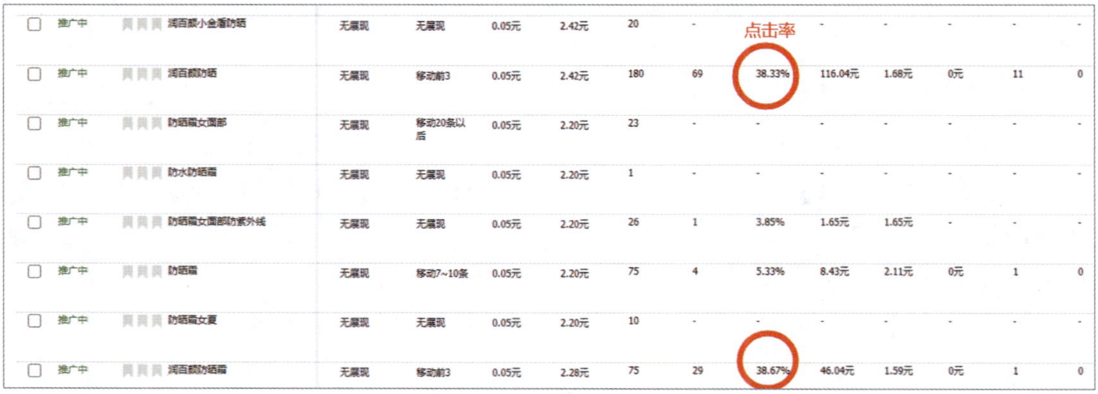

推广中	润百颜小金盾防晒	无展现	无展现	0.05元	2.42元	20	-	-	-	-	-	-
推广中	润百颜防晒	无展现	移动前3	0.05元	2.42元	180	69	38.33%	116.04元	1.68元	0元	11	0
推广中	防晒霜女面部	无展现	移动20条以后	0.05元	2.20元	23	-	-	-	-	-	-	-
推广中	防水防晒霜	无展现	无展现	0.05元	2.20元	1	-	-	-	-	-	-	-
推广中	防晒霜女面部防紫外线	无展现	无展现	0.05元	2.20元	26	1	3.85%	1.65元	1.65元	-	-	-
推广中	防晒霜	无展现	移动7~10条	0.05元	2.20元	75	4	5.33%	8.43元	2.11元	0元	1	0
推广中	防晒霜女夏	无展现	无展现	0.05元	2.20元	10	-	-	-	-	-	-	-
推广中	润百颜防晒霜	无展现	移动前3	0.05元	2.28元	75	29	38.67%	46.04元	1.59元	0元	1	0

图 1-10 主图的点击率数据

她后来还把这个高点击率主图的设计方法总结成一套标准，应用在其他主图上，使全店主图的点击率提高了 46.3%，给店铺带来巨大的价值。

至于视觉设计还需要看哪些数据，本书第 6 章会详细讲解。当你有数据思维的时候，你就会用数据来捍卫自己的劳动成果，成为有独立思想的网店设计师。

1.3 优秀的网店设计师应该具备的三大能力

作为一名优秀的网店设计师，在专业素质方面至少应该具备三大能力：拍摄能力、视频剪辑能力和设计能力，因为很多中小型店铺并不像大型店铺那样人员分工明确，很多时候需要一人多能。

1. 拍摄能力

网店设计师需要掌握相机的基本操作、场景与布光、产品与取景及构图、拍摄的流程与标准等知识，关键是要针对店铺的风格设定一套拍摄标准，这样才能保证店铺的风格统一。如果拍摄没有做好，后面的设计工作就很难进行。关于拍摄的相关知识，后续章节会重点讲解。

2. 视频剪辑能力

短视频已经成为内容营销的主流载体。相比单纯的图文，短视频可以更加全面、直观地展示产品的卖点。短视频的应用范围越来越广，如主图短视频、微详情页短视频、首页短视频、详情页短视频、订阅页短视频等，还有抖音、快手、小红书、知乎、视频号上等用于种草或卖货的短视频。

短视频的应用范围如此广泛，所以短视频剪辑也是网店设计师必备的能力，后续章节也会讲解。当然，网上也有很多短视频的剪辑技巧教程，网店设计师可以通过自学来掌握。

3. 设计能力

网店设计师不仅需要具备平面设计能力，还要具备三维设计和动画设计能力。

单纯的平面设计已经不能满足电商发展的需要，很多行业的图片需要用 3D 渲染出来，并用三维动画展示，如家具、手机等。如图 1-11 所示，沙发的三维动画可以更加直观、便捷地展示沙发的卖点。

电商对设计的要求将越来越高，很多产品需要用三维和动画来展示其效果，有需求就有商机。

千里之行始于足下，你需要给自己设定一个学习目标，先看到这个行业的天花板，然后给自己制订一个学习成长计划。如果你准备用 10 年，甚至更长的时间来学习这些技能，我相信没有你学不会的东西。如果你在学习的过程中能够刻苦练习、不断进取，那么你的这把“剑”一定会非常锋利，甚至所向披靡。

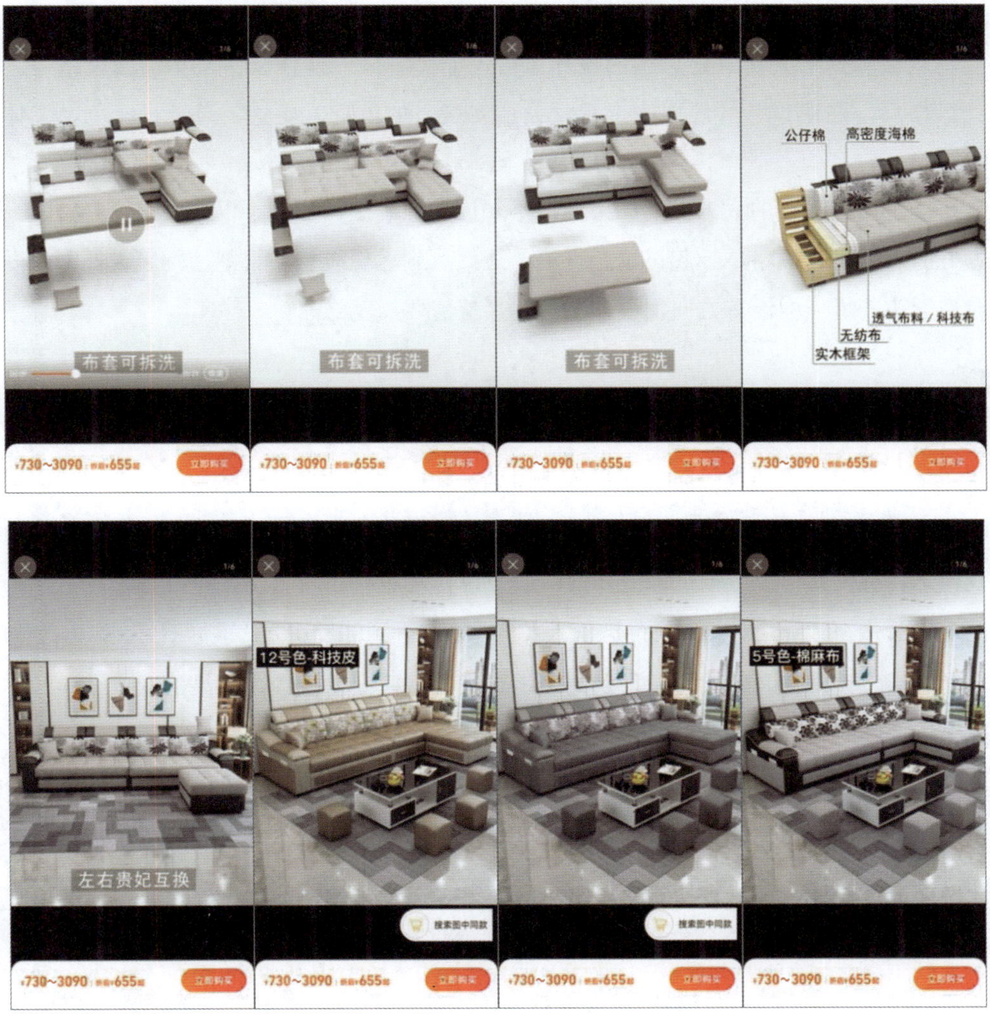

图 1-11　沙发的三维动画

1.4　优秀的网店设计师的未来之路

网店设计师如果想实现个人的成长，就要懂得什么是好的视觉设计，并且要帮店铺建立一套被市场认可的、可以产出很大价值的视觉标准。当你能够让店铺的审美标准统一、交接工单标准统一、品牌视觉标准统一时，就能真正地走出职业困境。

1.4.1　审美标准统一

如果不想自己的作品被无休止地修改，就要与老板和运营人员统一审美标准。因为设计过于主观，每个人喜欢的字体、颜色、样式等可能都不相同，所以网店设计师在设计图片之前一定要与老板和运营人员确定店铺的设计风格，如民族风、现代风格、小清新风格等。在确定设计风格后，网店设计师还要确定视觉设计元素，如模特、场景、道具、颜色、字体、常用标签等。

这是一个店铺设计的大方向，如果前期不知道如何确定，那么可以让大家一起搜索一些自己认为好的店铺设计风格，一起讨论、交流，最终达到思想统一，否则，网店设计师在做设计时就会像无头苍蝇一样没有方向，设计出的图片就需要反复修改。

1.4.2 交接工单标准统一

很多运营人员在下达任务时喜欢口头讲需求，让网店设计师自己领会。例如，某运营人员要修改某个详情页，就把网店设计师叫过来，口头告诉他某个详情页要改一下，其中第一屏要如何改，第二屏要如何改，第三屏要如何改……说完之后就让网店设计师去修改。

网店设计师在改完后，去询问该运营人员的意见，得到的反馈是“感觉不好，你再改一下”。然而，当网店设计师重新修改之后得到的仍是这样含义模糊的反馈，结果是网店设计师不得不继续漫无目的地修改。

出现这种情况的根本原因是运营人员不知道自己想要什么，或者说，他对作品没有明确的标准。因此，运营人员和网店设计师要想沟通良好，就需要建立一系列的交接工单标准，如首页设计、详情页设计、主图设计的交接工单标准等。运营人员在下达任务时要按标准填写各交接工单，不能空口无凭。

下面列举一个运营人员与网店设计师合作的案例。在这个案例中，运营人员想让网店设计师对手机端首页进行改版，其要求就应该是一张清清楚楚的规划表（交接工单），如图 1-12 所示。

局部放大部分内容，如图 1-13 所示。

这个规划表中的文字描述和说明应当尽可能细致，如这个规划表中关于店招模块的要求就有详细的文字说明；整个首页布局、聚流、分流的思路很清晰，每个模块的文案内容、颜色、产品要求都很详细，不管是哪个网店设计师按这个规划表做出来的首页，都会基本符合要求。如果网店设计师拿到的都是这样的设计要求，他的工作效率就会很高。最终网店设计师按照这个规划表设计出的首页效果图如图 1-14 所示。

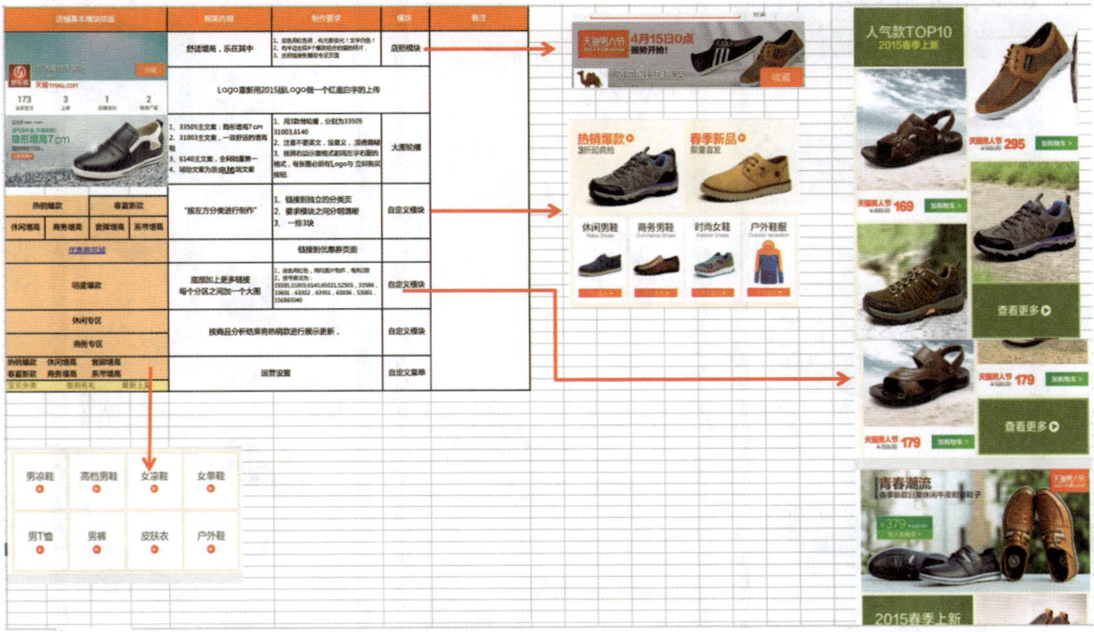

图 1-12 手机端首页改版规划表截图

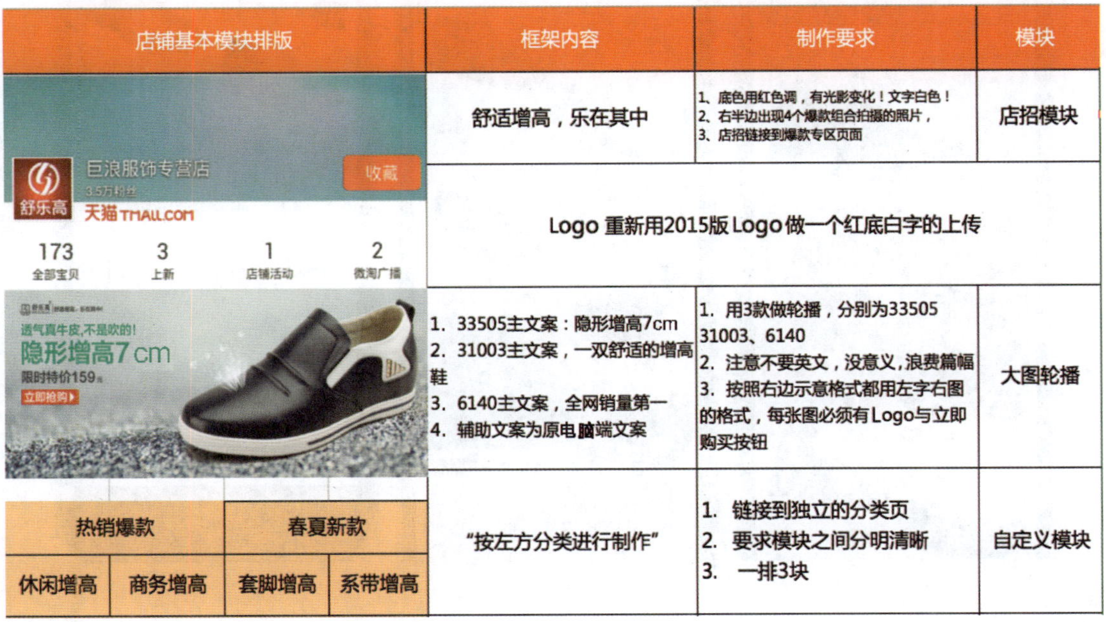

店铺基本模块排版	框架内容	制作要求	模块
巨浪服饰专营店 3.5万粉丝 收藏 舒乐高 天猫 TMALL.COM	舒适增高，乐在其中	1、底色用红色调，有光影变化！文字白色！ 2、右半边出现4个爆款组合拍摄的照片， 3、店招链接到爆款专区页面	店招模块
173 全部宝贝 / 3 上新 / 1 店铺活动 / 2 微淘广播	Logo 重新用2015版 Logo 做一个红底白字的上传		
透气真牛皮,不是吹的! 隐形增高7 cm 限时特价159元 立即抢购	1. 33505主文案：隐形增高7cm 2. 31003主文案，一双舒适的增高鞋 3. 6140主文案，全网销量第一 4. 辅助文案为原电脑端文案	1. 用3款做轮播，分别为33505 31003、6140 2. 注意不要英文，没意义，浪费篇幅 3. 按照右边示意格式都用左字右图的格式，每张图必须有Logo与立即购买按钮	大图轮播
热销爆款 / 春夏新款 / 休闲增高 / 商务增高 / 套脚增高 / 系带增高	"按左方分类进行制作"	1. 链接到独立的分类页 2. 要求模块之间分明清晰 3. 一排3块	自定义模块

图 1-13 手机端首页改版规划表局部截图

图 1-14　首页效果图

所有的视觉设计最后都要用数据说话。经过这次改版，该店铺手机端首页的点击率提高了 20%。

需要注意的是，运营人员也要懂得求同存异，当自己和网店设计师的意见不一致时，可以按两个人的想法各做一个规划表，用数据进行检测，之后总结规律，这样在下次遇到类似问题时就不用争论了。

1.4.3 品牌视觉标准统一

为什么有的店铺一看就有品牌感，而有的店铺没有呢？原因很简单，因为有品牌感的店铺有统一的品牌视觉标准。

想一想，类似茵曼、裂帛、阿卡这样的大型店铺，其产品拍摄有没有标准？文案、字体、颜色、标签有没有视觉标准？答案是肯定的。这些大型店铺有上千个产品的链接，每天上新的产品也非常多，如果没有统一的视觉标准，店铺的视觉效果就会非常差。

例如，裂帛对其每次的首页、二级页面改版都有严格的要求，其视觉标准说明文档截图如图1-15所示。网店设计师会严格按照要求进行页面设计。裂帛对字体、字号、标签的要求如图1-16所示。

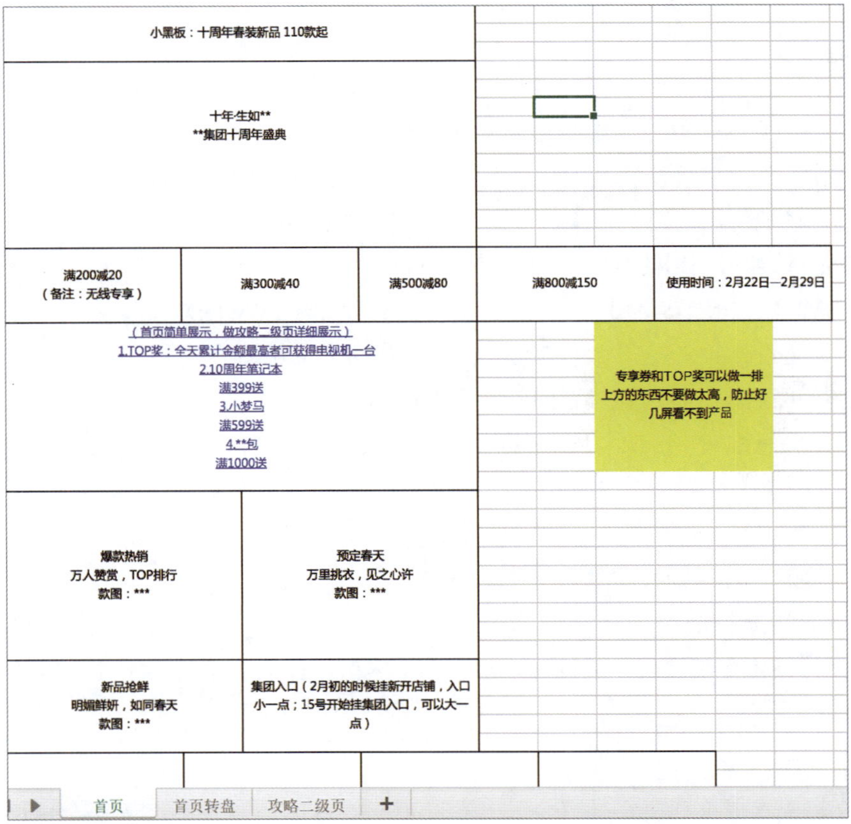

图 1-15　裂帛的视觉标准说明文档截图

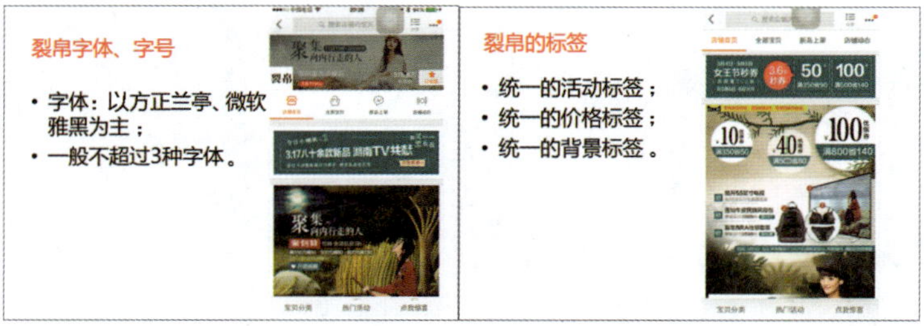

图 1-16　裂帛对字体、字号、标签的要求

如果各项工作都有统一的标准，那么多个网店设计师的作品也能做到整齐划一，这时店铺看起来就会有品牌感了。当店铺具有这些标准时，网店设计师就像在做填空题，工作效率自然会提高。当网店设计师具备做品牌视觉标准的能力时，才有可能成长为设计主管或品牌总监。

习题

一、选择题

1．网店设计师在职场中可能会遇到的职业困境有（　　）。

A．作品被要求反复修改　　B．作品产出价值小

C．机械地修图，工作乏味　　D．以上都不是

2．网店设计师可利用的 AI 工具有（　　）。

A．鹿班　　B．AlibabaWOOD

C．稿定设计　　D．Lightroom

3．优秀的网店设计师应该具备的三大思维是（　　）。

A．品牌思维　　B．逻辑思维　　C．用户思维　　D．数据思维

二、填空题

1．优秀的网店设计师应该具备的三大能力：________、________、________。

2．当你能够让店铺的________、________、________时，就能真正地走出职业困境。

3．如果各项工作都有统一的标准，那么多个网店设计师的作品也能做到整齐划一，这时店铺看起来就会有________了。

三、问答题

一名优秀的网店设计师能给品牌带来哪些价值？

第2章

拍摄篇

在网络交易时代，我们一直强调图片对店铺来说至关重要，大家也都很清楚图片的传达效果要远胜过文字。

要想得到一张好的图片，就要掌握拍摄方法。具备好的视觉效果和差异化是图片拍摄、图片制作的两个基本出发点，所以有计划地拍摄图片就很有必要。从背景、道具、光线、构图、摆型等风格设定，到场景和模特的选择、产品整理、产品搭配等，都要先计划好。本章从图片拍摄、视频拍摄、素材收集、图片处理等方面讲解店铺的基础装修。

2.1 图片拍摄

大多数商家都是通过自行拍摄得到产品图片的，这样做的好处是产品图片具有本店的统一特色。想要拍好产品图片，就要了解相机需具备的基本功能、拍摄所需的辅助器材、布光与场景等相关知识。

2.1.1 相机需具备的基本功能

在网络上，消费者主要通过图片来了解产品，而图片的最主要来源就是相机。但相机并不是越贵越好，淘宝对产品图片的要求：800 像素 ×800 像素以上，JPG 或 GIF 格式。由此可见，产品图片对相机的像素值并没有太高的要求，300 万像素的相机即可。但为了确保图像对焦准确、画面清晰而且色差小，我们建议使用单反相机。本节为大家讲解相机的选择、拍摄设置、数码相机的拍摄模式等方面的知识。

1. 相机的选择

当前市面上的相机品牌有很多，如索尼、尼康、佳能、三星等。在选择相机时，我们应从以下 4 个方面入手。

适合的感光元件：市面上的数码相机主要有全画幅、APS-C、Foveon X3、2/3 英寸、1/1.8 英寸、1/2.5 英寸、1/2.7 英寸、1/3.2 英寸，尽量选择 1/1.8 英寸以上的。

强悍的手动模式（M 模式）：可以根据被拍摄物体所在的环境自行调整各参数的设置。

必备的热靴插槽：可以外接相机的辅助设备。

强劲的微距：可以拍摄细小的零部件。如果你使用的相机是普通的数码相机，就要考虑一下这个功能；如果你使用的相机是单反相机，就应该考虑一下配套的镜头是否有微距功能。

单反相机是比较专业的相机，其拍摄质量比普通数码相机好，但是价格相对来说是比较高的。单反相机的镜头与相机机身可以分离，机身可以使用不同的镜头。如果商家想要拍一些比较精致的产品图片，那么不妨选择一款适合自己的单反相机作为产品拍摄器材。图 2-1 为尼康

D7100 单反套机，含尼康 AF-S DX 18-105mm f/3.5-5.6G ED VR 镜头，是一款购买者较多的入门级单反相机。

图 2-1　尼康 D7100 单反套机

由于单反相机具有体积较大、机身较重、不利于携带的缺点，因此相机厂商研制出一款单电相机或微单相机，该相机取消了反光板，使体积大大缩小，虽然拍摄效果略逊于单反相机，但是价格大大降低了。对一个追求好效果，但资金有限的商家来说，这样的相机是不错的选择，如佳能 EOSM3 相机（见图 2-2）。

图 2-2　佳能 EOSM3 相机

2．拍摄设置

在对产品进行拍摄前，我们要对相机进行一些必要的设置，这样才能拍摄出比较理想的产品图片。具体的拍摄设置如下。

1）光圈

光圈的大小和景深的深浅有着密切的关系。在其他参数设置不变的情况下，光圈的值越小，景深就越浅，画面的背景就越模糊；光圈的值越大，景深就越深，画面的背景就越清晰。为了清晰地表现产品，光圈的值控制在 F8 以上为佳，如图 2-3 所示。

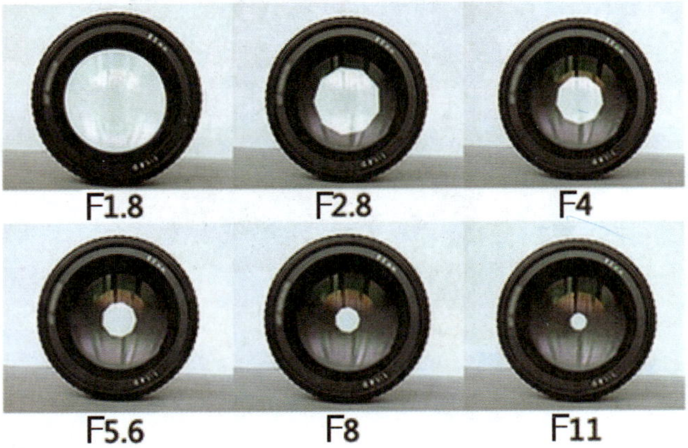

图 2-3 光圈

2）感光度

选择合适的感光度非常重要。ISO 表示感光元件对光线的敏感程度，ISO 的值越大，表示对光线越敏感，画面越亮，同时画面噪点也会增加；反之，则画面暗淡，在光线亮度保证的情况下，用 ISO 50 或者 ISO 100 拍摄，画面会更细腻。ISO 感光度设置如图 2-4 所示。

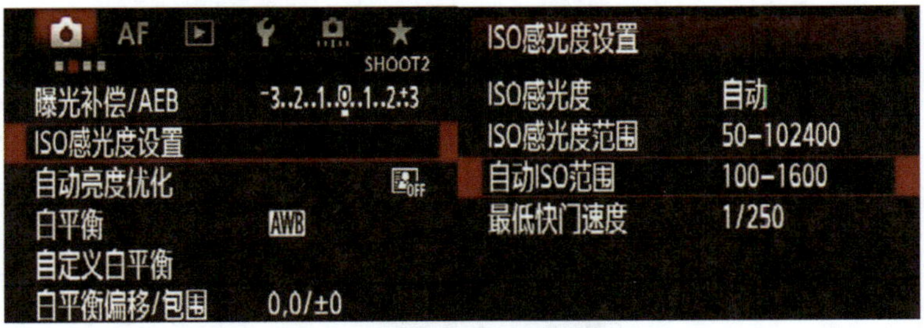

图 2-4 ISO 感光度设置

3）快门速度

快门速度的衡量标准是秒，在大多数情况下是秒的分数。快门速度一般用 1/*x* 来表示，分母 *x* 越大，快门速度越快。例如，1/1000 的速度远远超过 1/30。

数码相机的快门速度是成倍增加或减少的。通常有以下几个快门速度可供选择：1/500、1/250、1/125、1/60、1/30、1/15、1/8 等。这种递增的设定是为了方便摄影师记住光圈的设置也递增了，因此增加快门速度一挡，以及降低光圈大小一挡将带给你类似的曝光设置。

有些相机可以提供很慢的快门速度。当你想在非常暗的场景中，用一个镜头捕捉到大量的运动或者想拍下某些特殊效果时，这种快门速度就非常合适。当然，还有一种更慢的快门，这就是 B 模式，当你将数码相机设置成 B 模式时，按住快门不放，快门就会一直处于打开状态。

快门速度的调节不是孤立的，在选择了合适的光圈和 ISO 值后，在考虑光线因素的情况下，设置合适的快门速度，才能得到合适的照片。若用闪光灯，则常用 1/125 秒；因功率不同，常亮灯可考虑用 1/60 秒左右进行调节试拍。在 Tv 挡时，直接转动手柄上的滚轮即可调节快门速度；在 M 挡时，按屏幕旁边的“Q”按钮将选中快门速度，转动手柄上的滚轮即可调节快门速度。

快门优先模式在相机模式转盘上或菜单中通常以字母 Tv 或 S 表示。在该模式下，相机的快门速度由我们控制，光圈大小则由相机根据曝光值判断。一般来说，相机上都有一个用来控制快门速度的滚轮，如图 2-5 所示。但为了稳妥，我们最好先看说明书。

图 2-5 用来控制快门速度的滚轮

在使用高速快门时，如果环境光线不足或镜头的最大光圈偏小，无法满足正确曝光的需要，取景器中就会出现相应的警告信息。在这种情况下，如果我们无法改变现场的光线条件，就只能通过提高快门速度来使警告信息消失，如图 2-6 所示。

图 2-6 提高快门速度

在使用低速快门时，在环境光线过强的情况下，我们就会看到与上述情况类似的警告信息。降低感光度能解决这个问题。但如果我们将感光度调至最小值后警告信息依旧没有消失，就只能通过降低快门速度来使警告信息消失了，如图 2-7 所示。

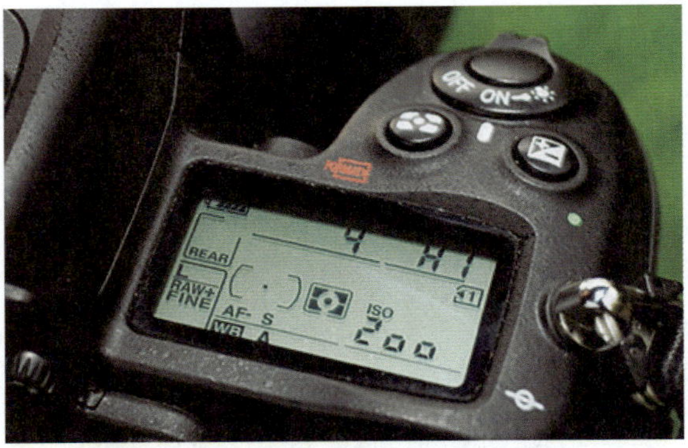

图 2-7 降低快门速度

技巧：

对于特定场景的拍摄，如果我们改变了其中一个参数的值，就必须调整至少一个参数的值才能保证曝光正确。例如，如果我们希望降低快门速度，就必须缩小光圈或减小感光度。

4）对焦

正确地对焦可以使你获得清晰的照片。在画面中，对准你想要拍摄的产品主体，在其对比鲜明的地方对焦，这样比较容易对焦；半按快门，锁定对焦点；保持半按快门，平移相机得到你想要的构图，按下快门拍摄。这里要注意的是平移相机，如果前移或后移相机，那么焦点已不在你想要表现的产品主体上了，拍摄出来的照片也会变得模糊，如图 2-8 所示。

图 2-8 对焦

5）白平衡的调节

若使用卡片机，没有专门调节白平衡的参数而不能自动调节的，则建议使用自动白平衡先尝试，如果发现偏色严重，就选择相机中可以选择的白平衡模式。

大多数单反相机都可以调节白平衡参数，这样就可以通过调节参数多实验几次，直到准确为止。

要拍摄出产品在各种光线下色彩的真实表现，就要用到数码相机的白平衡功能。数码相机有多种白平衡模式，如自动、白炽灯、荧光灯、晴天、闪光灯、阴天等，如图 2-9 所示。

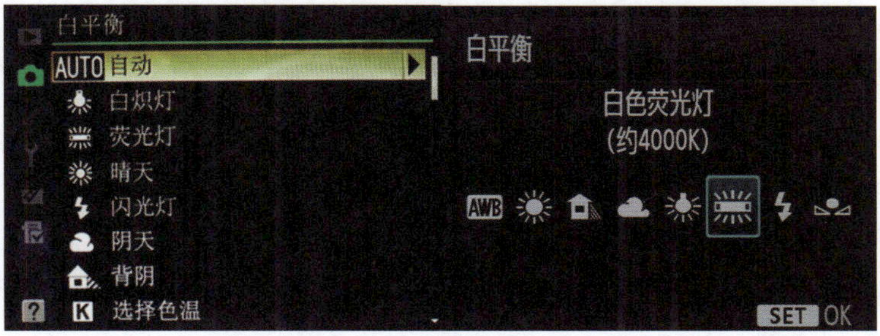

图 2-9　白平衡模式

提示：

万里无云的蓝天的色温约为 10 000K，阴天的色温为 7000 ~ 9000K，晴天日光直射下的色温约为 5600K，荧光灯的色温约为 4700K，碘钨灯的色温约为 3200K，钨丝灯的色温约为 2600K，日出或日落时的色温约为 2000K，烛光下的色温约为 1000K。

当相机自身预设的白平衡模式都无法还原产品的色彩时，就需要自定义白平衡。在自定义白平衡之前，我们需要找到一个白色的参照物，如纯白色的卡纸、白布等，由于灰卡大多有一灰一白两面，因此也可以作为参照物。自定义白平衡的步骤如下。

（1）在相机处于开机状态下，将拍摄模式调整到光圈优先模式、快门优先模式或手动模式。

（2）按下白平衡选择按钮，一边旋转相机滚轮，一边观察液晶显示屏，将白平衡模式切换为手动平衡。

（3）开启相机手动对焦模式，让白色的参照物占满整个镜头，完成对焦和拍摄。

（4）进入相机菜单列表，选择“自定义白平衡”并按下设置按钮，液晶显示屏上会显示刚刚拍摄完成的白色的参照物，再次按下设置按钮即可。

3．数码相机的拍摄模式

不同相机所携带的拍摄模式会有所不同，但设置方法大致相同。有些数码相机带有手动模式、单反相机带有预设模式，这都是为了调节进光量而设计的。数码相机拍摄模式的转换是依靠旋转拍摄模式转盘来进行的。数码相机的拍摄模式有以下几种。

1）AUTO 模式（自动模式）

AUTO 模式是最省事的拍摄模式，你只需要取景、对焦、按下快门即可拍照。白平衡、快门、光圈、ISO 值等都由数码相机自动处理。在这种模式下，由于参数设置得不精确，因此成像效果一般，没有特色。

2）P 模式（程序自动曝光模式）

P 模式可以让数码相机自动设置快门速度和光圈大小，与 AUTO 模式相同。如果不能取得正确的曝光，液晶显示屏上的快门速度与光圈的值就会以红色字体显示，这时可以手动调节许多参数。

例如，在曝光不正确的情况下，我们可以通过开启闪光灯、手动更改 ISO 值、改变测光方式、进行曝光补偿等方式使图像正确曝光；还可以通过白平衡的设置来表现更真实的图像色彩。

需要知道的是，照片效果（如黑白等）和连拍模式在 AUTO 模式下是不能调节的。

3）Tv 模式（快门优先模式）

在 Tv 模式下，我们先设置快门速度，数码相机会自动选择合适的光圈的值。较快的快门速度可以让我们捕捉移动主体的瞬间图像；较慢的快门速度则会营造流动的效果，在拍摄夜景时经常会用到。

在设置好快门速度后，半按快门，在对焦过程中如果发现光圈的值以红色字体显示，就表示图像曝光不正确。这时，我们需要更改快门速度的值，直至光圈的值以白色字体显示为止。这是因为光圈的值也是有一定范围的。

4）Av 模式（光圈优先模式）

光圈优先即事先设置好所需要的光圈大小，数码相机会根据拍摄条件自动调节其他参数。利用这种模式，我们可以有效地控制景深。选择较小的光圈值（开大光圈），景深变浅，使背景柔和；选择较大的光圈值（缩小光圈），景深变深，使整个前景和背景都清晰。

如果快门速度的值在液晶显示屏上以红色字体显示，就表示图像曝光不正确，需要更改光圈的值，直至快门速度的值以白色字体显示为止。

5）M（手动模式）

M 模式需要我们以手动方式调节快门与光圈的参数，没有丰富的摄影经验是难以实现正确曝光的。但在这种模式下学摄影是进步最快的。

自动曝光功能会根据所选择的测光方式自动计算标准曝光量。当半按快门按钮时，液晶显示屏上会出现标准曝光及所选曝光的差值，如果差值超过正负 2 级，“+2”和“-2”就会以红色字体显示，这时必须修改快门速度或光圈的值，直至曝光正确为止。

6）人像拍摄模式

如果想使拍得的主体清晰而背景模糊，就可以使用人像拍摄模式。要获得背景逐渐柔和的效果，我们可以在构图时使拍摄主体的上半部分尽量占满取景器或液晶显示屏，将变焦倍率设置为最大则效果更好。

7）风景模式

在风景模式下进行拍摄，快门速度和光圈的值都比较适中，能让人物和风景都成像清晰。

8）夜景拍摄模式

夜景拍摄模式也叫慢速快门闪光同步模式，最适合拍摄包含前景人物的夜景照片。数码相机会用较慢的快门速度配合闪光灯闪光来拍摄，使主体和背景都得到合适的曝光。为了防止照片模糊，一定要使用三脚架，以保持机身的平稳。另外，在闪光灯闪了以后，人物不能马上移动，否则会使图像模糊。如果只是拍摄夜景，就不要使用闪光灯，因为闪光灯的有效距离比较短，很容易忽略掉主体后面的景物。

9）高速快门拍摄模式

高速快门拍摄模式用于拍摄快速移动的物体，如抓拍水滴或其他运动的物体。

10）慢速快门拍摄模式

慢速快门拍摄模式用于拍摄移动的主体，使其模糊显示，用以制造柔和的效果，如溪水等。

11）SCN 模式（特殊场景模式）

SCN 模式中有植物、雪景、海滩、焰火、潜水、室内 6 种模式可供选择。

12）全景图拍摄模式

全景图拍摄模式主要用于风景拍摄。它可以把拍摄的若干画面合并为全景图像。

在为画面构图时，我们要使各相连的画面重叠 30% ～ 50%，并把垂直误差限制在图像高度的 10% 以内。

在拍摄完第一幅图像后，数码相机的液晶显示屏上会保留第一幅图像，并允许我们再构图拍摄第二幅图像。用同样的方法可以完成全景图像的拍摄。为了获得最好的效果，我们一般通过水平移动（旋转）数码相机来拍摄连续的图像。当然，三脚架是必不可少的。在拍摄时不可改变焦距，否则会造成相邻的画面变形而无法连接。

要创建全景图像，我们就需要在电脑上进行拼接，可使用随机附送的 PhotoStitch 软件来进行。

13）摄像模式

摄像模式可用于拍摄有声短片，以 AVI 格式记录，最大分辨率为 640 像素×480 像素。

2.1.2 拍摄所需的辅助器材

在拍摄产品时，仅有一部好的相机还不够，没有辅助器材，再好的相机也发挥不出作用，本节就来介绍拍摄所需的辅助器材。

1. 三脚架

如今的中、高档相机都有防抖功能，但是有的人在拍摄产品时还是会抖动得厉害，这样拍摄出来的作品就会比较模糊，因此需要使用三脚架来辅助拍摄。在光线不好的环境中或者在晚上拍摄时，曝光时间会比较长，若单独用手进行拍摄，则不能保持长时间的静止不动，因此必须使用三脚架对相机进行固定。有的商家自己来做模特，此时只要先通过三脚架固定相机，再通过设置延时拍摄进行自拍即可。

很多三脚架都可以拆卸一个脚，装上云台作为单脚架。三脚架主要起到稳定的作用，所以需要足够结实。但是由于其经常需要被携带，因此又需要具有轻便、便于组装的特点。三脚架的价格在几百元到上千元不等，其功能差别不大，如果主要用于拍摄产品图片，几百元的就可以了。三脚架如图 2-10 所示。

图 2-10　三脚架

2. 灯光器材

摄影灯在拍摄产品图片过程中的作用不亚于相机。由于自然光线具有多变性、不易把握性、不易改变性，因此绝大多数产品图片是在摄影室内拍摄的。既然在摄影室内拍摄，灯光就是必不可少的。

无论是常亮灯还是闪光灯，在拍摄产品图片的过程中都需要使用几组灯才可以达到更好的效果。通常，我们根据拍摄的产品的大小、材质、要表达的效果选择不同的灯组合。对小件产品来说，二灯是最基本的配置，而三灯是完美的配置。对服装来说，平铺拍摄，二灯可以拍，三灯（在二灯的基础上加一顶灯）的效果更佳。

在拍摄产品图片时，光线很重要，太亮、太暗、反光等都会使图片质量下降。要想获得曝光正确的图片，就要用到简易摄影棚、柔光箱、反光伞等辅助器材。

1）简易摄影棚

如果拍摄的产品对颜色要求很高，就要使用摄影棚。在淘宝上的拍摄器材店铺中，摄影棚的价格并不高，如果拍摄小件产品，那么可以考虑买一个摄影棚。简易摄影棚如图 2-11 所示。

图 2-11　简易摄影棚

2）柔光箱

光源发出的光和经过柔光箱所产生的反射光混合，再经过柔光箱透射扩散，输出扩散的透射光，这样的光，光性柔和，方向性强于反光伞产生的光；反差大，投影浓于反光伞，富有层次表现；色彩与锐度良好。柔光箱从外形上说有正方形、长方形、八角形等规格，如图 2-12 所示。

图 2-12　柔光箱

3）反光伞

反光伞的输出光为经过伞面反射后的散射光，性质为软光，发光面积大，方向性不明显，柔和，反差小。通常，反光伞有银色、白色、金黄色等不同颜色的涂层。我们在拍摄产品图片时，最常用的是银色涂层的反光伞。反光伞的外观颜色一般有白色和黑色两种，黑色的效果好于白色的。反光伞如图 2-13 所示。

4）灯架

灯架的作用是支撑灯头、柔光箱或者反光伞，一般有铝合金的和钢管的，规格根据负重能力及用途不同有许多种。在拍摄产品图片时，小型闪光灯多使用 200cm 左右的灯架，大型闪光灯（300W 以上的灯）多使用 250cm 以上的可调节式灯架。灯架如图 2-14 所示。

图 2-13　反光伞

图 2-14　灯架

5）灯头

灯头就是装灯泡的地方，这里所讲的灯头是指用来连接电源的部分，常亮灯及部分不可以调节光量的闪光灯都属于这个范畴。按功能划分，我们可将灯头划分为单灯头、双灯头、四灯头、五灯头等。

6）反光板

反光板可以提供柔和的散射反射光作为主光，也可以对产品大面积的暗部进行补光。反光板具有一个优点——不会再生投影。反光板的材质不同，其产生的光线的效果也不尽相同。反光板也可以自己制作。无论是用于大面积补光，还是用于局部加光，聚苯乙烯树脂泡沫板都是最佳材料，将白纸、白布覆在框架上也能提供良好的漫反射光。反射光无论是作为主光还是作为辅助光，都需要一定强度的投射光源作为光源。在拍摄实践中，反光板是不可缺少的一种辅助器材，如图 2-15 所示。

图 2-15　反光板

7）背景

背景在拍摄产品图片时同样是不可缺少的主要辅助器材。背景的主要作用是衬托出主体，以拍摄产品图片为例，背景不适宜太花哨，要简洁，起衬托作用，不能喧宾夺主。目前，背景主要包括背景纸、全棉背景布、植绒背景、无纺布背景等。在拍摄产品图片时，背景纸的效果比较好。

3. 其他小物件

（1）白手套：不仅可以保护产品，还可以在拍摄特写时不留下指纹。

（2）气吹：在拍摄某些光滑或透明产品的特写时，往往会发现产品表面有很多毛絮，气吹可以吹走这些毛絮。

（3）橡皮泥、双面胶：在拍摄某个特别的角度而无法固定小物件时，可以考虑使用橡皮泥和双面胶，使其站立或倾斜。

（4）热熔枪：如果觉得橡皮泥和双面胶不好用，或者影响拍摄，那么可以使用热熔枪。使用热熔枪拍摄戒指很方便，拍摄完轻轻拔出即可。

（5）喷水壶：在拍摄水果、沐浴用品、玻璃器皿等产品时可适当均匀喷水，使其晶莹剔透，突出产品的特征。

2.1.3 布光与场景

在摄影界有句话：“一流摄影靠想法，二流摄影靠技术，三流摄影靠器材。”下面介绍如何利用布光与场景进行拍摄。

1. 布光

在户外进行拍摄时，一般常用的是自然光，也称天然光。如图 2-16 所示，这种沿着各个方向振动的光波强度都相同的光叫作自然光，通常是指上午 8:00—11:00、下午 2:00—5:00 这一时间段的光线，其照明强度比较稳定，能较好地表现地面景物的轮廓、立体形态和质感。自然光有 4 种基本类型的光线：顺光、45° 侧光、90° 侧光和逆光。

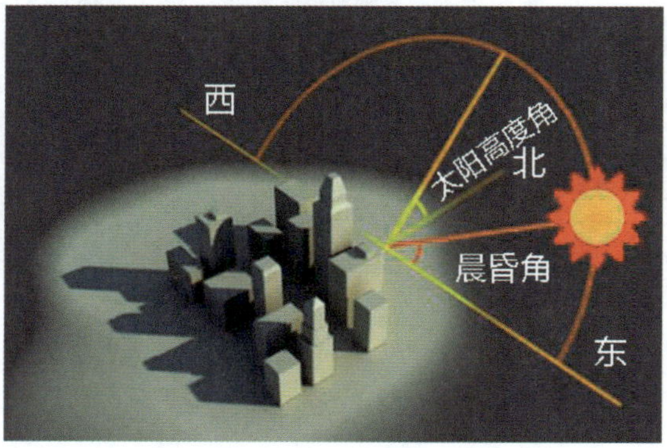

图 2-16 自然光

在摄影室内进行拍摄一般都采用辅助光源进行照明，所以需要进行有效布光，如图 2-17 所示。布光是让产品的形象塑造更具有表现力的关键。在室内，拍摄者可以自己控制光线，控制周围的状况，安排强光和阴影的位置，以便拍摄出精美的图片，而不需要像在室外拍摄那样，必须等待大自然赐予合适的光线。

充分了解并学习布光，对拍摄出一张好的产品图片来说尤为重要。拍摄中的布光主要包括顺光、侧光、逆光、前侧光、侧逆光等，如图 2-18 所示。

图 2-17 室内布光

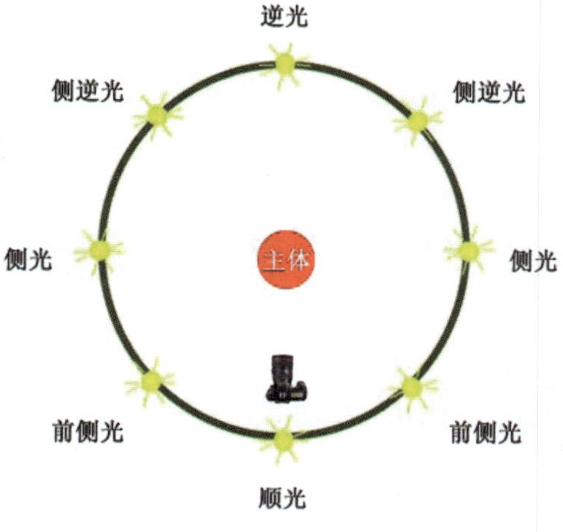

图 2-18 光位图

对店铺的产品图片拍摄来说，一般常用以下 5 种布光方式。

1）正面布光

顺光也称正面光，光线投射方向与相机拍摄方向一致。这是产品图片拍摄中最常用的布光方式。正面投射来的光线全面而均衡，可以全面表现产品，不会有暗区。这样拍摄出的效果是最理想的，但要注意室内光源要稳定，光照强度要尽量大。正面布光如图 2-19 所示。

2）两侧 45° 布光

侧顺光（斜侧光）的光线投射水平方向与相机拍摄方向成 45° 夹角。这种布光方式使产品的顶部受光，正面没有完全受光，适合拍摄外形扁平的小件产品，不适合拍摄立体感较强且有一定高度的产品。因为只有顶部受光，才会形成顶部光亮、正面灰暗的效果。两侧 45° 布光如图 2-20 所示。

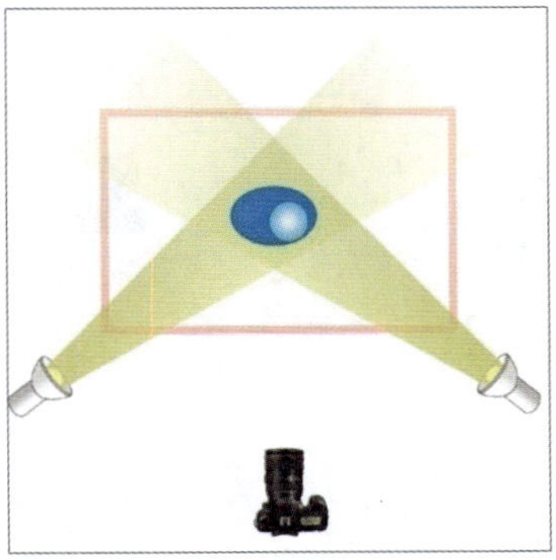

图 2-19　正面布光

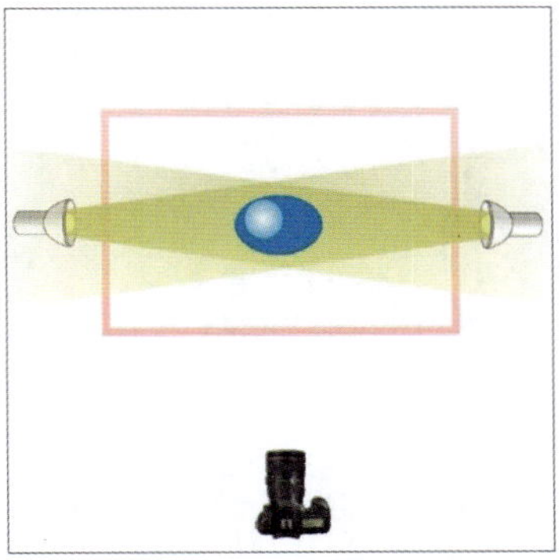

图 2-20　两侧 45° 布光

3）单侧布光

侧光的光线投射方向与相机拍摄方向成 90° 夹角。受侧光照射的物体，有明显的阴暗面和投影，对景物的立体形状和质感有较强的表现力，如图 2-21 所示。但侧光的缺点是，往往形成一半明一半暗的过于折中的影调和层次。这就要求我们在构图时考虑受光面景物和阴影的比例关系。在这种情况下，产品的一侧会出现严重的阴影，底部的投影也很深，产品表面的很多细节无法被呈现；同时，由于减少了环境光线，因此增加了拍摄难度。解决方法：在另外一面使用白色纸板或白色泡沫板、反光板将光线反射到阴暗面上。

4）前后交叉布光

前后交叉布光是前侧光和侧逆光的组合。在产品的前侧面打光后，产品的背面是大面积的阴暗，没有办法呈现细节，所以需要从产品后侧同时打光，这样可以表现出暗部表面的层次感。如果两侧的光线还有明暗的差别，就既能表现出产品的层次，又能保全所有细节，比单纯关掉一侧灯光的效果好。前后交叉布光如图 2-22 所示。

5）后方布光

逆光也称背面光，光线来自产品的后面。由于从背面照明，只能照亮产品的轮廓，因此逆光又被称作轮廓光。逆光有正逆光、侧逆光、顶逆光 3 种形式。从背面打光，产品的正面因没有光线而产生大片的阴影，无法呈现产品的全貌，因此除拍摄需要表现具有通透性的产品（如琉璃、镂空雕刻等）外，最好不要轻易尝试这种布光方式。同样的道理，如果采用平摊摆放的方式来拍摄，就可以增加底部的灯光。后方布光如图 2-23 所示。

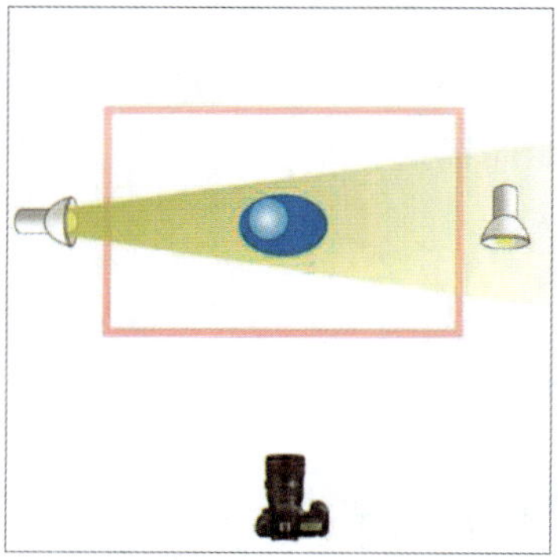
图 2-21　单侧布光

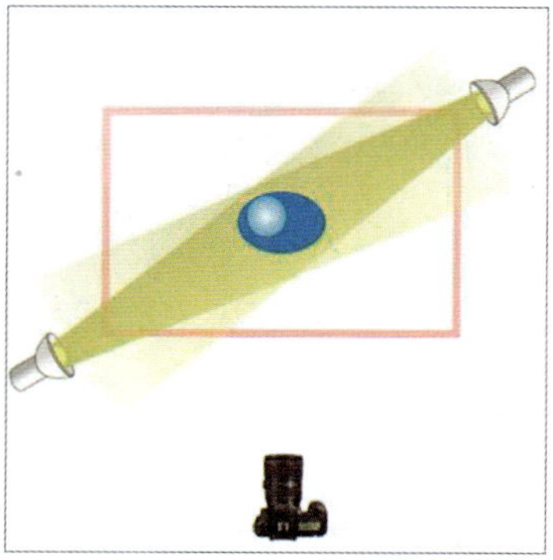
图 2-22　前后交叉布光

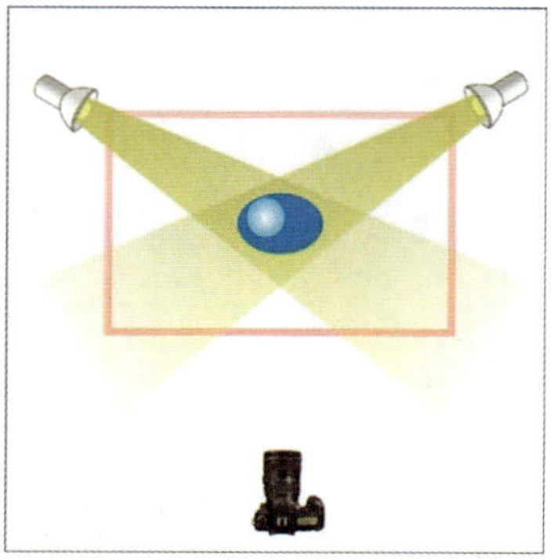
图 2-23　后方布光

2．场景

在了解了以上 5 种常用的布光方式后，我们还需要知道场景有哪些。对场景的选择和运用有以下几个作用：在宏观上可以影响图片的叙事风格和造型风格，从而决定产品图片的风格；有利于产品形象的塑造；能够表现空间感。

常用的场景有 4 种：内景、外景、实景、棚拍。下面以服装类目的产品图片拍摄为例，看看每个场景是如何呈现效果的。

1）内景

内景是指室内的真实环境或人工搭建的生活场景。在室内搭建实景比使用摄影棚内的背景纸拍摄出的图片更具有立体感、现场感和真实感，对比也更加鲜明，如图 2-24 所示。我们可以充分利用室内的每个角落、每件家具来布景，也可以放置一些自制的木板箱、小柜子、几何体和小装饰物等作为拍摄道具。但是这类布景必须充分考虑道具颜色与拍摄主体的协调性，不能喧宾夺主。

2）外景

外景是指大自然中自然景观的场景。我们可以将拍摄的外景地选在马尔代夫等一些风景优美的地方，如图 2-25 所示。外景拍摄的产品图片形成了专属于店铺的一种前卫、时尚和潮流的风格，画面的层次感更强，可以有效地对消费者产生心理暗示与影响作用。

图 2-24　内景拍摄

图 2-25　外景拍摄（马尔代夫）

我们还可以将外景拍摄地选择在商业气息浓厚的商业区，如图 2-26 所示。这样的商业区非常适合拍摄时装，临街的商场、路灯和广告牌都是很好的布景，可以被充分利用。

在进行外景拍摄时，自然风光也是不错的选择，可以很好地表现出服装的品位和时尚感，如图 2-27 所示。

图 2-26　外景拍摄（商业区）

图 2-27　外景拍摄（自然风光）

3）实景

实景是指人类居住和活动的真实的场景，如图 2-28 所示。这样的场景能让人产生身临其境的感觉，从而激发其购买欲。

4）棚拍

棚拍是指在室内搭建场景进行拍摄，需要有辅助光源、背景，如图 2-29 所示。棚拍最好使用一个可以将背景纸卷起来的支架，以便根据不同服装的颜色来更换相配的背景纸。

图 2-28　实景拍摄

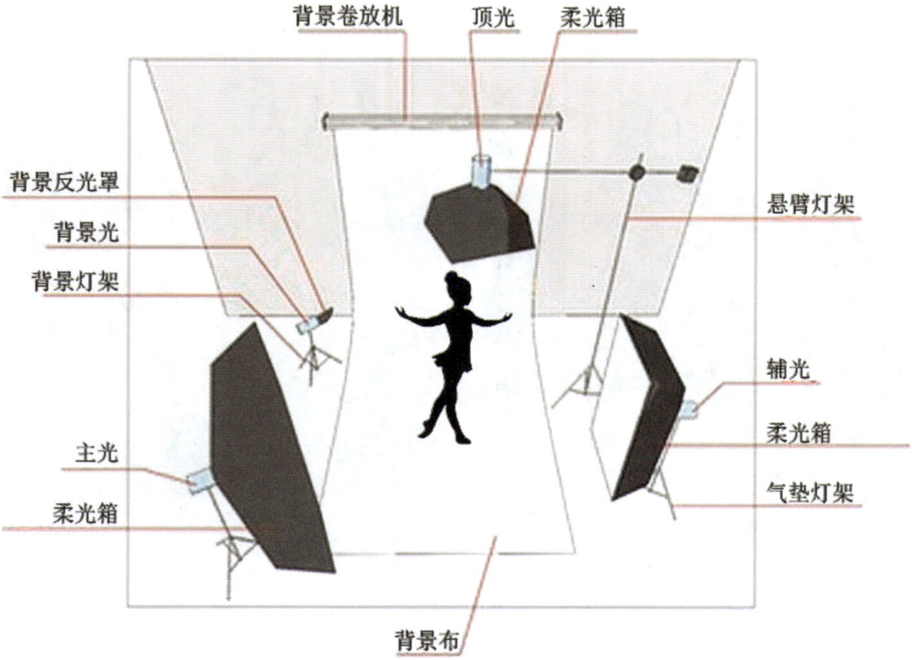

图 2-29　棚拍

棚拍常用的背景色为黑、白、灰及其他颜色，如图 2-30 所示。其中，红色、咖啡色、军绿色的颜色还原度不高，尽量少用或不用。背景一般有背景布、背景纸、植绒背景布，目前使用较多的是无纺布（性价比高）。此外，背景还有亚克力反光板、墙纸、金属板等。

图 2-30 棚拍（多种颜色的背景）

在拍摄男装时，我们可以大胆地使用男人较喜欢的冷色调的背景，如灰色的背景，如图 2-31 所示。只要与服装风格协调，拍摄出来的画面就会显得简洁而时尚、酷感十足。

图 2-31 男装棚拍的背景

2.2 视频拍摄

很多店铺会在主图和详情页中添加视频，但在不同的位置添加视频，其规范和流程是有差别的。在主图中添加视频的要求：视频时间短于 60 秒，尺寸是 800 像素×800 像素，长宽比是 1：1，只能调用一次，并且大小在 2GB 以内。在主图中添加视频的流程：先使用视频剪辑软件进行剪辑，然后将结果上传到视频中心后供调用。在详情页中添加视频的要求：建议文件大小在 500MB 以内，时间短于 30 分钟。在详情页中添加视频的流程：先上传文件到视频空间，然后等待审核通过后调用。录制视频内容应该以突出产品的功能性为目的，让消费者通过视频更好地了解产品。下面和大家分享视频拍摄的技巧。

（1）手臂自然弯曲、放松，手柄和摄像机垂直。错误方法：手臂僵硬，手柄和摄像机不垂直。

（2）拍摄时腿略弯曲，以小碎步前进、后退。在前进或后退中尽量保持在一条直线上移动，步伐轻盈、平滑、连贯。在拍摄过程中要注意保持摄像机在同一高度，尽量避免过于频繁地上下晃动，具体视拍摄脚本而定。错误方法：① 腿笔直地大步前进，这样会使摄像机左右摆动；② 步伐不连贯，或者频繁停顿，这样会造成拍摄出来的画面不连贯，镜头因为停顿而重心倾斜；③ 过于频繁地上下晃动摄像机。

（3）转弯时以手柄为圆心转动身体，手臂和身体同步转动。此时要注意保持身体的平衡。错误方法：手臂的转动快于身体的转动，这样会导致摄像机的镜头转过来了，但人还没转过来，从而造成拍摄不连贯、停顿。

2.3 素材收集

在开设店铺时，对已经选好项目的商家来说，收集自己需要的素材是非常重要的。下面就为大家讲解素材的收集方法。

1. 确定图片要求

图片的像素越大越好，同时应避免版权问题。

（1）主图的尺寸为 800 像素×800 像素及以上，才能具备放大镜效果，如图 2-32 所示。如果没有达到尺寸要求，就不具备放大镜效果。图片的形状要为正方形，产品不能出现变形现象。图片应该无边框、无阴影。

图 2-32 具备放大镜效果的主图

（2）直通车图的尺寸：直通车图是当前所上传产品图片中的第一张图片，其尺寸为800像素×800像素。我们需要注意产品、主色调、销量、价格、品牌等信息的展示。

（3）其他推广图片的尺寸根据展示位置而定，不同位置对尺寸的要求不同。

2．搜索方法

好的素材可以节约很多时间和精力，尤其是在进行创意设计时，好的素材更加重要。下面总结了一些经验，跟大家分享。

（1）到专业的图片素材网站上找，可以找到高清的精美图片，对于一些需要付费的图片，可根据需要购买。

（2）直接在百度或谷歌图片中挑选中意的图片，单击图片下方的链接进入该图片所在的网站，可以比较清晰和全面地了解该图片的信息。在进行创意设计前期，通过这种方法，我们可以找到一些图片来激发灵感。

（3）对于既不会拍照又不会修图的商家来说，直接求助于产品的厂家或代理商来获得现成的图片，是最省力的方法。

3．归类存储

我们需要将收集到的素材进行归类存储，以便以后更好地使用。我们可以通过文件夹、文件名管理、归类整理等进行归类存储。

1）文件夹

树形文件夹结构管理可以非常直观地显示文件夹之间的关联，如图2-33所示。

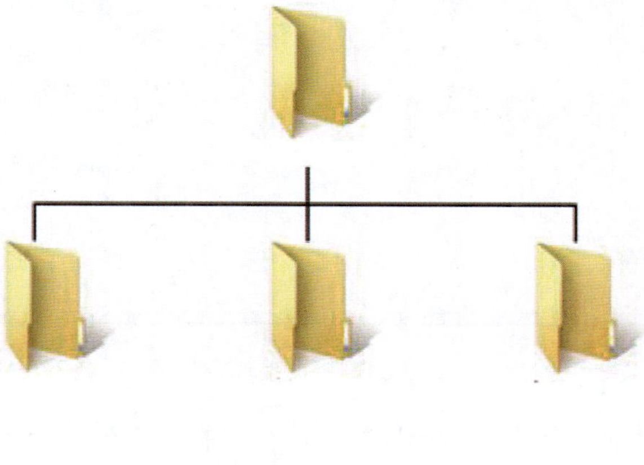

图2-33　树形文件夹结构管理

2）文件名管理

文件名管理有一些规律和规范。建议提取文件属性信息，按照一定的顺序排列命名，如“关键字＋日期＋属性＋……”。提取的文件属性信息有商家编码、日期、颜色、尺码、数量等。例如“DS0352023031601030O1.jpg”“DS035202303160103002.jpg”“DS035202303160103003.jpg”等，只要知道要找的图片属性，就能准确找到目标。

3）归类整理

按形成图像的方式可将图像分为两种：位图图像和矢量图像；按图像的动静可将图像分为两种：静止图像和动态图像。归类整理示例如图 2-34 所示。

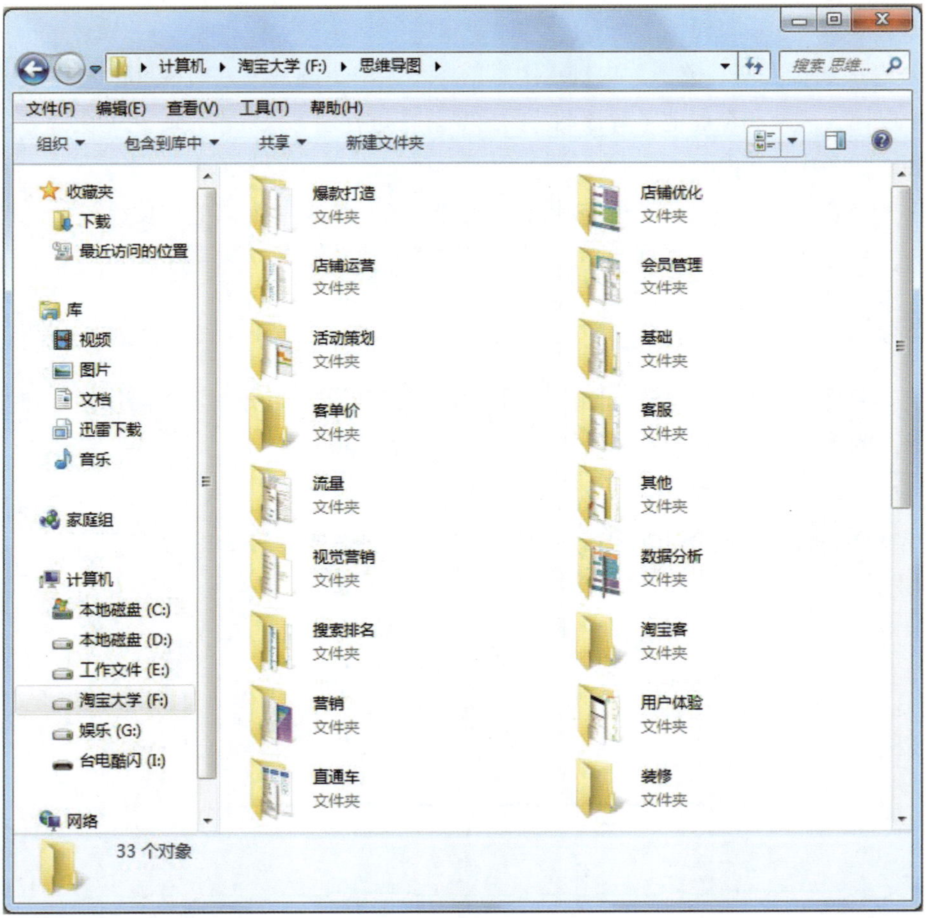

图 2-34 归类整理示例

图像以文件方式存储，不同格式的图像文件存放的信息不同。淘宝店铺装修常用的图像格式有 GIF、JPG、JPEG、PNG 等。为了方便使用，图像格式转换工具应运而生，如图 2-35 所示。

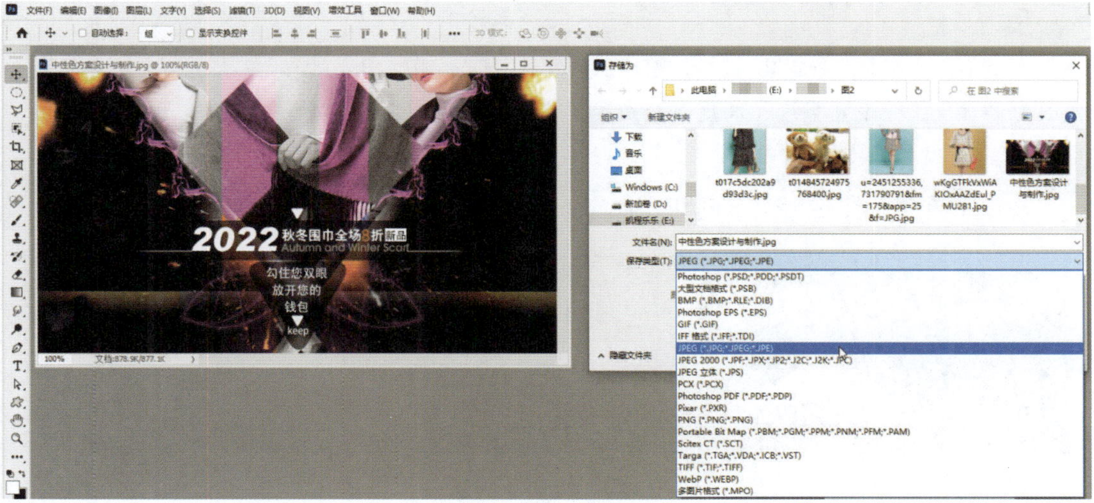

图 2-35 图像格式转换工具

2.4 图片处理

如果想让自己的产品从同类产品中脱颖而出，就要对产品图片进行精细加工，即进行图片处理。在进行图片处理时，最重要的就是进行图片裁剪、倾斜校正、图片调色、图片瑕疵修复、抠图。在进行图片处理的过程中，细心是最大的法宝。

2.4.1 图片裁剪

Photoshop 中的裁剪功能可以将图片按任意大小进行裁剪，也可以按固定数值进行裁剪。产品图片通常都是有尺寸要求的，如图 2-36 所示。

图 2-36 产品图片的尺寸要求

技巧：

在 Photoshop 中进行固定尺寸裁剪时，只要选择“裁剪工具”，在属性栏中选择“宽 × 高 × 分辨率”，并设置宽度、高度和分辨率，在图片中裁剪即可，如图 2-37 所示。

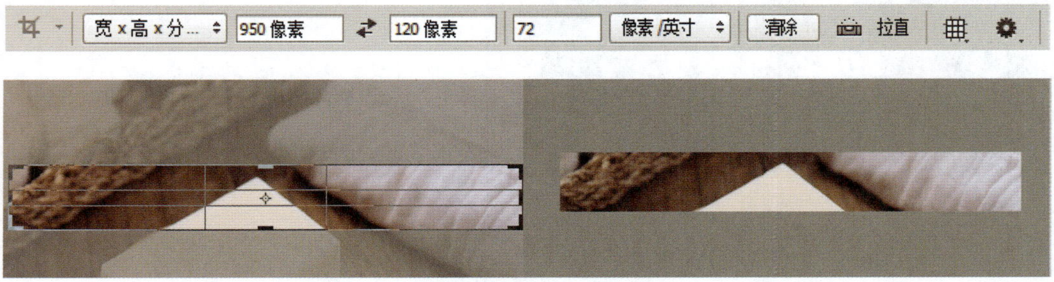

图 2-37　固定裁剪

图片的尺寸取决于淘宝的要求，不同区域的图片的大小是不同的，下面详细说明。

（1）店标：文件格式为 GIF、JPG、JPEG、PNG，大小在 80KB 以内，建议尺寸为 100 像素 ×100 像素。

（2）店铺公告：可以根据存放的位置来设置尺寸。

（3）产品分类：宽度为 168 像素，高度不限。

（4）店铺介绍：600 像素×450 像素。

（5）旺旺名片 / 头像：尺寸为 120 像素×120 像素，大小在 100KB 以内。

（6）产品图片：尺寸为 800 像素×800 像素及以上的图片可以在详情页主图中使用图片放大功能。

（7）店招：若不含导航，则尺寸是 950 像素×120 像素；若含寻航，则尺寸是 950 像素×150 像素。全屏店招不含导航，尺寸是 1920 像素×120 像素；全屏店招含导航，尺寸是 1920 像素×150 像素。

（8）产品描述（详情页）：宽度为 750 像素，高度不限。

2.4.2 倾斜校正

对图片进行倾斜校正就是通过 Photoshop 快速将图片内容按正确位置进行旋转，并进行二次裁剪，也就是对图片进行二次构图，具体操作如下。

（1）选择“文件→打开”命令或按 Ctrl+O 组合键，打开“倾斜照片”素材，如图 2-38 所示。

（2）选择“裁剪工具”，在属性栏中单击“拉直”按钮，如图 2-39 所示。

图 2-38　“倾斜照片”素材

图 2-39　选择“裁剪工具”并设置其参数

（3）在图像中衣服与背景本应为垂直的方向上拖动鼠标指针，如图 2-40 所示。

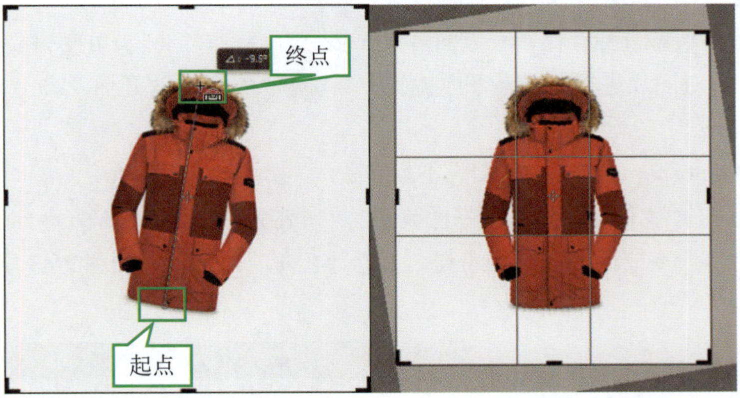

图 2-40　拖动鼠标指针

（4）按 Enter 键完成对倾斜图像的校正，校正后的效果如图 2-41 所示。

图 2-41　校正后的效果

> 技巧：
>
> 在使用“标尺工具”创建标尺线后，单击“拉直图层”按钮，可以将倾斜的图片校正过来，再使用“裁剪工具”对其进行裁剪即可。

2.4.3 图片调色

在为产品拍摄图片时，并不是所有的图片都能达到理想的效果，有时因为环境问题，拍摄出来的图片会出现发暗、曝光不足、颜色不正等瑕疵，本节通过案例为大家讲解校正此类问题的方法。

1. 处理曝光不足的图片

在太阳下或光线不足的环境中拍摄时，如果没有设置好相机的参数，就会拍摄出太亮或太暗的图片。如果是曝光不足的图片，画面就会出现发灰或发黑的效果，从而影响图片的质量。要想将图片以最佳状态进行存储，一方面可以在拍摄时调整好光圈、角度和位置；另一方面可以使用 Photoshop 对图片进行修改。下面就为大家讲解如何使用“色阶”命令修正因曝光不足而产生的发灰效果。

（1）启动 Photoshop，打开一张曝光不足的图片，如图 2-42 所示。

（2）观察该图片，我们会发现图片好像被蒙上了一层灰色，让人看起来十分不舒服。选择“图像→调整→色阶”命令或按 Ctrl+L 组合键，打开“色阶”对话框，如图 2-43 所示。

图 2-42 曝光不足的图片

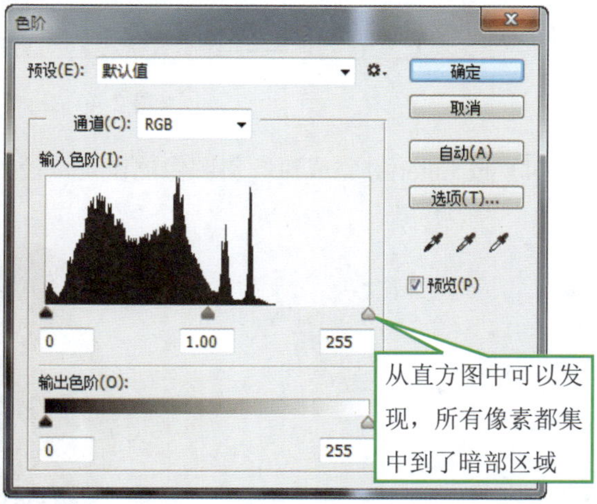

图 2-43 “色阶”对话框

（3）向左拖动“高光”控制滑块到有像素分布的区域，如图 2-44 所示。

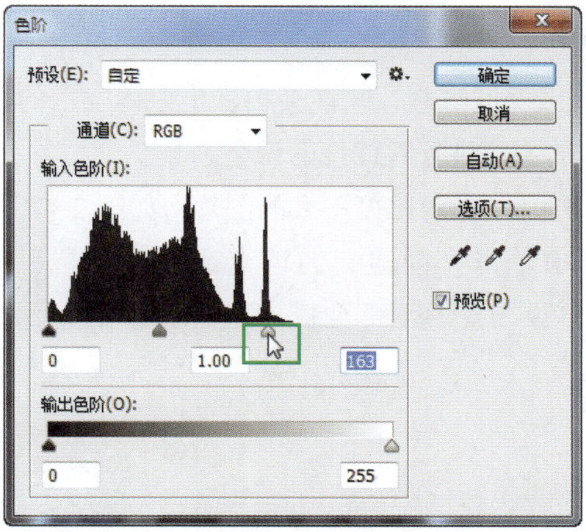

图 2-44　拖动“高光”控制滑块

（4）在设置完毕后，单击“确定”按钮，此时已经修正了因曝光不足而产生的发灰效果，如图 2-45 所示。

图 2-45　修正后的效果

技巧：

对初学者来说，使用对话框可能不太习惯，大家可以直接通过命令修正因曝光不足而产生的发灰效果：只要选择“图像→自动色调”命令（见图 2-46），就可以快速修正。

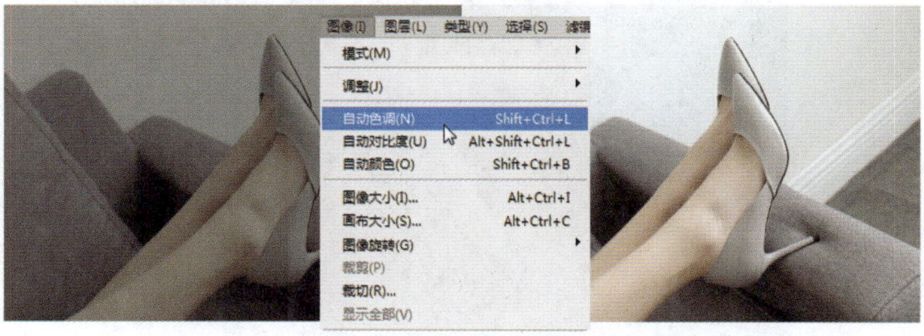

图 2-46　“自动色调”命令

2. 调整图片的对比度

由于对相机的控制不佳或光线过强，可能会拍摄出整体发白的图片，导致对比不够鲜明。下面使用 Photoshop 对发白的图片进行对比度的调整。

（1）启动 Photoshop，打开一张对比度不大的图片，如图 2-47 所示。

（2）在“图层”面板中单击“创建新的填充或调整图层”按钮，在弹出的下拉列表中选择“色阶”选项，打开色阶的“属性”面板，将“阴影”控制滑块向有像素分布的区域（右侧）拖动，如图 2-48 所示。

图 2-47　对比度不大的图片

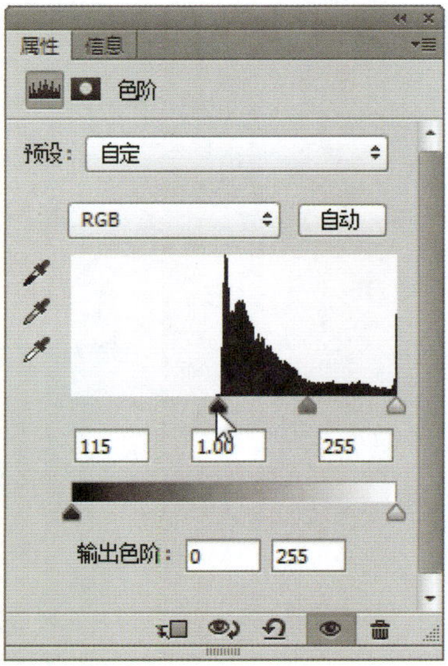

图 2-48　拖动“阴影”控制滑块

（3）调整后的效果如图 2-49 所示。

图 2-49　调整后的效果

技巧：

对初学者来说，使用对话框可能不太习惯，大家可以直接通过命令调整图片的对比度：只要选择“图像→自动对比度”命令就可以快速调整。

3．处理偏色的图片

由于拍摄问题，常常会出现一些偏色的图片，下面就带领大家使用 Photoshop 解决图片偏色的问题。

（1）启动 Photoshop，打开一张偏色的图片，如图 2-50 所示。

（2）选择“窗口→信息”命令，打开“信息”面板。选择“吸管工具”，设置“取样大小”为“3×3 平均”，如图 2-51 所示。

图 2-50　偏色的图片

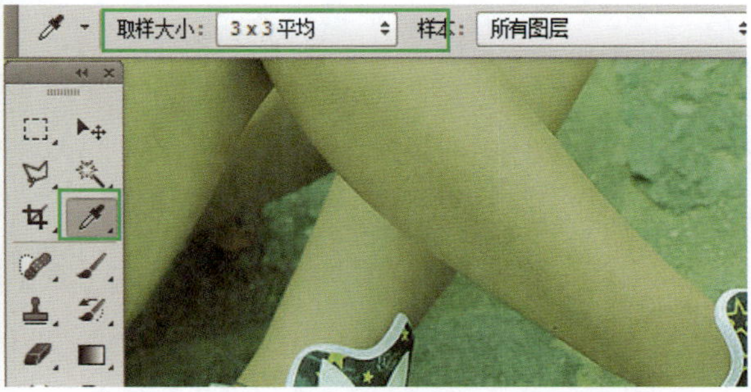

图 2-51　选择“吸管工具”并设置其参数

注意：

如果想确认图片是否偏色，最简单的方法就是使用“信息”面板查看图片中灰色的位置。因为灰色属于中性色，这些区域的 R、G、B 的数值应该是相等的，如果发现某个数值太大，就可以判断该图片为偏色图片。

提示：

在图片中寻找灰色区域时，可以寻找灰色路灯杆、灰色路面、墙面等。由于不同显示器的色彩存在一些差异，因此最好先使用“信息”面板进行精确判断，再对其进行修正。

（3）要想确定是否偏色，只能在灰色区域看 R、G、B 的数值。选择“吸管工具”，将鼠标指针移动到图片中本应为灰色的地面上，此时在“信息”面板中发现 R、G、B 的数值明显不同，G 的数值明显偏大（见图 2-52），说明图片存在绿色偏多的问题。

（4）在“图层”面板中单击“创建新的填充或调整图层”按钮，在弹出的下拉列表中选择“色阶”选项，打开色阶的“属性”面板；由于图片中的绿色偏多，因此选择“绿”通道，向右拖动“阴影”控制滑块和“中间调”控制滑块，使图片中的绿色减少，如图 2-53 所示。

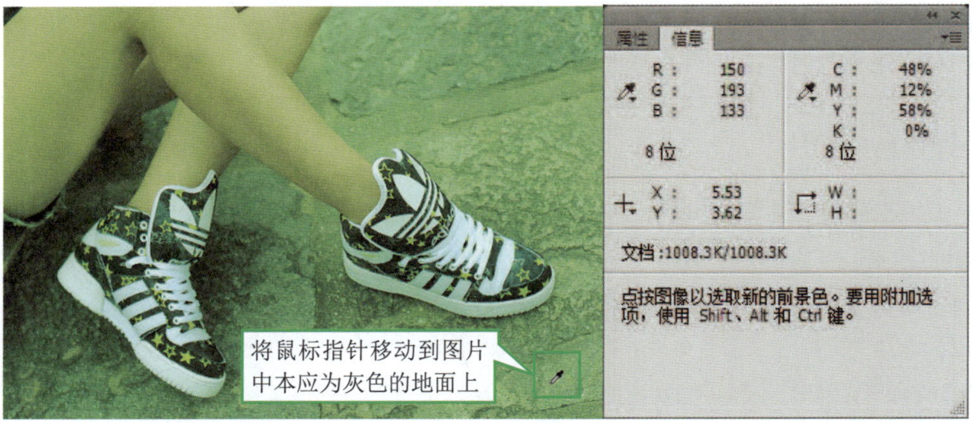

图 2-52　查找灰色

图 2-53　调整色阶

（5）再次将鼠标指针移动到灰色的地面上，从“信息”面板（见图 2-54）中可以看到，R、G、B 的数值已经比较接近了，说明已经不偏色了。

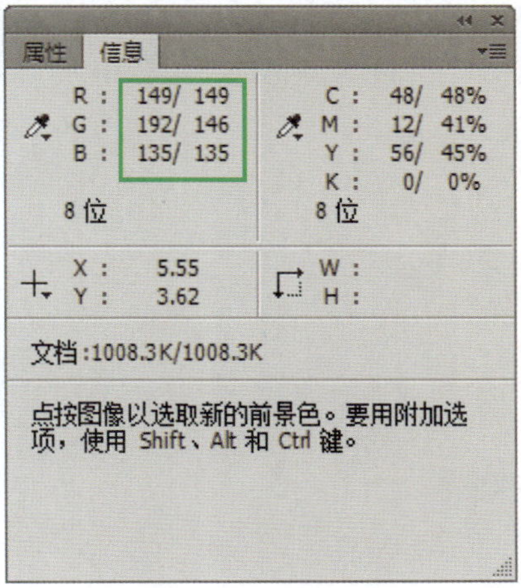

图 2-54 “信息”面板

技巧：

偏色还可以通过“色彩平衡”命令和“曲线”命令进行调整：“曲线”与“色阶”类似，也用于调整通道内的参数；“色彩平衡”用于调整面板中的颜色对比色，如图 2-55 所示。

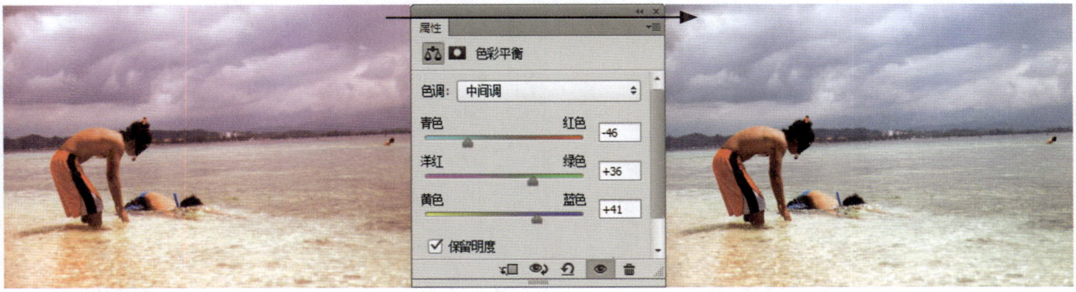

图 2-55 调整偏色

4. 增加多种颜色

如今的产品琳琅满目、五颜六色，但是我们在进行拍摄时，可能产品不齐全，缺少某些颜色的产品，而要等产品到货后再拍照就会浪费很多时间。这时，我们只要使用 Photoshop 中的“色相 / 饱和度”调整功能，就可以将一种颜色变为多种颜色，具体操作如下。

（1）启动 Photoshop，打开一张女士卫衣图片，如图 2-56 所示。

（2）在“图层”面板中单击“创建新的填充或调整图层”按钮，在弹出的下拉列表中选择“色

相 / 饱和度”选项，如图 2-57 所示。

图 2-56　女士卫衣图片

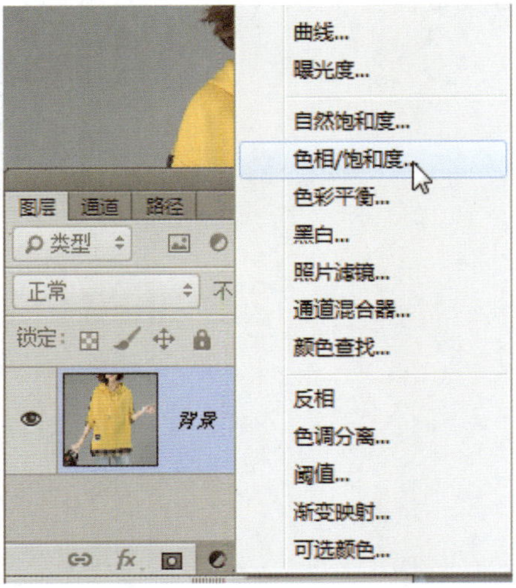

图 2-57　选择“色相 / 饱和度”选项

（3）打开色相 / 饱和度的“属性”面板。由于要调整女士卫衣的颜色，因此在这里我们选择“黄色”，之后拖动“色相”控制滑块，此时通过预览可以看到女士卫衣中的黄色发生了变化，如图 2-58 所示。

图 2-58　调整色相

（4）在色相 / 饱和度的“属性”面板中调整“色相”的参数，可以得到多种颜色，效果如图 2-59 所示。

图 2-59 多种颜色的效果

技巧：

在使用“色相 / 饱和度”功能调整颜色时，如果选择单色进行调整，那么只对选取的颜色进行调整；如果选择的是全图，就会针对所有颜色进行调整；在创建选区后可以只对选区内的图像颜色进行调整，如图 2-60 所示。要想改变灰度图像的色相，就必须勾选“着色”复选框。

图 2-60 调整选区内的图像颜色

2.4.4 图片瑕疵修复

在网店中销售产品是离不开图片的，如果只用文字描述产品，就不能最大限度地激发消费者对产品的兴趣，一张好的产品图片不仅可以直观地展示产品的外在形象，还能让消费者看到产品的特色，从而增大成交的机会，为商家创造利润。对大多数商家来说，拍好产品图片不是一件容易的事，光线、产品的摆放角度、没有移走的其他物品、相机自动添加的日期都会对图片造成影响。图片中的瑕疵案例如图 2-61 所示。

图 2-61　图片中的瑕疵案例

1. 使用“内容识别”功能修复图片中的污点

“内容识别”功能可以结合选区来将图片中的多余部分进行快速修复（如拍摄时产品边缘的杂物、背景中的人物、溅到产品上的污渍等）。该功能主要是通过将选区外部周围的像素与选区内部的像素进行融合来修复的，具体操作如下。

（1）启动 Photoshop，打开一张有污点的图片，如图 2-62 所示。

（2）选择“椭圆选框工具”，在污点上创建椭圆选区，如图 2-63 所示。

图 2-62　有污点的图片

图 2-63　创建椭圆选区

（3）选择“编辑→填充”命令，打开“填充”对话框，在“使用”下拉列表中选择“内容识别”选项，如图 2-64 所示。

（4）设置完毕后单击“确定”按钮，此时选区内的污点已经被修复了。按 Ctrl+D 组合键去掉选区，最终效果如图 2-65 所示。

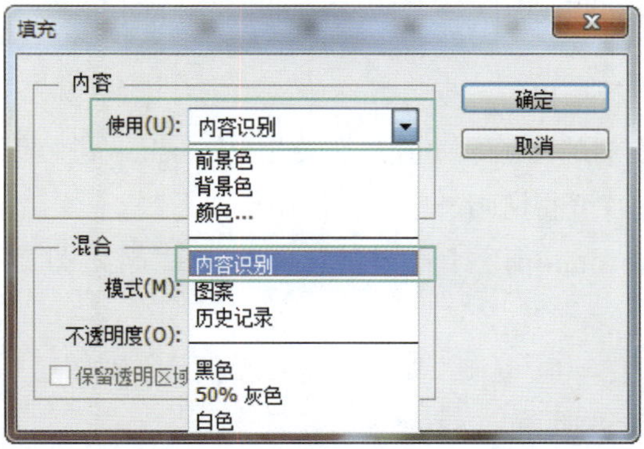

图 2-64 选择“内容识别”选项

图 2-65 最终效果

2. 使用“污点修复画笔工具”修复图片中的瑕疵

“污点修复画笔工具”常用于快速修复图片瑕疵。在图片中要修掉的瑕疵上拖动鼠标指针，即可完成修复，如图 2-66 所示。

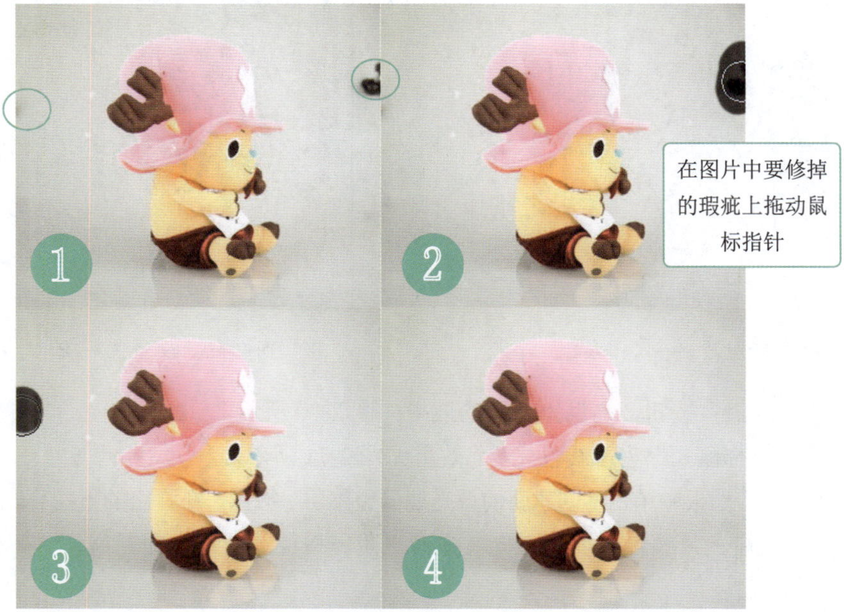

图 2-66 使用“污点修复画笔工具”修复图片中的瑕疵

提示：

在使用“污点修复画笔工具”修复图片中的瑕疵时，最好将画笔调整得比瑕疵大一些，如果修复区的边缘像素反差较大，那么建议在修复区周围先创建选取范围再进行修复。

3. 将模糊的图片调清晰

在使用相机进行拍摄时，受外界环境或拍摄技术的影响，常常会拍摄出一些模糊的图片，此时只要使用 Photoshop 进行锐化处理，便可以将图片变得清晰一些，具体操作如下。

（1）启动 Photoshop，打开一张模糊的图片，如图 2-67 所示。

（2）按 Ctrl+J 组合键，复制“背景”图层，得到一个新图层——“图层 1”，如图 2-68 所示。

（3）选择“滤镜→其他→高反差保留”命令，打开“高反差保留”对话框，设置“半径”为“2 像素”，如图 2-69 所示。

图 2-67 模糊的图片

图 2-68 新图层——“图层 1”

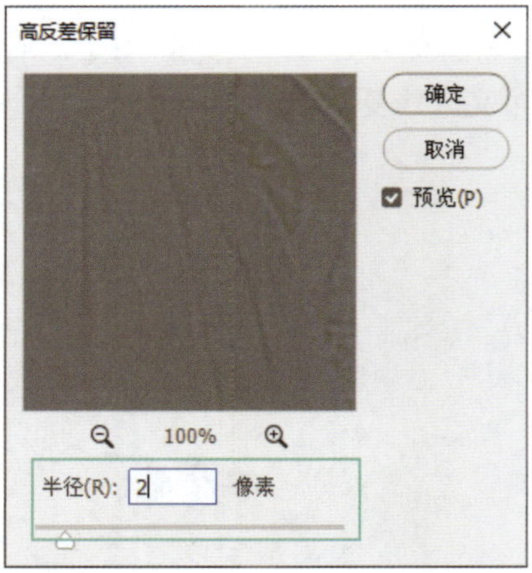

图 2-69 设置“半径”

（4）单击“确定”按钮，高反差保留的效果如图 2-70 所示。

（5）设置“混合模式”为“线性光”，效果如图 2-71 所示。

（6）在“图层”面板中单击“创建新的填充或调整图层”按钮，在弹出的下拉列表中选择“色阶”选项，打开色阶的“属性”面板；向右拖动“阴影”控制滑块，向左拖动“高光”控制滑块，如图 2-72 所示。

（7）调整后的效果如图 2-73 所示。

图 2-70 高反差保留的效果

图 2-71 设置“混合模式”及效果

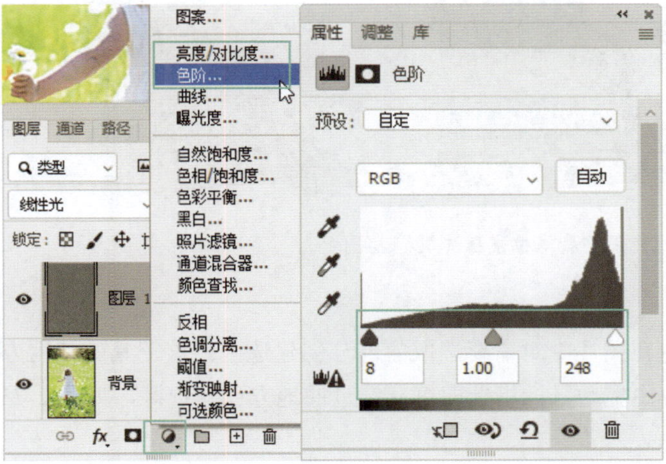

图 2-72 调整色阶

图 2-73 调整后的效果

技巧：

对于一般的模糊图片，我们只要选择“滤镜→锐化→锐化”命令，或选择“滤镜→锐化→ USM 锐化”命令，在打开的对话框中根据预览进行参数调整，即可将图片调整清晰。

2.4.5 抠图

无论是为单一的产品替换背景，还是为一系列产品统一背景，都需要对产品本身进行抠图。如果要制作产品的合成广告，就更少不了抠图这个过程。本节主要介绍通过抠图将产品的背景进行替换的方法，从而使产品更突出、更能吸引消费者的注意力，进而提升产品的销量。

1. 自动抠图

在对拍摄的产品图片进行抠图时，如果背景色是单色的，就可以使用“魔术橡皮擦工具”、“快速选择工具”、“魔棒工具”和“对象选择工具”。这几个工具可以通过智能运算的方式进行图片选取，非常适合初学者。

1）使用“魔术橡皮擦工具”抠图

使用“魔术橡皮擦工具”可以快速去掉图片的背景。该工具的使用方法非常简单，只要选择要清除的颜色范围，单击即可将其清除，删除背景后的图片可以被直接拖动到新的背景中，如图 2-74 所示。

图 2-74　使用“魔术橡皮擦工具”抠图

2）使用“快速选择工具”抠图

使用“快速选择工具”可以快速在图片中对需要选取的部分创建选区。该工具的使用方法非常简单，选择该工具后，在图片中拖动鼠标指针即可在经过的地方创建选区，如图 2-75 所示。

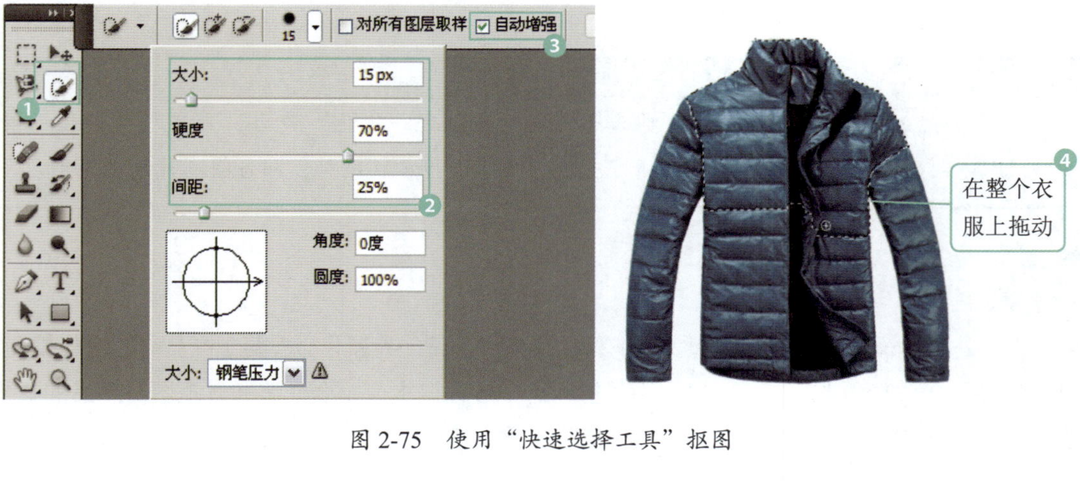

图 2-75　使用“快速选择工具”抠图

图 2-75 使用“快速选择工具”抠图（续）

技巧：

在选区创建完毕后，我们发现衣服上有一处多余的范围，下面我们就将其刨除：在属性栏中单击“从选区中减去”按钮，使用“快速选择工具”在多余的选区处拖动，刨除该选区。

3）使用“魔棒工具”抠图

使用“魔棒工具”能选取图片中颜色相同或相近的像素，像素之间可以是连续的，也可以是不连续的。通常情况下，使用“魔棒工具”可以快速创建与图片颜色相近像素的选区。创建选区的方法非常简单，只要在图片中某个颜色的像素上单击，系统便会自动以该选取点为样本创建选区，在反选选区后，可以移动图片到新背景中，如图 2-76 所示。

图 2-76 使用“魔棒工具”抠图

4）使用“对象选择工具”抠图并改色

“对象选择工具”在抠图时非常便捷、智能，只要在选取的对象上创建一个选取范围或在像素相近的区域上单击，就可以在此处自动创建选区，此时可以对选区内的像素进行单独调整，如图 2-77 所示。

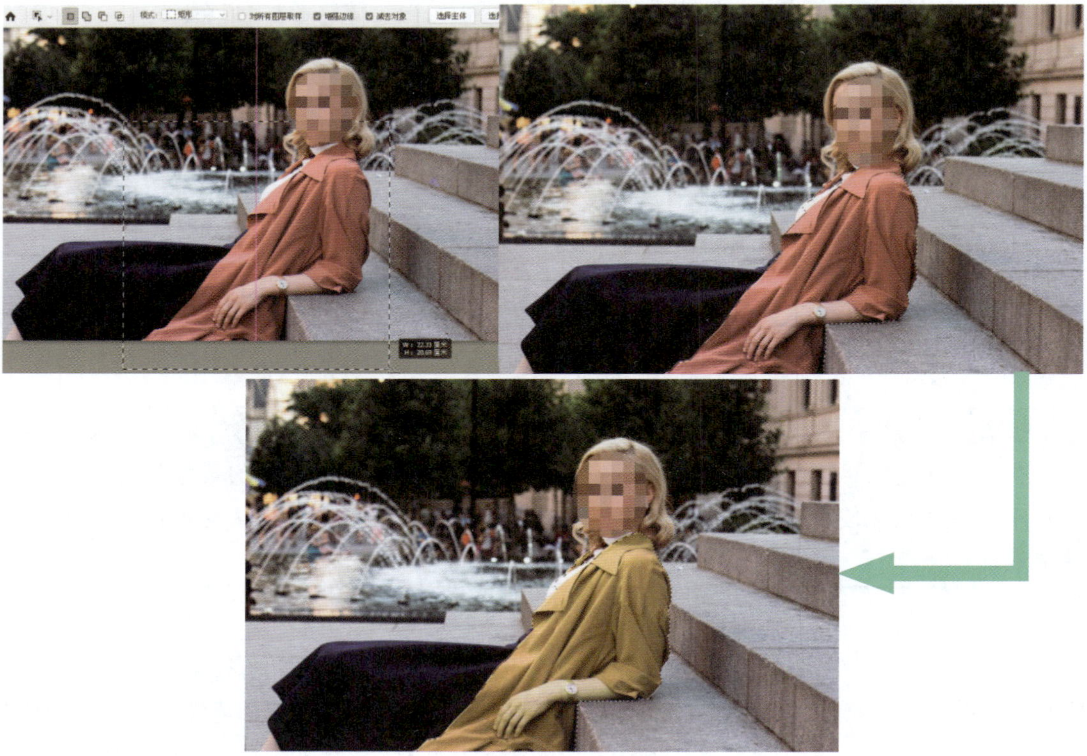

图 2-77 使用“对象选择工具”抠图并改色

2. 对规则形状进行手动抠图

在为产品拍照后，我们要想将拍摄的产品整体移到自己喜欢的背景中，就要进行手动抠图。在对规则形状进行抠图时，常用的工具是“矩形选框工具”和“椭圆选框工具”。这两个工具的使用方法大致相同，都是在图片中按住鼠标左键，并向对角线方向拖动鼠标指针，松开鼠标左键即可创建选区，如图 2-78 所示。

技巧：

在创建矩形选区的同时按住 Shift 键，可以创建出正方形选区；在创建椭圆形选区的同时按住 Shift 键，可以创建出圆形选区；在选择起点后按住 Alt 键，可以以起点为中心向外创建椭圆形选区；在选择起始点后按住 Alt+Shift 组合键，可以以起点为中心向外创建圆形选区。

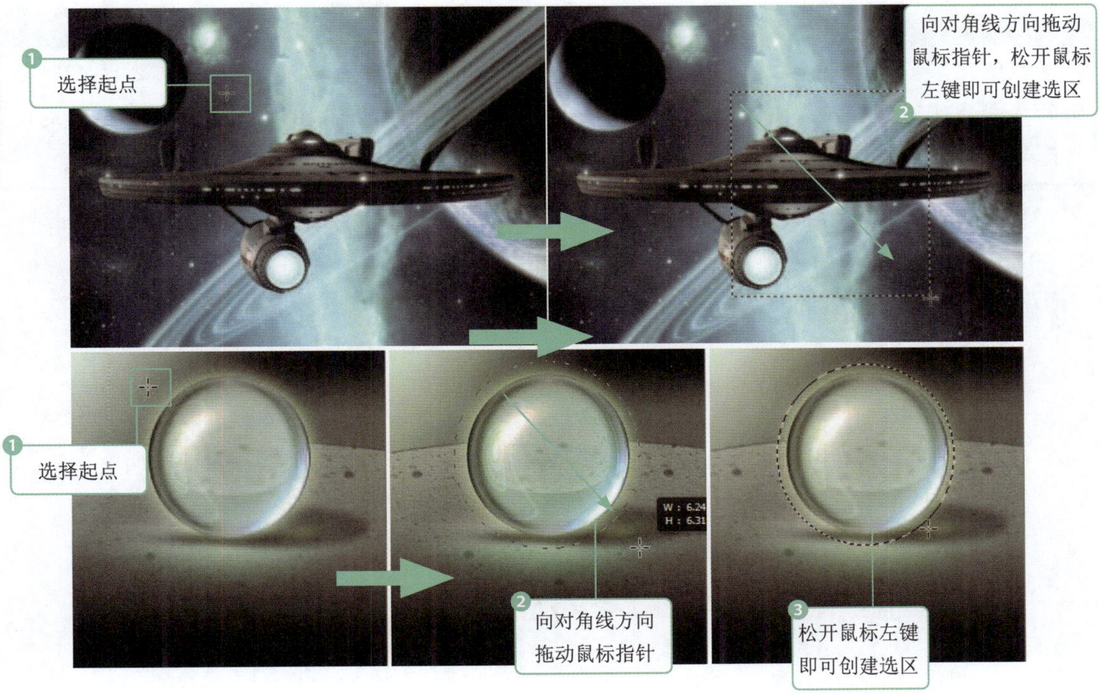

图 2-78 创建选区

3. 对复杂形状进行手动抠图

产品的类型不同，形状也会有所不同，在对形状不规则的产品进行抠图时，就需要使用一些操作比较复杂的工具。本节为大家介绍“多边形套索工具”、“磁性套索工具”和“钢笔工具”在抠图时的使用方法。

“多边形套索工具”通常用来创建较为精确的选区。使用该工具创建选区的方法非常简单，在不同位置单击，即可将两点以直线的形式连接起来，当起点与终点重叠时单击即可创建选区，如图 2-79 所示。

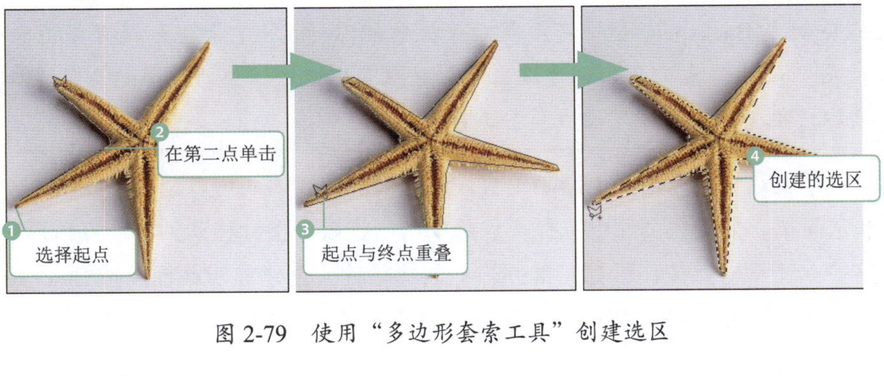

图 2-79 使用“多边形套索工具”创建选区

技巧：

在使用“多边形套索工具”创建选区时，按住 Shift 键可沿水平、垂直或与之成 45° 夹角的方向创建选区；在终点没有与起点重叠时，双击或按住 Ctrl 键的同时单击即可创建封闭的选区。

使用“磁性套索工具”可以在图像中自动捕捉具有反差颜色的图像边缘，并以此来创建选区。此工具常用在背景复杂但边缘对比较鲜明的图像中。使用该工具创建选区的方法非常简单，在图像中选择起点后沿边缘拖动鼠标指针即可自动创建选区，如图 2-80 所示。

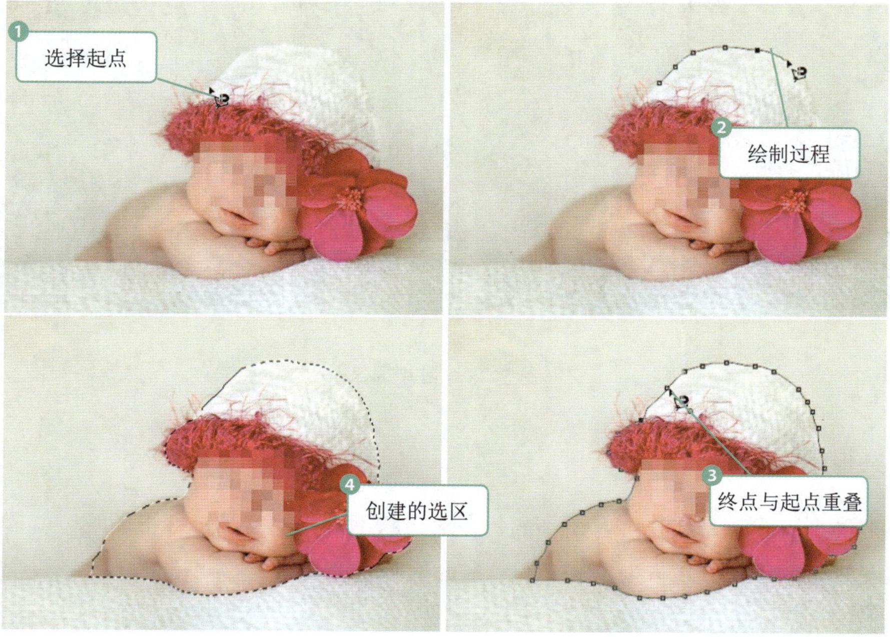

图 2-80　使用“磁性套索工具”创建选区

技巧：

在使用“磁性套索工具”创建选区时，单击也可以创建矩形标记点，用来确定精确的选区；按 Delete 键或 Backspace 键，可按照顺序撤销矩形标记点；按 Esc 键可以消除未完成的选区。在使用“磁性套索工具”创建选区时，按住 Alt 键可以变为“多边形套索工具”，在松开 Alt 键后，单击可恢复成“磁性套索工具”。

使用“钢笔工具”可以精确地绘制出直线或光滑的曲线，还可以创建形状图层。该工具的使用方法非常简单，只要在页面中选择一点后单击，将鼠标指针移动到下一点后再单击，就会创建直线路径；在下一点按住鼠标左键并拖动鼠标指针会创建曲线路径，按 Enter 键会创建不封闭的路径；在创建路径的过程中，当起点的锚点与终点的锚点重叠时，鼠标指针会变成♤。

形状，此时单击，系统会将该路径创建成封闭路径。

1）创建路径

使用“钢笔工具”创建直线路径、曲线路径和封闭路径的方法如下。

（1）启动Photoshop，新建一个空白文档，选择“钢笔工具”，在页面中选择起点（❶）后单击，将鼠标指针移动到另一点（❷）后再单击，会得到如图 2-81 所示的直线路径。按 Enter 键，直线路径创建完毕。

（2）新建一个空白文档，选择“钢笔工具”，在页面中选择起点（❶）后单击，将鼠标指针移动到另一点（❷）后按住鼠标左键并拖动鼠标指针，会得到如图 2-82 所示的曲线路径。按 Enter 键，曲线路径创建完毕。

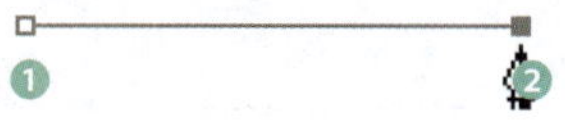

图 2-81 直线路径

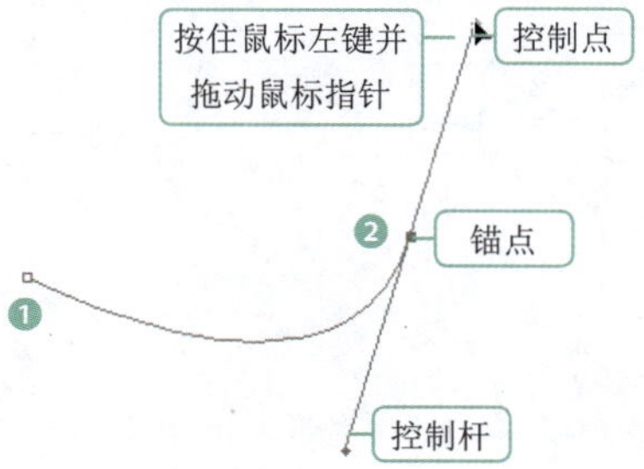

图 2-82 曲线路径

（3）新建一个空白文档，选择“钢笔工具”，在页面中选择起点（❶）后单击，将鼠标指针移动到另一点（❷）后按住鼠标左键并拖动鼠标指针到终点❸（与❶重叠），单击会得到如图 2-83 所示的封闭路径。按 Enter 键，曲线路径创建完毕。

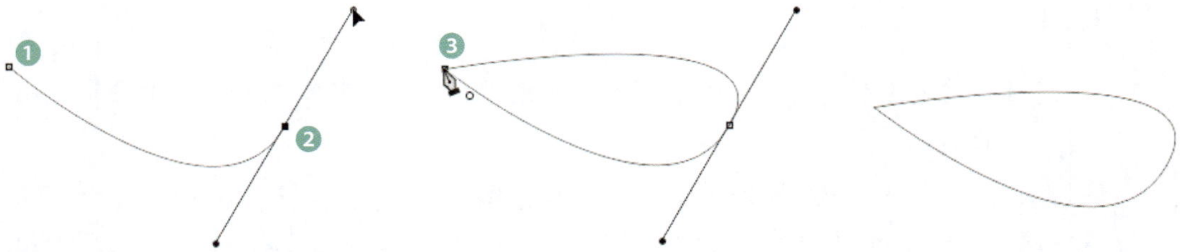

图 2-83 封闭路径

2）将路径转换为选区

使用“钢笔工具”创建的路径是不能直接进行抠图的，此时我们只要将创建的路径转换为选区，就可以使用“移动工具”将选区内的图像移动到新背景中来完成抠图。在 Photoshop 中将路径转换为选区的方法很简单，可以直接按 Ctrl+Enter 组合键来将路径转换为选区；还可以单击“路径”面板中的“将路径作为选区载入”按钮来将路径转换为选区（见图 2-84）；如果是在 Photoshop CC 中，那么还可以直接在属性栏中单击“建立选区”按钮来将路径转换为选区（见图 2-84）；或者在“弹出”菜单中选择“建立选区”命令来将路径转换为选区。

图 2-84　将路径转换为选区

习题

一、选择题

1．在太阳下或光线不足的环境中拍摄时，如果没有设置好相机的参数，就会拍摄出太亮或（　　）的图片。

A．太暗　　B．偏黄　　C．偏绿　　D．无影像

2．对初学者来说，使用对话框可能不太习惯，大家可以直接通过命令修正因曝光不足而产生的发灰效果：只要选择“图像→（　　）”命令，就可以快速修正。

A．色阶　　B．自动色调　　C．选择图形　　D．色相→饱和度

3．在对拍摄的产品图片进行抠图时，如果背景色是单色的，就可以使用“魔术橡皮擦工具”“快速选择工具”“魔棒工具”“（　　）”，这几个工具可以通过智能运算的方式进行图片选取。

A．裁剪工具　　B．多边形套索工具　　C．钢笔工具　　D．对象选择工具

二、填空题

1．主图的尺寸为__________或者以上，才能具备放大镜效果。

2．在 Photoshop 中进行固定尺寸裁剪时，只要选择“裁剪工具”，在属性栏中选择“__________”，并设置__________、__________和__________，在图片中裁剪即可。

三、问答题

1．光圈的大小和景深的深浅之间的关系是什么？

2．快门速度的衡量标准是什么？

第3章

图片设计篇

在如今信息爆炸的时代，网络信息量越来越大，信息更新迭代速度越来越快。相较于文字，消费者更愿意看图片，图片可以使消费者快速、有效地接收到准确的信息。视觉设计是信息的可视化传达手段，而图片一直是视觉设计的基础单元，无论是在传统广告端，还是在网络营销端，图片对信息的传递都更简单、直观、高效。

在网店的图片设计中，图片内容的营销目的性更强。将内容更加高效地传递给消费者是商家永恒的诉求，也是对合格美工的最基本的要求，本章就来介绍如何进行图片设计。

3.1 图片设计的方法与技巧

图片设计要达到提高点击率和转化率的目的，就应遵循如下基本标准：主题明确、形式美观、风格统一、布局合理。要想做到形式美观、布局合理，就要先学会图片设计的构图法。

喜欢摄影的人可能听说过以下几种经典的摄影构图法：横式摄影构图法、竖式摄影构图法、斜线摄影构图法、黄金分割摄影构图法、“井”字摄影构图法、均分摄影构图法、疏密相间和远近明暗的摄影构图法。本章要讲解的营销图片的构图法是在摄影的基础上对原素材进行重新构图的方法。在营销图片的设计中，构图的意义在于通过对原素材及添加素材（文案、促销标签等）的重新安排，达到有效传递产品主体及促销信息，吸引消费者的眼球，提高点击率和转化率的目的。

3.1.1 常见的构图法

1. 上下构图法

上下构图法是指在进行图片设计时将版面切分为上、下两个部分，或者让图片中的各种元素整体呈现出上下分布的结构，主要版面呈现视觉焦点，次要版面呈现文字信息，而且画面呈现的视觉效果平衡而稳定的构图法。常见的上下构图法有上字下图（见图3-1）及上图下字（见图3-2）两种形式。上下构图法常运用于竖图设计中，在设计时需要注意将文字聚焦排列，以便使人获得较好的阅读体验。无论是用于主图、详情图的设计，还是用于钻展图（见图3-3）的设计，上下构图法都是简单明了且较易掌握的构图法。

图 3-1 上下构图法之上字下图

图 3-2 上下构图法之上图下字

图 3-3　上下构图法之手机淘宝首页的钻展图

2. 左右构图法

左右构图法是指在进行图片设计时将版面切分为左、右两个部分，让图片中的各种元素整体呈现出左右分布结构的构图法。常见的左右构图法有左图右字（见图 3-4）及右图左字（见图 3-5）两种形式，图片及文字各自占据一边，文字聚焦排列，以便使人获得较好的阅读体验。左右构图法较多地运用于横式海报图的设计，以及主图和详情页的竖图设计中（见图 3-6）。

图 3-4　左右构图法之左图右字

图 3-5 左右构图法之右图左字

图 3-6 左右构图法之竖图

在左右构图法中，常见的版面分割比例有 1∶1、1∶1.414、1∶1.618、1∶2、1∶3 等。其中，1∶1 是指将版面分割成均等的两份，以呈现出对称均衡的版面效果，多用于版面中两部分内容是并列或对立关系的情况。在进行构图设计时，我们应使版面保持平衡和稳定。为了达到这种效果，我们可以根据版面内容的信息载量来划分版面，使其中的各元素保持均衡。例如，小的物体可以和大的物体通过体量与留白保持均衡，如图 3-7 所示；远的物体可以和近的物体通过远近和大小的处理保持均衡，如图 3-8 和图 3-9 所示。新手在设计时不妨反复测试再进行调整，直至找到最为合适的构图比例。

图 3-7 大小的视觉均衡构图案例

图 3-8 远近和大小控制视觉均衡构图图形示意

图 3-9 远近和大小控制视觉均衡构图案例

3. 对斜式构图法

营销图片设计中的对斜式构图法与斜线摄影构图法近似，又叫对角线构图法。二者的区别在于，在营销图片中，我们可以通过对再添加素材的重新排放和画面重构来完成构图。运用对斜式构图法设计的图片富于动感，产生了线条的汇聚趋势，在页面中呈现时，更能吸引视线，从而突出商品，如图3-10和图3-11所示。在运用这种构图法进行设计时，不一定非得用线条呈现出对斜式构图，还可以用商品布局呈现出对斜式构图，如图3-12所示。将对斜式构图法应用在直通车图及钻展图等营销图片上会比较吸睛，通常能很好地提高点击率。

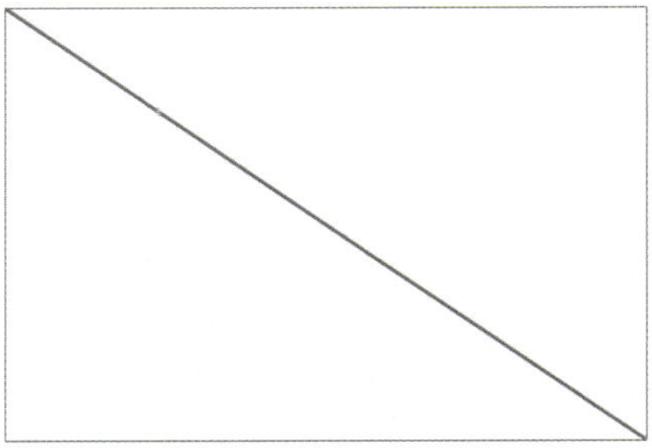

图 3-10　对斜式构图法图形示意

图 3-11　对斜式构图法案例

图 3-12　用商品布局呈现出对斜式构图案例

4. X 形构图法

X 形构图法，顾名思义，就是将版面中的元素按照字母 X 的样式进行排列组合的构图法，如图 3-13 所示。我们也可以将 X 形构图法理解为对斜式构图法的升级版，如图 3-14 所示。采用 X 形构图法进行图片设计可以增强画面的透视感，以便引导消费者的视线由四周聚焦到中心位置，或者引导消费者的视线由中心位置延伸至四周，从而提升画面的层次度和力量感。我们也可以在 X 形构图法的基础上以放射状设计图片，如图 3-15 所示。在实际的图片设计工作中，为了取得更好的视觉效果，笔者建议先形成构图思路，再进行图片拍摄，最后完成后期制作。

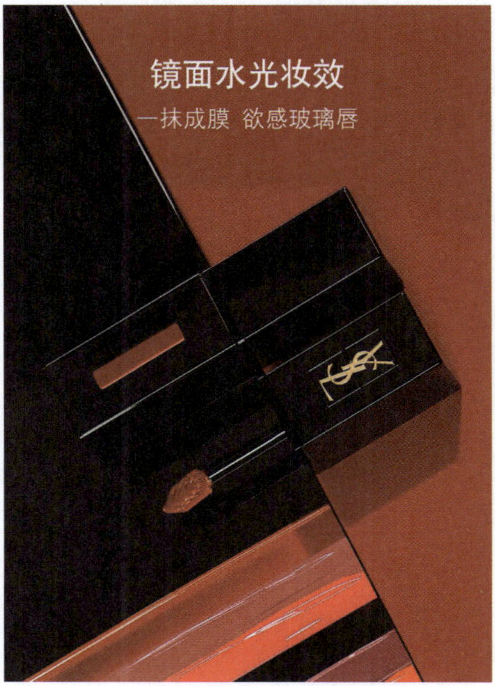

图 3-13　X 形构图法案例

图 3-14 对斜式构图法升级版的 X 形构图法案例

图 3-15 X 形构图法案例之放射状图片

5. 九宫格构图法

九宫格构图法是电商页面中常用的构图法之一，在九宫格构图中，“井”字的 4 个交叉点就是视觉中心点。也就是说，主体被放在 4 个点上（或者线上），画面被分成 3 份，避免主体在正中间，视觉效果会更好。九宫格构图法图形示意如图 3-16 所示，九宫格构图法案例如图 3-17 所示。

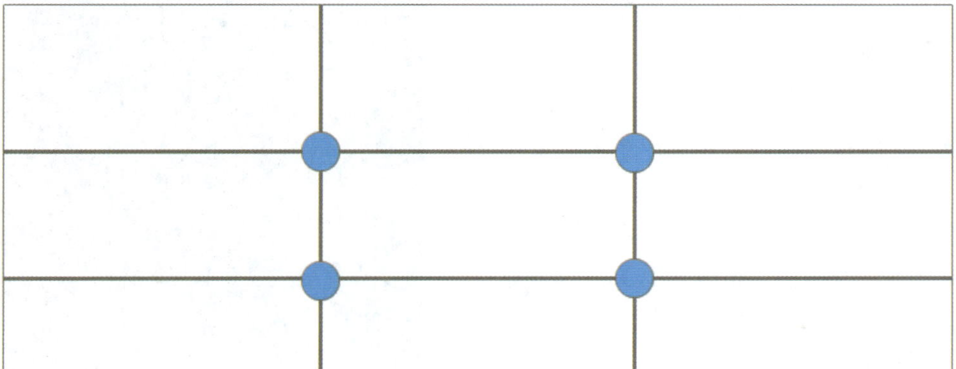

图 3-16 九宫格构图法图形示意

图 3-17　九宫格构图法案例

6．三角形构图法

三角形构图法最常用在钻展图的设计上，因为三角形本身的特性能够在中规中矩的页面中形成不同于横平竖直的线条，所以非常吸睛。三角形构图法以 3 个视觉中心作为元素的主要位置，有时以三点成面的方法来安排元素，形成一个稳定的三角形。这种三角形可以是正三角形，也可以是斜三角形或倒三角形，其中斜三角形较为常用，也较为灵活。三角形构图法具有稳定、均衡但不失灵活的特点。三角形构图法图形示意如图 3-18 所示，三角形构图法案例如图 3-19 所示。

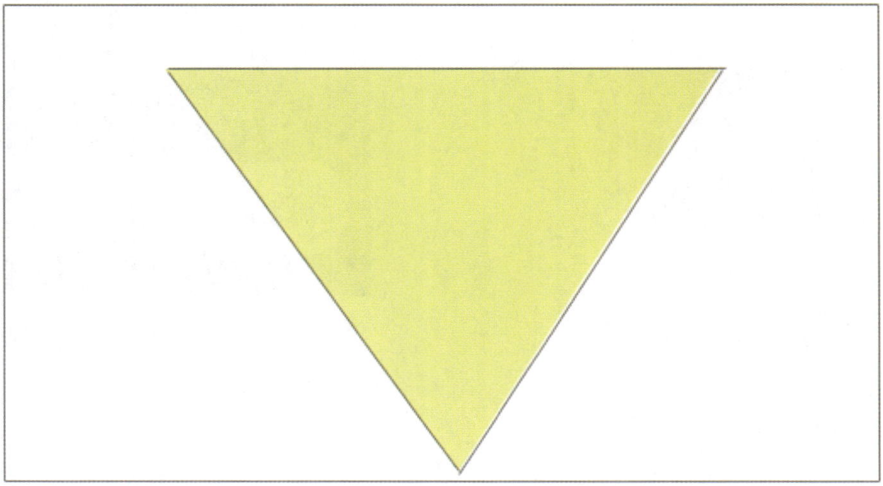

图 3-18　三角形构图法图形示意

图 3-19　三角形构图法案例

7．中心构图法

中心构图法是最简单的构图法之一，常用于主图和直通车图的设计。中心构图法将要表现的主元素放在画面中心。中心构图法能给人稳定、庄重的感觉，但容易使画面显得呆板，所以我们在使用这种构图法时要注意一些细节上的点缀设计，使画面有所变化，从而更能吸引消费者的眼球并提高点击率。中心构图法图形示意如图 3-20 所示，中心构图法案例如图 3-21 所示。

图 3-20　中心构图法图形示意

图 3-21　中心构图法案例

8．黄金分割构图法

黄金分割构图法在营销图片设计中的应用也是非常广泛的，几乎可以应用到所有类目的营销图片设计中，是我们学习电商视觉设计一定要掌握的构图法。黄金分割构图法按 0.618 ∶ 1

的比例切割画面。据考证，《蒙娜丽莎》这幅画在主要位置都运用了黄金分割比，所以给人的感觉总是那么和谐、优美，如图 3-22 所示。

黄金分割构图法图形示意如图 3-23 所示，黄金分割构图法案例如图 3-24 所示。

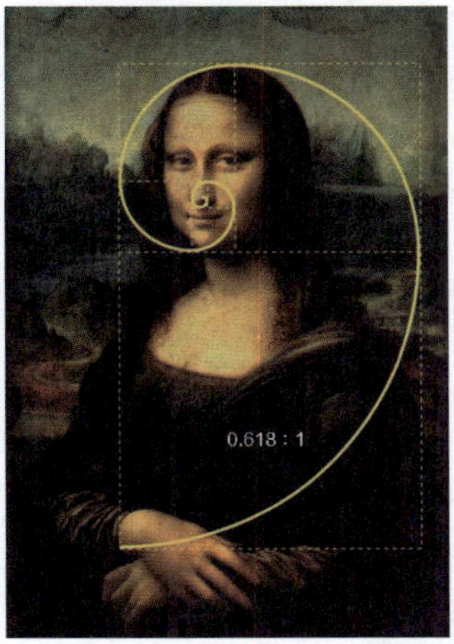

图 3-22 画作《蒙娜丽莎》

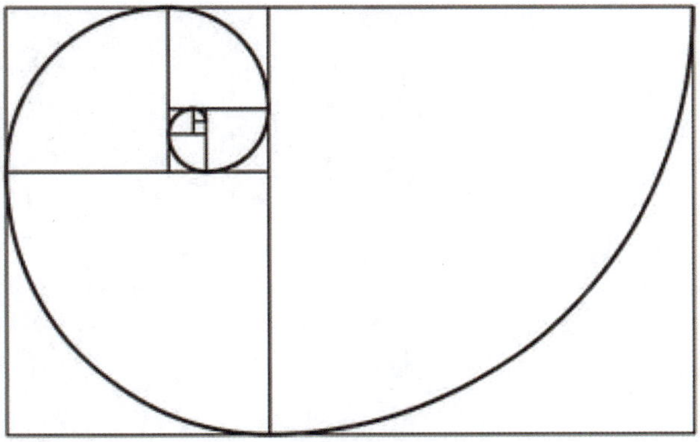

图 3-23 黄金分割构图法图形示意

图 3-24 黄金分割构图法案例

上述 8 种构图法是在电商的营销图片设计中经常用到的构图法。当然，在营销图片设计中，可能一张图片中合并运用了几种构图法。例如，图 3-24 就合并运用了黄金分割构图法与左右构图法，图 3-25 则合并运用了三角形构图法与上下构图法。只要画面和谐、统一，有利于提升画面的美观度，就可以将多种构图法合并运用。

为了达到提高点击率的目的，我们在学会营销图片设计的构图法以后，还需考虑营销图片所面对的消费人群及其需求。因为淘宝店铺的视觉设计是为了配合店铺的营销活动，所以它需要结合营销目的及消费人群的特点，有针对性地传递商品的卖点，以便满足消费人群的需求。

图 3-25 三角形构图法与上下构图法的合并运用案例

3.1.2 商品卖点提炼的技巧

自移动互联网降费增速以来，消费者进入了视频、直播内容时代，消费者的选择和需求也变得更加多元化；快节奏的工作和生活中出现了大量的碎片化时间，消费者的购物习惯也受到影响。这是一个“眼球经济”的时代，抓住消费者的眼球，就获得了初步的成功。

1．精准定位目标人群

想要留住消费者，商品图片的设计就要能高效地传递信息，同时要能从视觉上激发消费者的购买欲望。当其他图片大同小异，你的图片跟别人的图片不一样，从而形成鲜明的对比时，就能抓住消费者的眼球。常用的设计手法有突出色彩、突出卖点、突出文案。

不同目标人群的审美标准和风格喜好不同，针对不同的目标人群，我们的设计思路有所不同。在图片设计之初，我们要根据商品的属性和特点对目标人群进行精准定位，进而根据目标人群的特点进行品牌风格定位、店铺页面风格定位，最终通过图片设计来表达商品主题。下面我们通过案例来看一下两张版式几乎一模一样的图片，由于目标人群不同而使图片的呈现方式有哪些不同。

如图 3-26 所示，图片 A 和图片 B 的版式几乎一模一样。从目标人群上分析，图片 A 的目标人群是职场人士，背景用了大面积的浅紫色，营造出高贵和神秘的氛围，少量黄色字体与浅紫色的背景对比鲜明，构图简约、大气，整体格调符合职场人士简约、个性的审美标准；图片 B 的目标人群是学生，黄色和红色的搭配使画面更加柔和，文案内容及文字的呈现方式都更加活泼和富有动感，符合学生的审美标准。由此可见，我们在着手设计之前，一定要把握好整体图片呈现的特点，向目标人群传递我们的商品和服务信息，并与营销内容无缝对接，达到对目标人群进行精准营销的目的。

图片 A

图片 B

图 3-26 针对不同目标人群的设计案例

2. 提炼商品卖点，让消费者产生购买欲望

只吸引消费者的眼球是不足以使其点击我们的商品链接的，因为消费者的目的是购物，他们一般会点击能激发其购买欲望的商品链接，所以我们要做的就是让消费者产生购买欲望。我

们可以从以下几个方面提炼商品卖点，从而让消费者产生购买欲望。

1）价格

一般来说，消费者想要既便宜又好用的商品。对于普通商品，我们可以用价格去刺激消费者。这种卖点呈现形式可以是打折、满减等，如图 3-27 所示；也可以是优惠活动，如图 3-28 所示，这里还要注意促销信息的字体要符合目标人群的审美标准。

图 3-27 将打折、满减作为卖点

图 3-28 将优惠活动作为卖点

2）质量、性能、特点

如今，商品的同质化现象非常普遍，要让自己的商品从众多同类商品中脱颖而出，光靠价格优势是不行的，还需要从商品自身出发，挖掘出商品的核心卖点，以便解决消费者的“痛点”，如图 3-29 ～图 3-31 所示。

图 3-29　将商品的质量作为卖点

图 3-30　将商品的性能作为卖点

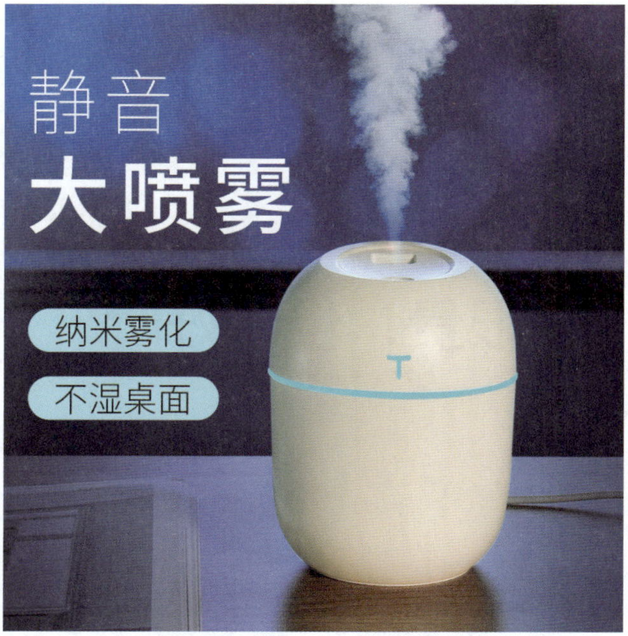

图 3-31　将商品的特点作为卖点

图 3-32　将销量作为卖点

3）销量、评价

一般来说，消费者都有从众心理，对于销量高、评价好的商品会产生信任，甚至会下意识地跟风。对于同样的商品、同样的价格甚至更高的价格，消费者总愿为卖得更好的商品买单。用销售数据突显实力、打动消费者无疑是直击人心的销售方式，如图 3-32 所示。例如，香飘飘的广告语“一年卖出 3 亿多杯，杯子连起来可绕地球一圈”在 2009 年左右可谓家喻户晓。

4）服务

当我们销售的商品有很多同类商品，并且商品的价格、质量、性能、特点、销量、评价都无法超越同类商品时，我们在商品图片上标注与别人一样的卖点显然无济于事。这时，我们不妨提升自己的服务，并将服务作为卖点，让自己与众不同的利益点能脱颖而出、直击消费者的心灵，如给消费者提供更便捷的快递服务（见图 3-33）、提供更优质的售后保障服务（见图 3-34）。

图 3-33　将更便捷的快递服务作为卖点

图 3-34　将更优质的售后保障服务作为卖点

5）提炼商品卖点的注意事项

（1）文案要能直击消费者的“痛点”。例如，夏天卖鸡蛋，鸡蛋是否新鲜很重要，所以文案要能直击消费者的这个“痛点”，如图3-35所示。再如，红糖姜茶的主要消费者是女性，而且购买红糖姜茶的女性大多是因为生理痛（痛经），那么红糖姜茶的图片设计就需要让此类消费者产生共鸣，并通过与文案的配合，让图片更加传神，如图3-36所示。

图3-35 能直击消费者的“痛点”的文案

图3-36 红糖姜茶的图片

（2）文案的措辞直观、通俗易懂。很多专业名词对非专业人士来说犹如天书，电商商品涉及多个领域、多个行业，还会涉及很多专业名词，为了让消费者看懂，商家需要用直观、通俗易懂的方案对商品进行说明。例如，净化器的核心技术是银离子抑菌技术，文案“银离子抑菌、多重净化”较为抽象，让人不容易理解，而文案“99.4%抑菌率”（见图3-37）则直观、通俗易懂，因为有些消费者对银离子抑菌技术完全不了解，而直观的语言能让所有消费者都理解，可以提高点击率，甚至起到引导销售的作用。

图 3-37 直观、通俗易懂的文案

3．明确表达内容，重点突出主题

1）商品本身差异化

有些商品在设计之初就与众不同，如花西子的雕花口红，如图 3-38 所示。很多品牌的拳头商品也有这样的特色。在这种情况下，无须多说，一张唯美的实拍场景图就足以吸引消费者的眼球。

2）图片设计差异化

图片设计差异化包括图片的构图、排版、色彩、创意的差异化。例如，很多商家都在卖柯基屁股包，但都是在展示包包本身或者包包背上身的效果（见图 3-39），设计的主题形式雷同，很难从众多同类商品中脱颖而出。这时，把柯基屁股包与柯基的屁股进行对比，整个画面就会与众不同，更能吸引目标人群，如图 3-40 所示。

图 3-38 花西子的雕花口红

图 3-39 柯基屁股包的上身效果图

图 3-40 柯基屁股包的创意图

3）适当的互动型文案

大多数文案是陈述句，表达的是商品的卖点。但是对于能解决消费者“痛点”的商品，我们可以用提问的方式来吸引消费者的眼球。例如，对于鱼缸清洁粉，大多数消费者并不关注鱼缸清洁粉的外形、包装等，而是关注它对鱼缸的清洁效果。图 3-41 虽然不够美观，但作为引流图片，它能引发消费者的共鸣、激发消费者的点击欲望。

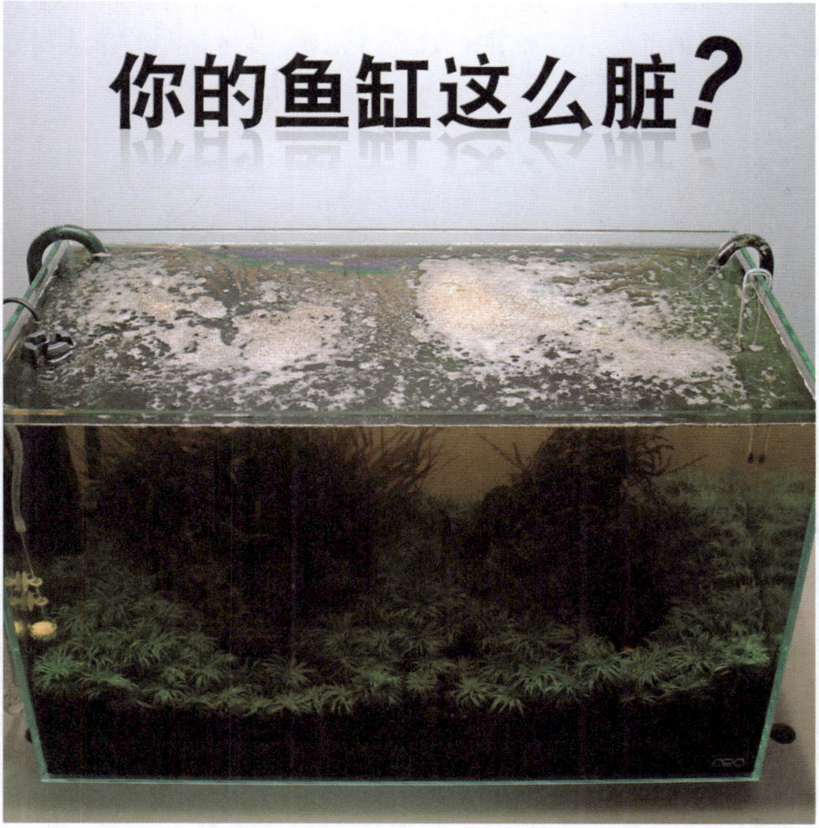

图 3-41 以“痛点”引发消费者共鸣的引流图片

4. 注意移动端的展示效果，提高转化率

在移动互联网时代，消费者的很多购物行为是在移动端完成的，所以图片设计应该注意移动端的展示效果，以便吸引消费者的眼球，从而提高商品的点击率。

如图 3-42 所示，移动端搜索结果页的引流图一般有单列排列与双列排列两种展示形式，而且一般类目呈现的是方图（服装类目可以在商家后台设置 2 ∶ 3 的长图，单列排列时显示方图，而双列排列时会自然展示长图，相较于只设置了方图的商家，可以让消费者有更好的视觉体验），所以无论是直通车图还是引流主图，设计比例都为 1 ∶ 1。但在进入详情页后，主图尺寸设置为 3 ：4 会让商品在手机端呈现时的屏占比更大，从而让消费者在浏览时获得的视觉冲击力更强。那么，如何上传引流主图为方图、详情页主图为 3 ：4 比例的图片呢？进入淘宝商家后台，在上新商品时，设置“电脑端[①]宝贝图片”中的第一张图片为引流方图，设置“主图视频比例”为“3 ：4”（见图 3-43），这时我们就可以在“3 ：4 商品图片”中上传图片了。在 5 张主图不足以展示商品所有卖点的情况下，我们可以将“电脑端宝贝图片”中的第一张方图与后面的“3 ：4 商品图片”中的图片设置成不同的图片，这样可以让消费者在搜索时看到一张为提高点击率服务的引流主图，而在进入详情页后看到描述商品卖点的主图（见图 3-44），从而提高转化率。

图 3-42 移动端搜索结果页的引流图的两种排列展示形式

① 电脑端也称 PC 端，在生意参谋中，电脑端被称为 PC 端。

图 3-43 淘宝商家后台的图片设置方法

图 3-44 引流主图与详情页主图不同

3.1.3 字体的选择、运用与版权

要想使文案排版美观，就要先选择合适的字体。字体是文字的外在形式，展现着文字的风格。在视觉设计中，文字的字体与编排直接影响着信息的传递，文字好比音符，字体编排设计就像是指挥者指挥着文字一起演奏一段优美的乐章。

1. 字体的选择、运用

中华文化博大精深，中文字体从书法角度主要分为楷书、行书、隶书、草书、篆书5种。英文字体的类型更是繁多，如我们熟知的Arial、Verdana、Georgia等字体。从广告设计的角度来看，我们可以把中文字体和英文字体按字体类型分为4种：宋体、黑体、书法体、创意体。

字体设计的重点在于要服从主题的要求，与主题内容吻合，不能脱离主题，更不能与主题冲突。在商品广告的文字设计上更应该注意，任何一个标题、一种字体、一个商品品牌都是有其自身内涵的，将它们正确无误地传达给消费者是文字设计的目的。文字的形式感应与传达的内容一致。例如，若商品为女性用品，则广告图中的文字需要使用秀丽柔美的字体；手工艺品的广告图中的文字则多采用不同感觉的手写体、书法体等字体，以体现手工艺品的艺术风格。

根据字体的特性和类型，我们可将字体分为以下几种。

（1）秀丽柔美的字体：字体优美清新，线条流畅，给人以柔美之感。这类字体适用于女装、化妆品、饰品、日常生活用品等商品。这类字体大多是各类纤细体、圆体字，如图3-45所示。

图3-45 秀丽柔美的字体

（2）稳重挺拔的字体：字体造型规整，富有力度，给人以简洁、爽朗的现代感，有较强的视觉冲击力。这类字体适用于男装、机械类电器、大促信息、科技等商品和主题。这类字体往往是各类加粗字体、黑体、海报体等，如图3-46所示。

（3）活泼有趣的字体：字体造型生动活泼，有鲜明的节奏感，色彩丰富、明快，给人以生机盎然的感受。这类字体适用于儿童用品、时尚商品、运动休闲等商品和主题。这类字体往往是各类创意字体、少女字体、娃娃字体等，如图3-47所示。

图 3-46　稳重挺拔的字体

图 3-47　活泼有趣的字体

（4）苍劲古朴的字体：字体朴实无华，饱含古时之风韵，能带给人们怀旧的感觉。这类字体适用于传统商品、民间艺术品等商品。这类字体往往是各类书法字体、魏碑字体等，如图 3-48 所示。

图 3-48　苍劲古朴的字体

文字的字体和图片在风格上彼此呼应，可以使文字和图片相得益彰。

一般来说，在广告设计中不是字体越多越好，使用两三种字体即可。如果只使用一种字体，那么可以变化字号、粗细及正斜体等。字体太多不仅不会突出阅读重点，反而还会分散人们的注意力，让人产生视觉疲劳。值得注意的是，在广告图设计中，字号是因字体而异的。例如，12 像素对英文字体 Verdana 来说已经完全足够，但是要能轻易地阅读隶书，可能需要 24 像素以上才行（见图 3-49）。美工在设计中要考虑不同的字体适合的场景和风格，字体直接影响设计内容的整体风格。根据设计的需要，有效地使用字体和图文排版能让你的设计与众不同，从而有效地提高点击率。

Verdana 隶书　　　　Verdana 隶书

图 3-49　字体、字号的对比

2. 字体的版权

很多工作经验不足的新手美工没有版权意识，特别是没有字体版权的意识，于是喜欢哪种字体就用哪种字体，随心所欲。但是，不论是哪个平台上的商家，都不能随便使用字体。未经过授权的字体是不可以用于商业行为的。如果遇到投诉，就可能导致商品被删除，甚至被要求缴纳字体版权费。

阿里巴巴已经取得华康字型的 45 款简体字体的全媒体广告授权。阿里巴巴旗下平台上的商家可以使用这 45 款字体制作网页，但这些网页仅限于登载于阿旦巴巴旗下的平台上。请留意，如果你需要在阿里巴巴旗下的平台之外使用这些字体，就必须另行获取华康公司的正式授权。

另外，阿里巴巴还发布了阿里巴巴普惠体，它是面向全场景使用的免费商用正文字体，开放商业授权给所有个人和商家，他们可以免费使用该字体。阿里巴巴普惠体涵盖 178 个语种，大家可以搜索“阿里巴巴普惠体”进入官网并免费下载和使用。

3.1.4 色彩搭配的技巧

众所周知，广告是商品生产者、经营者及消费者之间沟通信息的重要手段，是企业占领市场、推广商品、提供服务的重要形式。消费者在浏览商品及店铺时，能接收到的视觉信息只有 3 种：色彩、文字和图形。

当我们在辨别众多物体时，最先看到的是色彩。不同的色彩会给人不同的感觉，如白色让人感觉纯洁无瑕，而黑色会让人感到严肃、沉重。心理学家曾做过许多实验，他们发现，在红色、橙色的暖色系环境中，人的脉搏会加快，血压有所升高，情绪容易兴奋、激动；而在蓝色的环境中，人的脉搏会减缓，情绪也较沉静。将色彩理论套用在网店设计中，红色和橙色确实能使消费者产生紧迫感和兴奋感，可以影响消费者的心理，激发其购买欲。

例如，淘宝和天猫的首页就使用了红色和橙色（见图 3-50 和图 3-51），各种节日大促活动的广告图中也使用了红色和橙色（见图 3-52），红色和橙色铺天盖地袭来，传递的信息是“我在搞活动，我有优惠，你不可错过”。除此之外，在商家的店内活动（如店庆活动等）中，红色和橙色也从不会缺席，如图 3-53 所示。

图 3-50　淘宝首页的红色和橙色

图 3-51　天猫首页的红色和橙色

图 3-52　节日大促活动的广告图

图 3-53　商家店内活动的广告图

因此，色彩在网店设计中的作用是影响消费者的情绪、营造氛围、令消费者产生心理错觉。

1. 电商视觉色彩的运用

电商中常提到的视觉营销的首要任务是找准色彩定位。色彩定位并不是独立存在的环节，需要针对指定的品牌或商品，分析其受众人群（包括受众人群的年龄区间、性别比例、地域分布、人均收入，以及是否是折扣敏感人群等信息），确定人群画像。在确定好人群画像后，根据人群画像来匹配最适合该人群心理的色彩语言（见图 3-54），完成对网店或商品页面的色彩定位。

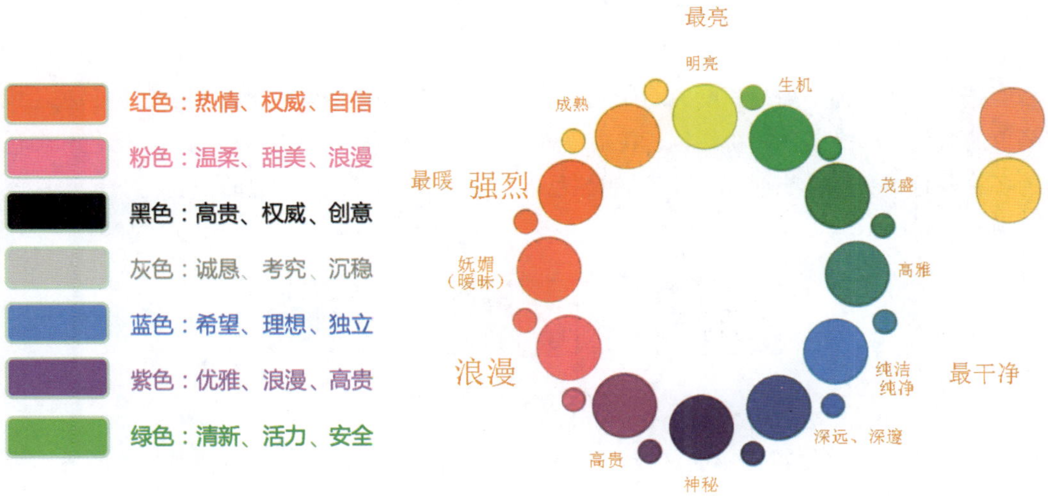

图 3-54 色彩的语言

接下来，我们简单了解一下色彩搭配的基础概念。

在色彩搭配中，对颜色之间的相互作用、融合的不同程度的理解都会影响图片的表现。巧妙、和谐的色彩搭配令人赏心悦目，可以增加消费者对商品的好感，进而促成交易。在这里，我们需要了解色彩的 3 个基本要素：色相、饱和度、明度。

（1）色相。色相是指能够比较确切地表示某种颜色色别的名称，是区别各种不同色彩的最准确的标准，如大红、普蓝、柠檬黄、银灰、橙黄等。事实上，任何黑、白、灰以外的颜色都有色相的属性。色相即各类色彩的相貌，是色彩的首要特征，如图 3-55 所示。

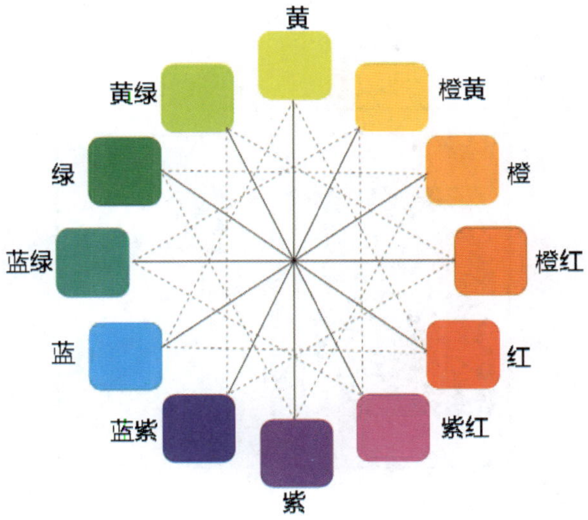

图 3-55 色相

（2）饱和度。饱和度是指色彩的鲜艳程度，也叫色彩的纯度或彩度。饱和度的高低取决于该颜色中含色成分和消色成分（灰色）的比例。含色成分越多，饱和度越高；消色成分越多，饱和度越低。纯色都是高饱和度的，如红色、绿色。低饱和度的颜色是混杂了白色、灰色或其他颜色的颜色，如绛紫色、粉红色、黄褐色等。完全不饱和的颜色没有色调，如黑色和白色之间的各种灰色。如图 3-56 所示，同样的颜色，左边的饱和度高，右边的饱和度低，这样就形成了饱和度对比。

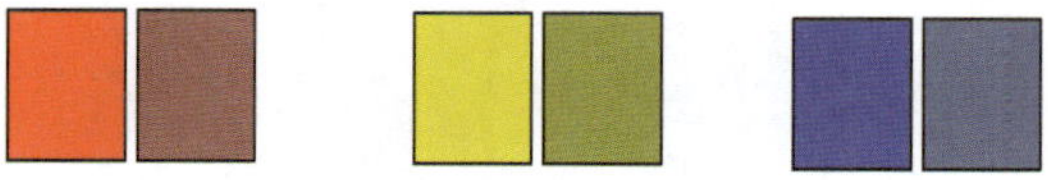

图 3-56　饱和度对比示例

（3）明度。明度是指色彩的深浅、明暗变化，也叫亮度。白色是明度最高的颜色，黑色是明度最低的颜色。相对于黑色和白色，每一种纯色都有与其对应的明度。在纯色中，黄色的明度最高，蓝色、紫色的明度最低，红色、绿色的明度为中间明度。色彩的明度变化往往会影响饱和度，如在红色中加入黑色，其明度会降低，饱和度也会降低；而在红色中加入白色，则其明度会提高，但饱和度会降低。如图 3-57 所示，同样的颜色，左边的明度高，右边的明度低，这样就形成了明度对比。

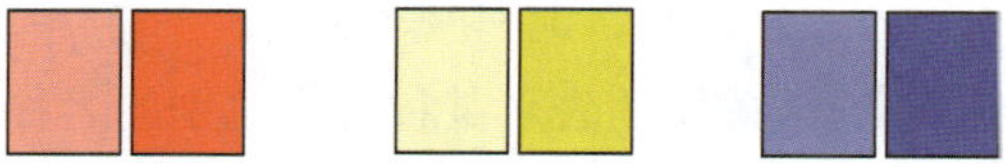

图 3-57　明度对比示例

色彩的色相、饱和度和明度这 3 个要素是不可分割的，我们在进行图片设计时必须同时考虑这 3 个要素。色相、饱和度、明度在 Photoshop 拾色器中呈现的直观图如图 3-58 所示。

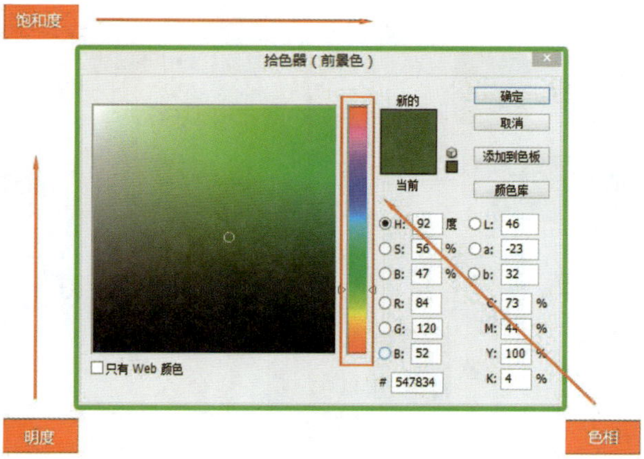

图 3-58　色相、饱和度、明度在 Photoshop 拾色器中呈现的直观图

在初步了解色彩的 3 个要素之后，我们再来学习电商图片设计中常用的配色技巧。下面我们结合案例学习同色系配色、近似色系配色和对比色系配色的几种常见的配色方式。色系的含义如图 3-59 所示。

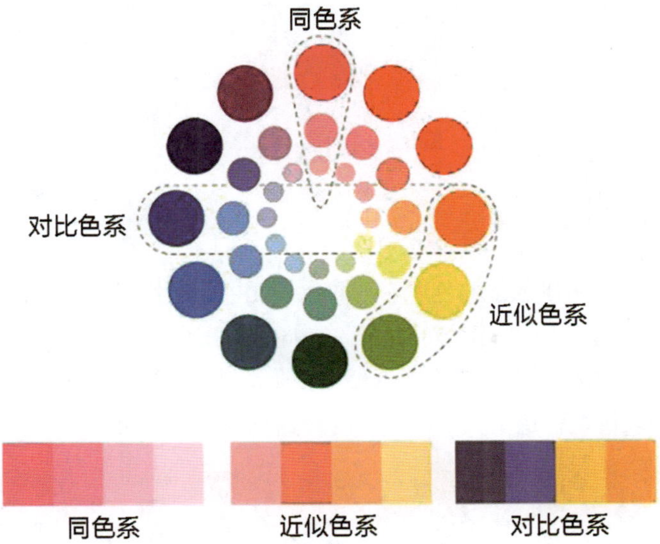

图 3-59　色系的含义

2．同色系配色

同色系配色又叫单色配色，传统设计中的同色系配色设计有很多优势，如可以让画面中的图形更醒目、让画面中的曲线更优美、让画面中的文字更美观等。电商场景中的同色系配色设计被商家赋予提高点击率和转化率的使命。电商广告图的设计更迭是非常快的，在以销售为目的的前提下，使用过渡柔和的同色系配色来设计简约的背景，可以营造柔和的氛围，以便达到突出商品主体和促销信息的目的。同时，同色系配色降低了设计难度，保障了设计的高效完成。

同色系配色案例如图 3-60 所示。该案例的色彩选用十分精准，背景采用了深浅不同的粉色，营造出轻松、舒缓的氛围。同时，深粉色字体和浅粉色背景形成反差，有效突出并传递了营销信息，让营销利益点一目了然，在增加广告图美感的同时提升了消费者的点击欲望。

图 3-60　同色系配色案例

观点：同色系配色是指主色和搭配色都属于同一色相的配色方式，如图 3-61 所示，主色中的浅粉色和深粉色就使用了同色系配色方式，使用这种配色方式的画面会给人统一的感觉。

图 3-61 同色系配色图谱

3. 近似色系配色

近似色系配色又称相似色系配色，它与同色系配色的应用场景相似，不同的是近似色系配色的特征在于色彩与色彩之间有微妙的差异，较同色系配色有变化，不会产生呆滞感。

图 3-62 中主色中的橙色和橙红色的色相差异非常微妙，整个画面配合图形设计动感十足，再配合模特夸张的表情，营造出火爆、热烈的营销氛围，十分吸睛。

图 3-62 近似色系配色案例

观点：近似色系配色也是常用的配色方式，如图 3-63 所示，色彩对比不鲜明，画面给人平静、和谐的感觉。

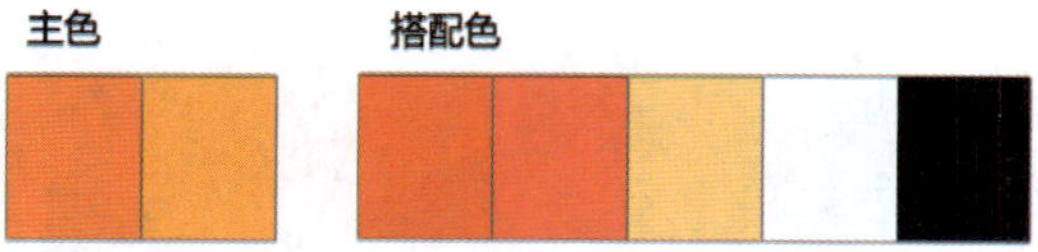

图 3-63 近似色系配色图谱

4. 对比色系配色

除了同色系配色和近似色系配色，在电商场景中经常使用的配色方式还有对比色系配色，它通过色相的反差、明度的反差等来产生强烈的对比效果，以便获得醒目的视觉效果。下面分别介绍互补色配色和明度对比配色。

1）互补色配色

在色彩中，红色与绿色、蓝色与橙色、黄色与紫色是最常见的互为补色的对比色组合。互补色配色案例如图 3-64 所示，该图为淘宝众筹频道的一张钻展图，钻展图的主要作用是提高点击率。蓝色的互补色是橙色，而黄色和橙色是近似色，同时明度比橙色高，所以将蓝色、黄色放在一起，从色相差角度和明度差角度来看都是反差非常大的，非常醒目、吸睛，这样的设计对提高点击率非常有效。需要注意的是，互补色配色需要精准地控制色彩搭配和面积，其中主色会营造画面的气氛，让人产生强烈的心理感受。

图 3-64　互补色配色案例

观点：如图 3-65 所示，蓝色和橙色互为补色，上述案例将蓝色作为背景色，将黄色系偏橙色的字体作为点睛之笔，使画面十分吸睛。

图 3-65　互补色配色图谱

2）明度对比配色

明度是眼睛对光线强弱和商品表面明暗的感知。一般而言，光线越强，看着越亮；光线越弱，看着越暗。最极致的明度对比色就是黑色和白色。彩色也具有明暗差异，它是决定配色心理的关键。明度对比配色案例如图 3-66 所示。

图 3-66 明度对比配色案例

观点：如图 3-67 所示，明度对比配色使画面显得更单纯、统一，而明度差可产生距离关系。明度对比构成画面的空间纵深层次，呈现远近的对比关系，高明度的色彩突出近景主体内容，低明度的色彩表现远景的距离。明度差使人的注意力集中在高亮区域，能够真实地呈现商品。

图 3-67 明度对比配色图谱

5．配色的黄金比例

日本设计师提出过一个配色的黄金比例，即 70 ∶ 25 ∶ 5，其中的 70% 为大面积使用的主色，25% 为辅助色，5% 为点缀色。经过长期的实践验证，这样的比例在电商场景中同样适用，如图 3-68 所示。

图 3-68　配色的黄金比例案例

色彩是最能引起情感共鸣和情绪互动的元素，色彩搭配更是千变万化。我们在进行图片设计时，要按照配色方式和规律进行配色，不可胡乱用色，以免影响视觉效果；要了解设计背后传递的信息，思考色彩对场景呈现、情感传达的作用，从而有理、有序、有技巧地制定色彩搭配方案。制定色彩搭配方案的思路是先确定主色，再确定搭配色。

3.2　网店常用的图片

对于网店常用的图片，按其展现位置不同，我们可以将其分为以下 4 类。

（1）展现于网站首页的入口图：以白底或透明图的形式呈现，如图 3-69 所示。

（2）展现于搜索结果页的引流图：主要指引流主图、直通车图，如图 3-70 所示。

（3）展现于店铺页的商品图：主要指商品的 5 张主图、SKU 颜色图、详情页图、店内海报图。

（4）展现位置多元化的付费推广引流图：包括钻展图、平台活动图等。

图 3-69　淘宝首页的入口图

图 3-70　展现于搜索结果页的引流图

下面从电商常用的主图、推荐主图 / 活动图、直通车图、钻展图的设计和制作入手，带大家学习不同位置的营销图片的制作思路及相关规范。

3.2.1 主图

我们一直在说主图非常重要，那么什么是主图呢？其位置和展现有什么特点？现在我们来模拟平时网购时的购物流程。例如，要买咖啡杯，我们应先在淘宝的搜索框中输入关键词“咖啡杯”，单击“搜索”按钮，搜索结果页如图 3-71 所示。在搜索结果页中，展现在我们眼前的商品图片就是主图。

图 3-71　搜索结果页

店铺发布商品的后台如图 3-72 所示，可以看出主图一共有 5 张，其中第一张图片（主图 1）是展现在消费者眼前的。第一张图片是要在搜索结果页中展现的，因此主图的位置和展现特点是决定商品能否被点击的重要因素之一，主图的重要性非同一般。笔者建议 5 张主图从不同的角度展示商品，如从正面、侧面、背面、细节、包装 5 个角度分别展示商品。下面以咖啡杯的第一张主图为例，请大家跟随笔者所介绍的步骤动手制作一张主图。

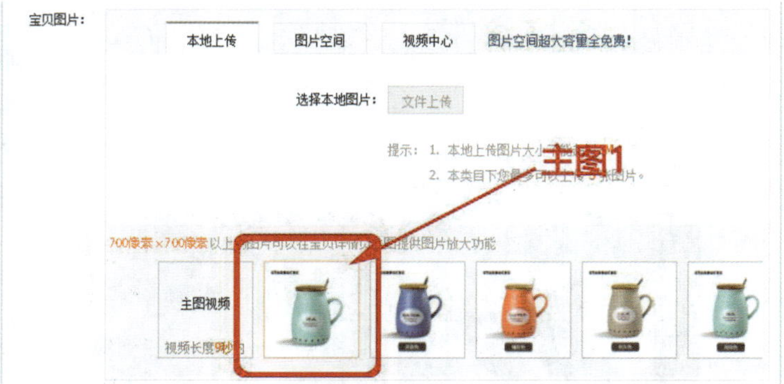

图 3-72　店铺发布商品的后台

1. 美工工单解析

美工部门在接到美工工单（见图 3-73）之后，需要对其进行解析。

美工工单					
提交部门/人员	运营部小白			提交时间	9月1日
任务类型	常规	紧迫程度		特急单经理签字	
类别	主图			期望完成时间	9月3日
任务接收人				任务接收日期	
设计风格及调性需求	白底主图和图片背景主图各一张，简约风格				
设计中必须出现的元素	品牌Logo				
制作规范	图片尺寸	700像素×700像素			
	字体	由美工设定			
	色彩	由美工设定			
	图文排版布局	由美工设定			
参考范例					
任务完成日期			任务完成人签字确认		
			项目经理签字确认		

图 3-73　美工工单之主图

我们从美工工单中提取出设计主图任务的要求是白底主图和图片背景主图各一张，尺寸是700 像素×700 像素，字体、色彩和图文排版布局由美工设定。在解析完美工工单之后，我们开始着手制作主图。

2．选择素材

如图 3-74 所示，这几张图片从清晰度和正确曝光方面都是符合要求的；但从突出主体的角度来看，显然图片 C 和图片 D 不符合要求；将图片 A 和图片 B 进行比较，图片 B 中的商品主体突出且完整性好，图片 A 没有盖子，商品表现不完整，因此我们选择图片 B 作为制作主图的素材。

图片 A

图片 B

图片 C

图片 D

图 3-74 主图素材

3．确定尺寸

根据美工工单提供的尺寸（700 像素×700 像素）新建“主图”文件，如图 3-75 所示。这个尺寸对主图的呈现来说是最佳选择，在主图尺寸大于或等于 700 像素×700 像素时，系统会自动提供放大镜功能，更有利于商品的呈现。

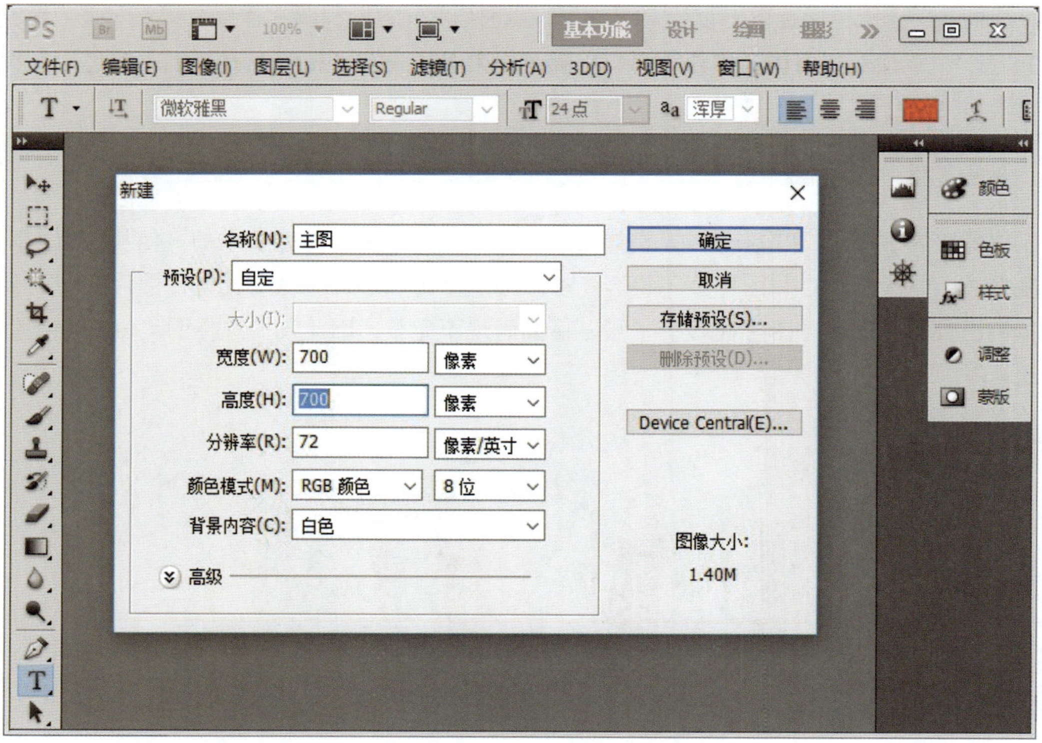

图 3-75　新建“主图”文件

4．信息分层

要进行信息分层，可以先提前做好各层文案的区分，再完成修图。基本思路是陈列素材，根据目标人群区分信息传递的层次关系。案例中的主图信息分层如下。

第一层：商品主体。

第二层：商品 Logo、商品倒影。

第三层：背景图片（白色背景或者图片背景）。

5．构图

经过综合比较，我们选择使用画面中心构图法来制作主图。由于图片 B 的画面中有多个商品主体，对画面中心的呈现不够清晰，因此我们先把商品主体从素材中抠出来，如图 3-76 所示。

新建尺寸为 700 像素×700 像素的白底图片，导入抠出来的商品主体图片，如图 3-77 所示。在导入抠出来的商品主体图片之后，微调其在画面中的占比并将其放到画面中心位置，完成画面中心构图，如图 3-78 所示。

图 3-76　抠图

图 3-77　新建白底图片并导入抠出来的商品主体图片

图 3-78　微调商品主体图片在画面中的占比并将其放到画面中心位置

6．细节渲染

对于部分类目的主图，淘宝要求必须是白底图片。在这种情况下，我们不能加背景或场景渲染，只需要在白底图片上加 Logo 就可以了。如果对主图背景没有明确的规范，那么可以加背景或其他场景图渲染整个图片氛围。

如图 3-79 所示，先在图片的左上角加上 Logo，再给商品加一个倒影，就能得到一张符合淘宝要求的白底主图。

如果对图片背景没有要求，那么可以再添加一个能够很好地衬托商品主体的背景，如图 3-80 所示。

7．保存

在添加背景之前保存白底图片，如图 3-81 所示。

图 3-79 加上 Logo 和商品倒影

图 3-80 添加背景

图 3-81 保存白底图片

这样就得到了一张白底主图，如图 3-82 所示。接下来，我们可以将该主图应用到店铺中了。

图 3-82 白底主图

如果需要一张添加了背景的主图，那么只需要在添加背景之后再保存一次就可以了，如图 3-83 所示。

图 3-83 保存添加了背景的主图

添加了背景的主图比白底主图更醒目，如图 3-84 所示。

图 3-84 添加了背景的主图

主图设计的注意事项如下。

① 在发布商品时，淘宝后台会提示主图文件的大小不能超过 3MB，否则不能上传。

② 当淘宝主图的尺寸大于或等于 700 像素×700 像素、天猫主图的尺寸大于或等于 800 像素×800 像素时，系统默认提供放大镜功能，如图 3-85 所示。

③ 主图要清晰，文字和色块的数量不能太多，不能干扰商品主体。

图 3-85　主图的放大镜功能

下面简单说一下牛皮癣图片。

淘宝将牛皮癣的严重程度作为一个排序因素，不同的严重程度会对商品的搜索排序有不同的影响。在按价格排序的情况下，淘宝默认不展示牛皮癣程度严重的商品。

牛皮癣程度严重的图片示例如图 3-86 所示，图片中有多个文字区域并占据较大面积，干扰消费者正常查看商品。

图 3-86　牛皮癣程度严重的图片示例

不影响搜索排序的标准图片示例如图 3-87 所示。

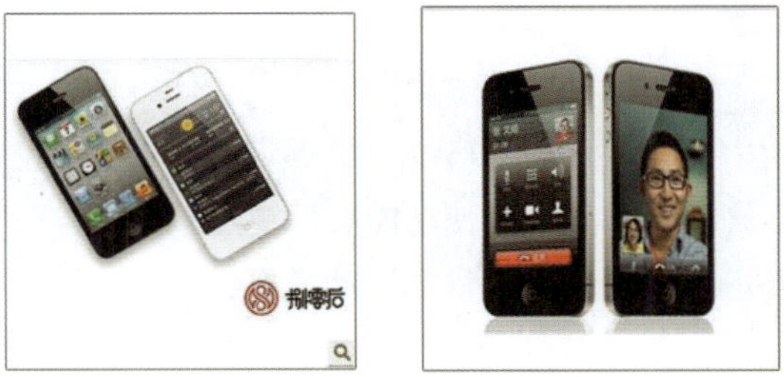

图 3-87　不影响搜索排序的标准图片示例

3.2.2 推荐主图 / 活动图

大数据和人工智能技术在各行各业广泛运用并带来了很多便利，在淘系平台，大数据和人工智能技术也有很多应用，如能帮美工提高工作效率的人工智能工具鹿班和自动匹配以获取多渠道投放资源的银河素材中心。下面就来介绍鹿班和银河素材中心。

1．鹿班

鹿班是业内重要的人工智能工具，其基于图像智能生成技术改变了传统的设计模式，能在短时间内完成大量 Banner 图、海报图和会场图的设计，提高工作效率。

鹿班首页如图 3-88 所示。对美工来说，最简单、实用的功能当属主图打标，它是在活动期间减少工作量、提高工作效率的必备功能。

图 3-88　鹿班首页

鹿班的具体功能和优势包含以下几项。

① 一键多尺寸打标：一场活动需要的多个图片的尺寸任务可以一次性合并建立。

② 自定义模板价格能力升级：自动价格不需要绑定官方大促活动。

③ 编辑器优化：合并同类操作界面，使功能页面更加聚焦。

④ 日常模板更加丰富：提供了更多的日常活动模板。

具体操作步骤如下。

（1）第一步：选择模板，如图 3-89 所示。

① 模板有官方提供的模板、商家自己的模板、商家在鹿班投放的任务。

② 选择对应的活动模板，在大促期间只能使用官方提供的模板，平时可以使用商家自己的模板。商家可以对商品特色、促销折扣模板进行更多个性化设置。

③ 官方提供的模板，这里会绑定参加的活动，没有参加的活动无法使用。

注意：

“自动价格”目前仅支持天猫活动。

④ 可以添加自定义模板，或者下载活动 PSD 模板自己修改。

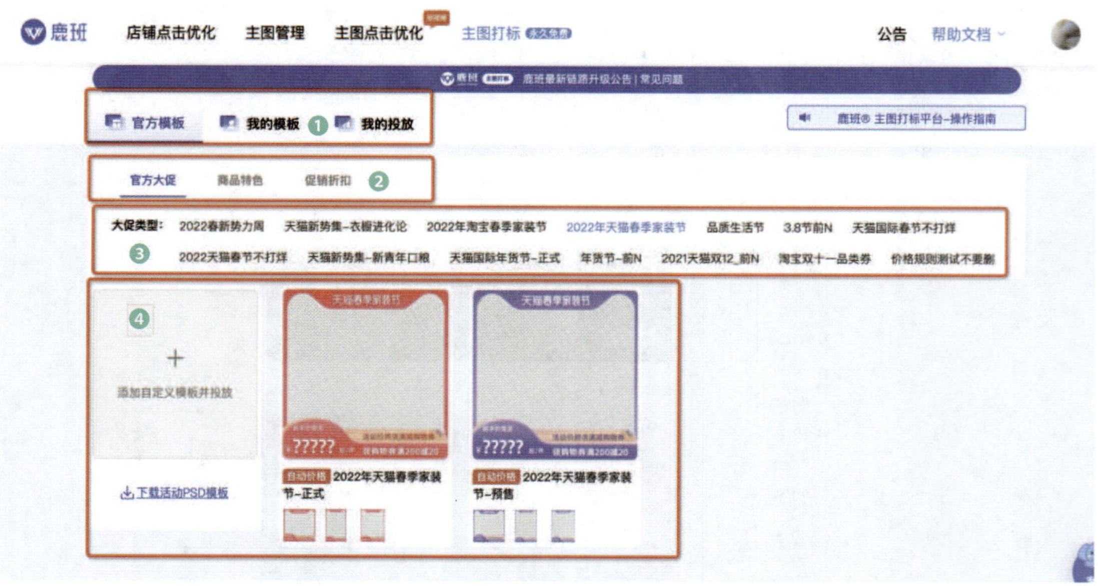

图 3-89　选择模板

（2）第二步：创建投放任务，多尺寸主图一键打标，如图 3-90 所示。

① 默认 3 个尺寸的主图打标任务一起建立。

② 支持单独尺寸投放，在对应尺寸下单击“单独投放”按钮即可。

③ 支持圈定尺寸打标（如不打标 3 ：4 主图，可以取消勾选对应的复选框）。

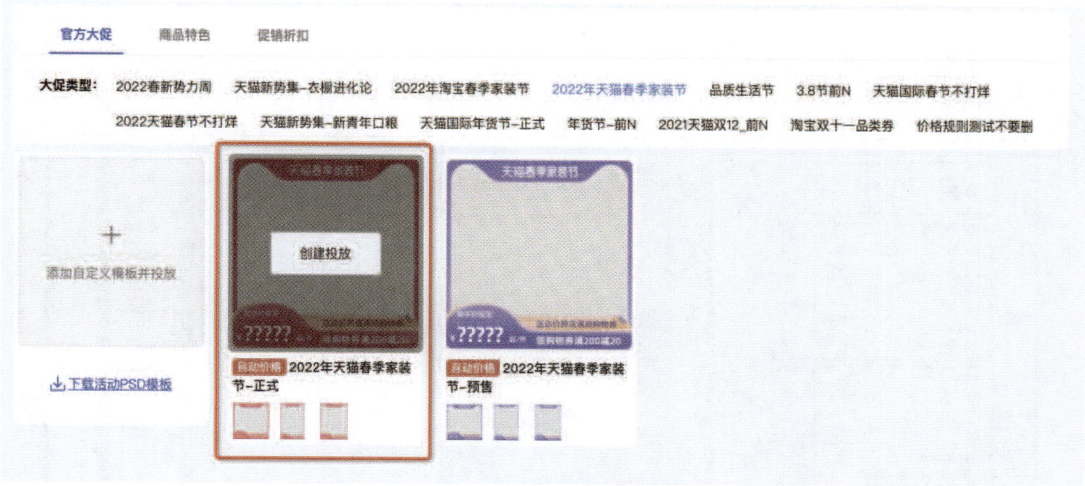

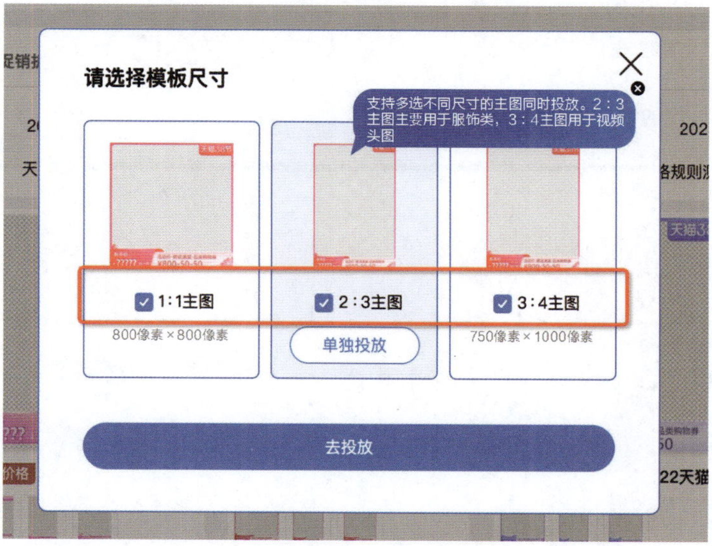

图 3-90　创建投放任务，多尺寸主图一键打标

（3）第三步：编辑模板。

编辑模板——价格工具如图 3-91 所示。

① 单击可添加新的文字、图片图层。

② 选择价格表达形式：单件优惠价（券后价）和多件凑单价（购买多件同店 / 跨店商品对单件均价）。

③ 内容设置：可选择是否展示价格公式；可进行文案利益点的填写（仅在价格规则自动切换时生效）。

④ 帮助计算多件规格商品的单价，让消费者能快速了解单件商品的价格。

⑤ 打开“手动价格”后，系统将不会计算价格。

⑥ 替换商品图片。

⑦ 在操作完成后单击“保存”按钮才能进入下一步。

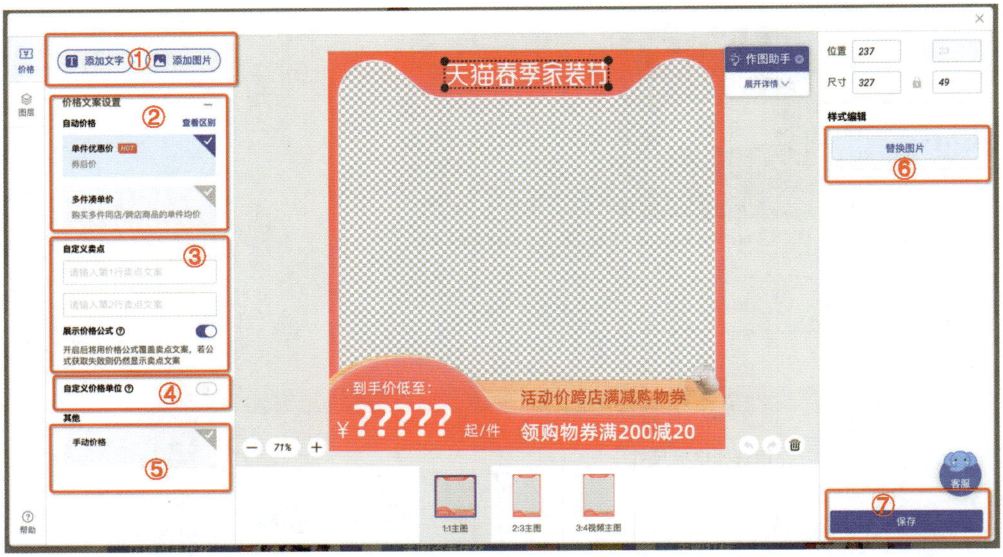

图 3-91　编辑模板——价格工具

编辑模板——图层如图 3-92 所示。

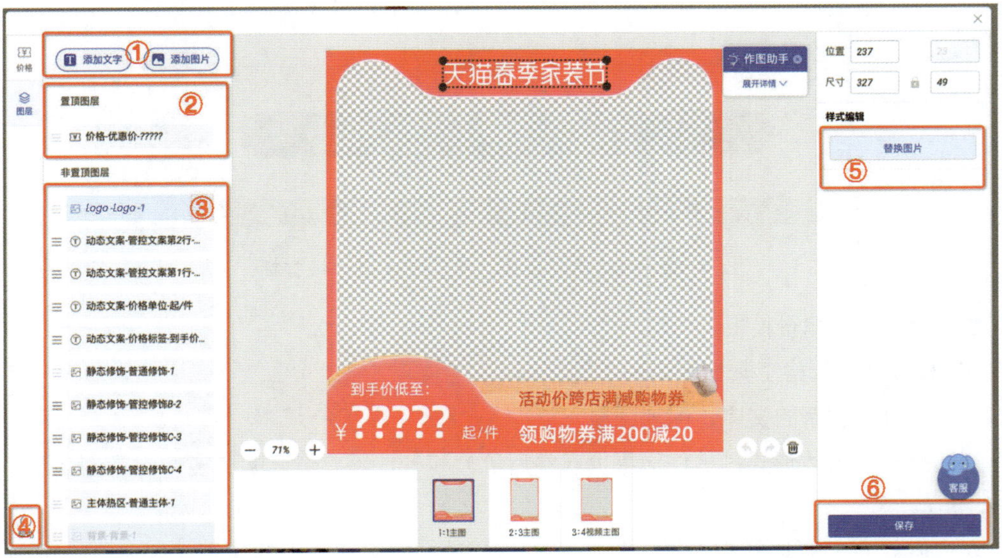

图 3-92　编辑模板——图层

① 单击可添加新的文字、图片图层。

② 天猫活动的自动价格，不支持修改（淘宝活动不限制）。

③ 单击图层可进行模板图层的编辑，如增加或替换图层。在编辑好模板并创建任务之后无法再进行二次编辑（部分大促活动模板受官方管控，无法编辑）。

④ 单击“帮助”可以查看相关信息，有助于了解规则。

⑤ 如对现用的图片不满意，可以单击“替换图片”按钮进行替换。

⑥ 修改好之后单击“保存”按钮。

（4）第四步：进行投放设置，如图 3-93 所示。

① 可在“投放时间”中进行投放时间设置（大促活动绑定时间，日常活动时间可选择）。

② 单击“添加商品”按钮可添加商品。

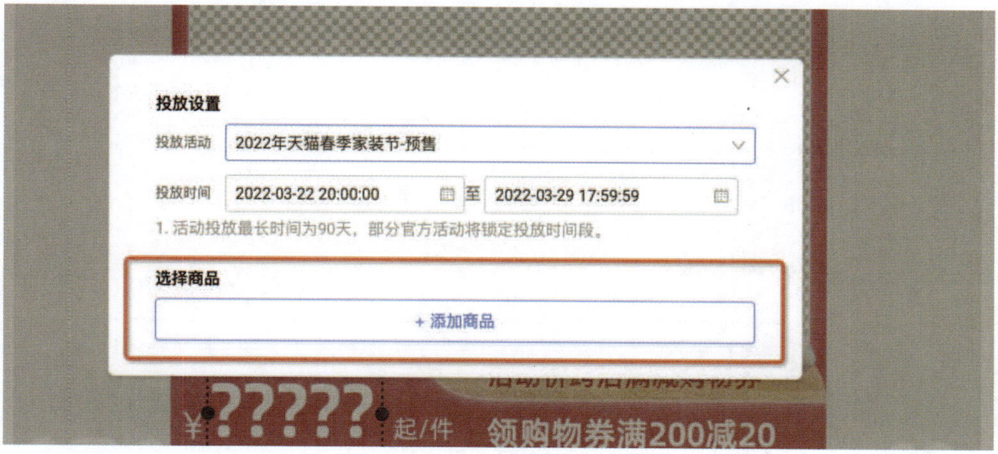

图 3-93　进行投放设置

（5）第五步：导入商品 / 活动，如图 3-94 所示。可导入活动商品或自选商品，或者导入历史活动。

商品导入成功与失败的提示：失败原因主要在“？”中展示，并会提示错误商品 ID。在确定没有问题的情况下才可以单击“下一步”按钮。

在导入完成后进行利益点图层区域调整，如图 3-95 所示。

① 可以为利益点图层区域选择不同的尺寸。

② 在模板的对应区域展示的文案内容可以从下拉列表中选择，文案内容是从上传的表格中读取的。

注意：

若是自动价格模板，没有新增文案区域则不显示；若有新增文案区域，则会展示相应内容。

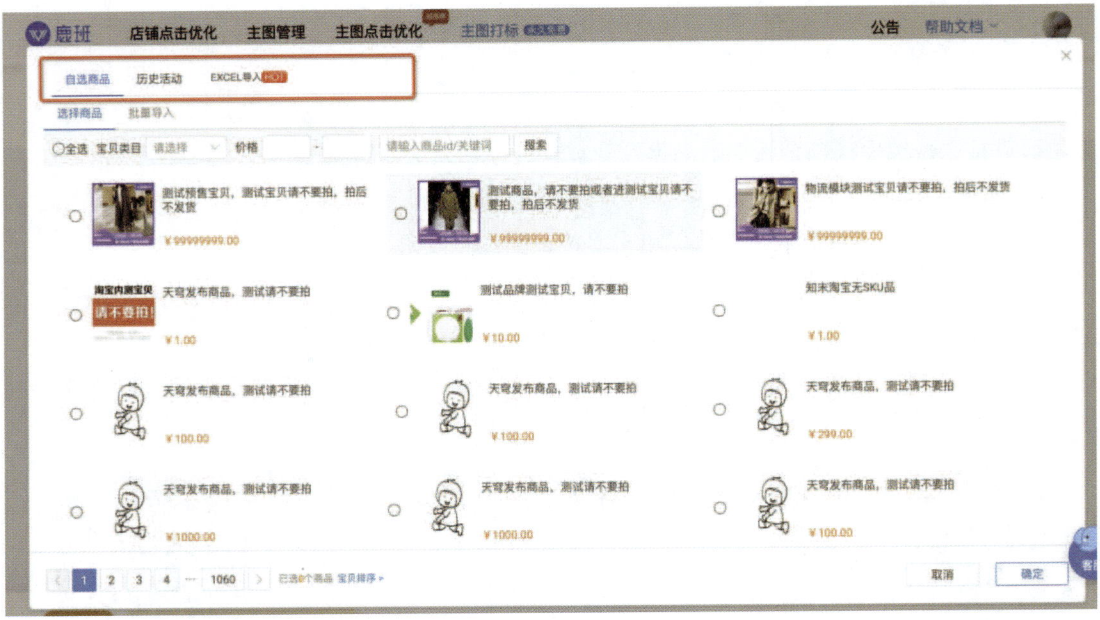

图 3-94　导入商品 / 活动

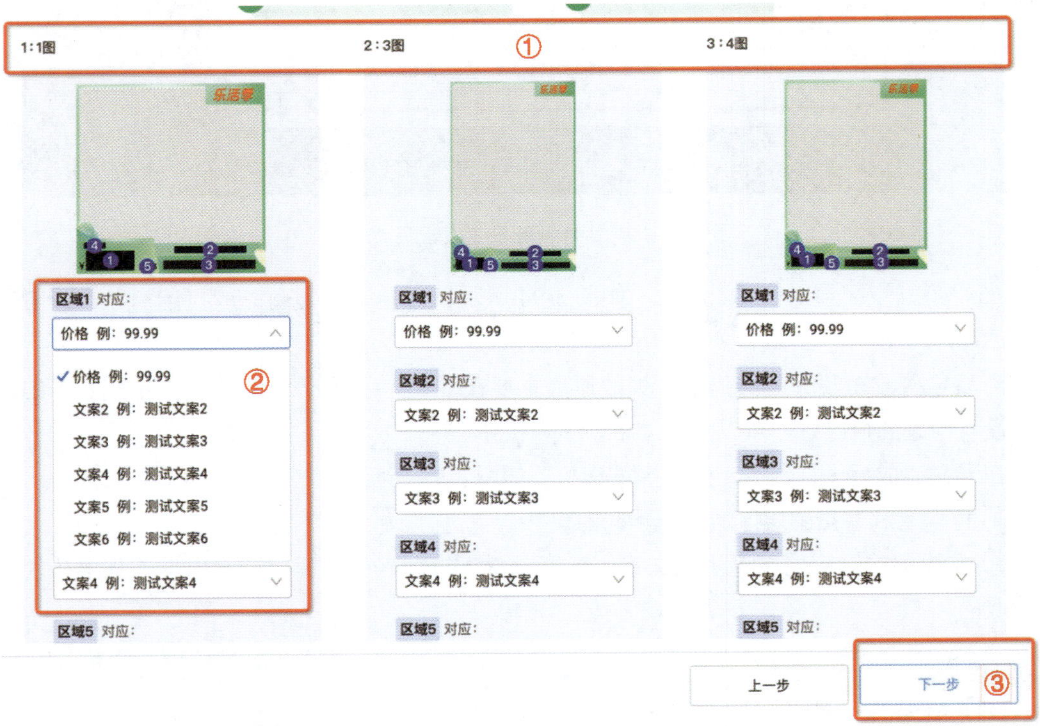

图 3-95　进行利益点图层区域调整

③ 单击“下一步”按钮，对价格再次进行确认。

（6）第六步：合图。

（7）第七步：投放，如图 3-96 所示。

① 在合图成功后，可修改投放任务的名称和时间。官方大促模板不支持修改时间。

② 可切换投放商品状态，此处的数字指代商品数量，而非图片数量。

③ 主要是选择不同尺寸的模板，进一步确认对应的主图尺寸。

④ 可进行继续添加商品、编辑商品的价格及利益点、编辑模板等操作。

⑤ 可对单独的商品进行编辑（若为自动价格模板，则可在此处设置商品 SKU_ID）。

⑥ 在完成以上操作后，单击“排期投放”按钮，完成投放。

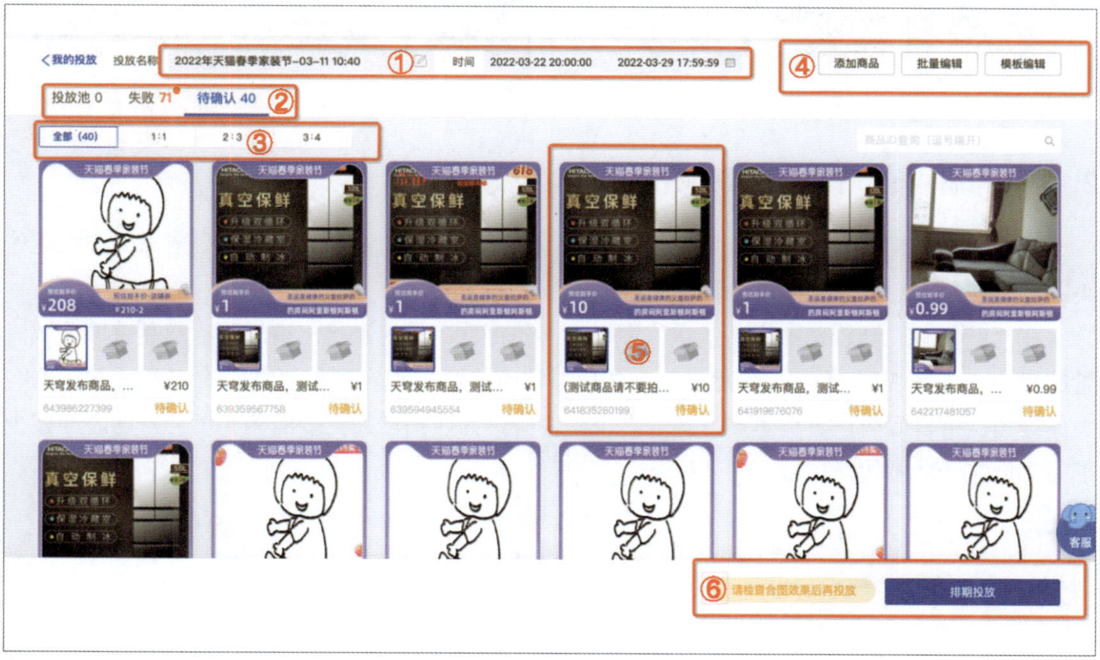

图 3-96　主图打标投放

在任务结束后，主图会恢复为设置打标前的原图。若手机端的主图和电脑端的主图不一致（尺寸都是 1 ∶ 1），则统一取手机端 1 ∶ 1 的主图打标，去标后恢复成打标前不一致的状态。另外，结束投放也可去标，投放任务结束后主图上显示“已去标”，如图 3-97 所示。

鹿班能在活动期间让美工一次性批量处理大量图片，减少美工的工作量，让设计变得更轻松。

图 3-97 “已去标”标志

2. 银河素材中心（商家公域素材中心）

大部分商家都想获得更多免费的公域流量，从而有更高的销量。美工应如何帮助商家呢？美工可以在淘宝后台进行简单的设置。

在“商品→商品管理→商品素材”中可以上传每款商品的素材，增加每款商品获取公域流量的机会，如图 3-98 所示。图片在被上传后，将有机会出现在猜你喜欢、有好货、淘抢购、大促会场、每日好店、首页焦点推荐等多个模块中，为店铺增加更多的曝光机会，同时亦减少了商家设置活动图的工作量。

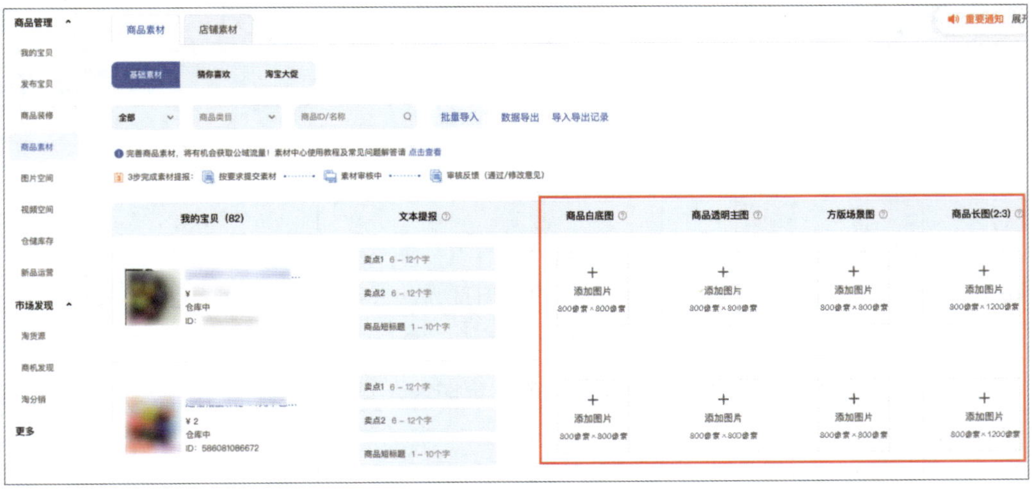

图 3-98 上传商品素材

其中，商品白底图的设计原则如下。

① 设计主体清晰、突出：商品主体不要模糊，要能让消费者一眼就看出这是什么商品。

② 商品白底图的设计规范如图 3-99 所示。

图 3-99　商品白底图的设计规范

③ 商品白底图的设计禁区如图 3-100 所示。

图 3-100　商品白底图的设计禁区

④ 图片应为商品图，而非模特图；可以平铺拍或挂拍，但不可有衣架及吊牌。

⑤ 图片需要完整地展示单个主体商品，套装除外，套装不要超过 5 件。

商品白底图的商品主体展示案例如图 3-101 所示。

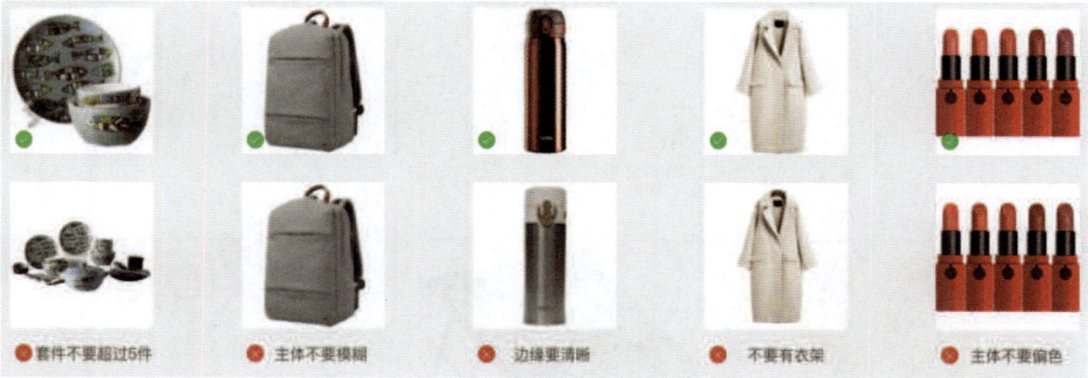

图 3-101　商品白底图的商品主体展示案例

⑥ 商品白底图上应无 Logo、水印、文字、拼接、牛皮癣、阴影和毛糙的抠图痕迹。商品白底图抠图的具体要求案例如图 3-102 所示。

⑦ 依据图片类型确定构图，将图片几何化，商品主体展示完整、居中对齐。商品白底图的构图原则及案例如图 3-103 所示。

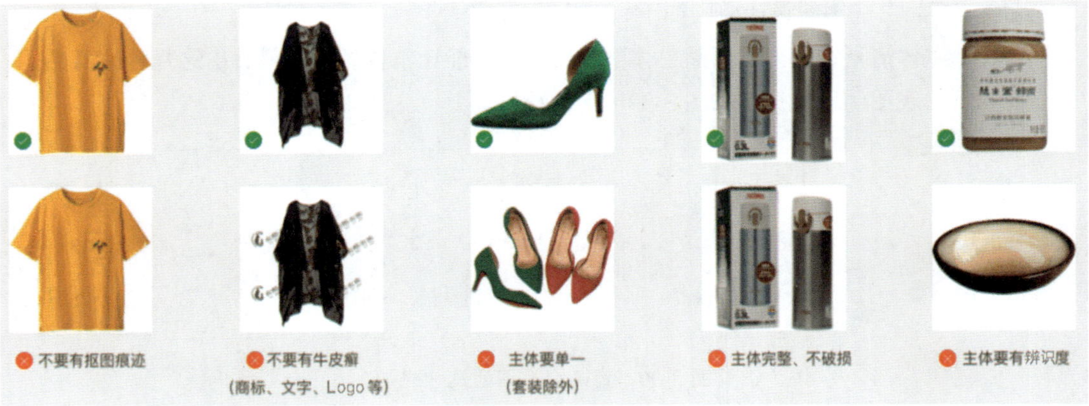

图 3-102　商品白底图抠图的具体要求案例

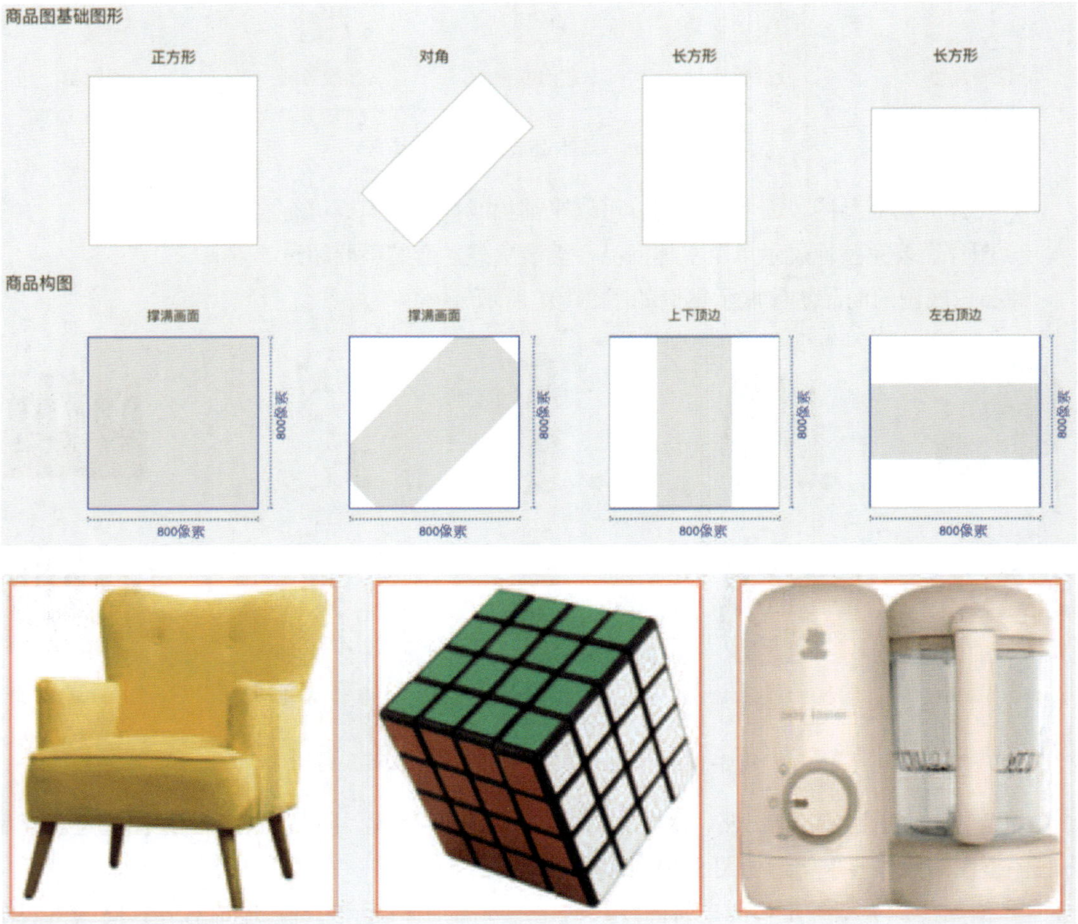

图 3-103　商品白底图的构图原则及案例

图 3-103 商品白底图的构图原则及案例（续）

另外，第五张主图发商品白底图还可以增加在手机淘宝首页曝光的机会。随着手机淘宝的改版，手机淘宝的个性化透出入口（如首页的猜你喜欢、有好货、淘抢购、每日好店等）均需要使用商品白底图，所以淘宝商家需要将第五张主图设置成商品白底图，而且淘宝改版后部分类目自带商品抠图功能，上传商品图片即能自动完成抠图生成商品白底图。智能抠图的效果稍有欠缺，商家可自制商品白底图并上传，以达到更佳的效果。

特别提醒：要做商品白底图的原因如下。

① 商品白底图是参加活动的必备素材，如“双十一”等大促活动。

② 上传商品白底图就有机会获得手机淘宝的公域流量。商品白底图公域透出的场景如图 3-104 所示。

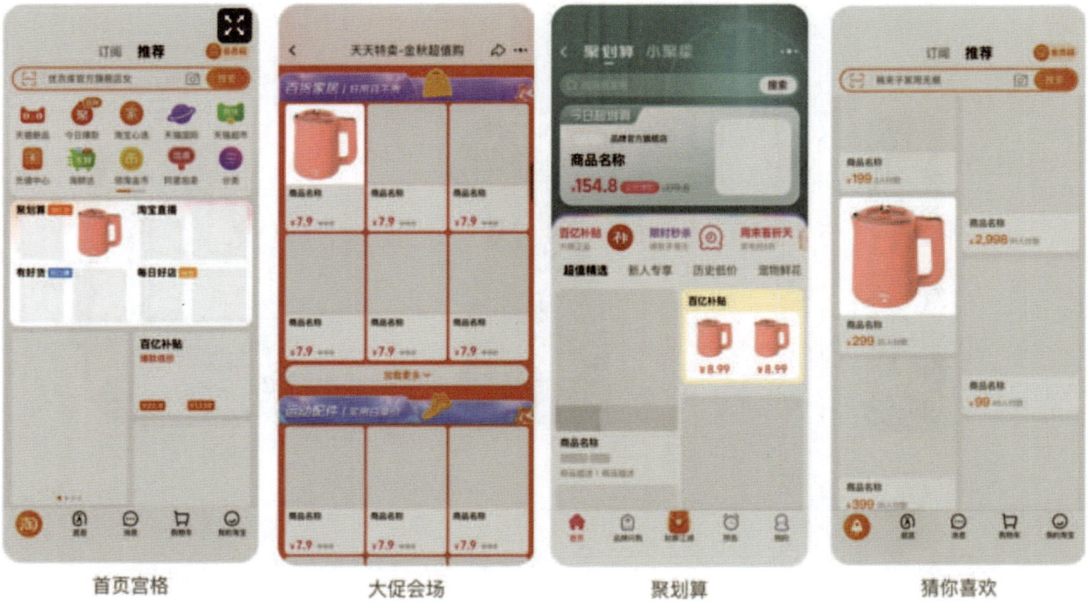

图 3-104　商品白底图公域透出的场景

3.2.3 直通车图

直通车是淘宝付费营销推广方式的一种，直通车的收费原理是商品展现不收费，商品被点击才收费。在淘宝搜索页面中，电脑端直通车的位置如图 3-105 所示，手机端直通车位置上的图片左上角有“HOT”字样，商品下方有“广告”字样，如图 3-106 所示。

直通车主图主要包括两种：一种是最常见的单品直通车图，即针对单品推广的直通车主图；另一种是店铺直通车图。这两种直通车主图的营销目的是不同的。单品直通车图更侧重于单品的信息传递或销售诉求，以销售转化为最终目的；店铺直通车图更侧重于品牌传递，通过集中引入流量到店内分流的方式实现流量的价值最大化。店铺直通车图一般会以整店促销或类目专场的方式呈现。考虑到单品直通车图应用的广泛性，下面以单品为例，制作一张单品直通车图。

1．美工工单解析

美工部门在接到美工工单（见图 3-107）之后，需要对其进行解析。

我们从美工工单中提取出设计单品直通车图任务的要求是制作一张单品直通车图，尺寸为 800 像素×800 像素，商品主体及促销信息醒目，整体有视觉冲击力，字体、色彩和图文排版布局由美工设定。在解析完美工工单之后，我们开始着手制作单品直通车图。

图 3-105　电脑端直通车的位置

图 3-106　手机端直通车的位置

<table>
<tr><td colspan="6">美工工单</td></tr>
<tr><td>提交部门/人员</td><td colspan="3">运营部小白</td><td>提交时间</td><td>9月1日</td></tr>
<tr><td>任务类型</td><td>常规</td><td>紧迫程度</td><td></td><td>特急单经理签字</td><td></td></tr>
<tr><td>类别</td><td colspan="3">单品直通车图</td><td>期望完成时间</td><td>9月3日</td></tr>
<tr><td>任务接收人</td><td colspan="3"></td><td>任务接收日期</td><td></td></tr>
<tr><td>设计风格及调性需求</td><td colspan="5">商品主体及促销信息醒目，整体有视觉冲击力</td></tr>
<tr><td>设计中必须出现的元素</td><td colspan="5">品牌Logo</td></tr>
<tr><td rowspan="4">制作规范</td><td>图片尺寸</td><td colspan="4">800像素×800像素</td></tr>
<tr><td>字体</td><td colspan="4">由美工设定</td></tr>
<tr><td>色彩</td><td colspan="4">由美工设定</td></tr>
<tr><td>图文排版布局</td><td colspan="4">由美工设定</td></tr>
<tr><td>参考范例</td><td colspan="5"></td></tr>
<tr><td>任务完成日期</td><td colspan="2"></td><td>任务完成人签字确认</td><td colspan="2"></td></tr>
<tr><td colspan="3"></td><td>项目经理签字确认</td><td colspan="2"></td></tr>
</table>

图 3-107　美工工单之单品直通车图

2. 选择素材

摄影部门提供的单品直通车图素材如图 3-108 所示。虽然图片 B 和图片 C 可以很好地呈现商品的颜色和包装，但是它们不能独立、完整地呈现商品；图片 D 和图片 E 都可以令商品主体突出，如果用于制作主图，那么这两张图片非常合适，至于是否适合用于制作单品直通车图，我们继续往下看；图片 A 和图片 F 都能很好地呈现商品主体，图片 F 用了创意性近景呈现的拍摄手法，让人感觉新奇、另类，图片 A 用了层叠摆放的方式，使图片有很强的视觉冲击力，在很好地展示商品主体的前提下，这两张图片比其他几张图片更有创意和视觉冲击力；由于要呈现文字信息，如果用图片 A 和图片 F，就没有更多的空间预留给文字信息，因此图片 A 和图片 F 不适合作为素材；最后来看图片 D 和图片 E，虽然图片 E 独立呈现了商品，但是镜头对准的是商品的侧面，因此我们选择图片 D 作为素材。

图片 A

图片 B

图片 C

图片 D

图片 E

图片 F

图 3-108　单品直通车图素材

3．确定尺寸

直通车后台推荐的图片尺寸是 800 像素×800 像素。淘宝平台的综合多维度测试结果显示，当图片尺寸为 800 像素×800 像素时，直通车展位图片能在网页中有最佳表现，所以我们将直通车图片尺寸设定为 800 像素×800 像素。新建“直通车广告图”文件，如图 3-109 所示。

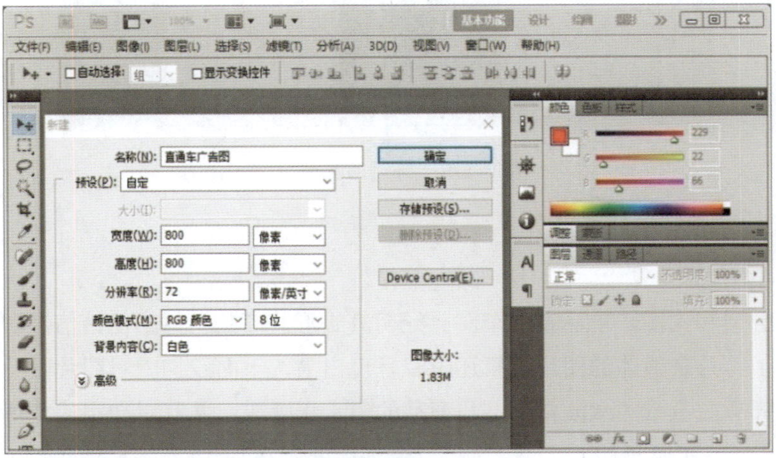

图 3-109　新建“直通车广告图”文件

4. 信息分层

第一层信息是商品主体，因为直通车图的目标人群对商品主体比较关注；第二层信息是促销信息，因为页面版式的关系，价格部分不是十分醒目，而价格又是消费者比较关注的内容；第三层信息是品牌信息，如商品的广告语和品牌 Logo；第四层信息是背景层，用于渲染气氛。

5. 构图

由于要让画面有视觉冲击力，如果将商品主体放在中间，促销信息和品牌信息就无法合理放置了，因此将商品主体右移，放在让视觉最舒适的黄金分割点上（见图 3-110），在左侧的留白处放促销信息和品牌信息，这是比较和谐的构图，如图 3-111 所示。

图 3-110　将商品主体右移

6. 细节渲染

经过信息分层和构图，单品直通车图已经初具雏形，商品主体、促销信息和品牌信息的表述都很清晰明了，只是整体的图片气氛还没有呈现出来，下面我们就对图片做一些细节处理。我们加一个同样黑白色系的水波背景，与商品的黑水相呼应，并且对文字的字体进行调整，如将品牌 Logo 放大，和瓶身的 Logo 相呼应，令整体效果更加大气，让人印象深刻。细节渲染的最终效果如图 3-112 所示。

图 3-111 放促销信息和品牌信息

图 3-112 细节渲染的最终效果

7. 保存

直通车图目前不支持动态图片，所以我们将其保存为 JPEG 格式的，如图 3-113 所示。

图 3-113　保存直通车图

至此，单品直通车图制作完成，最终效果如图 3-114 所示。

图 3-114　最终效果

注意：

直通车图的图片大小没有限制（店铺展示位上的推广图片会被压缩成210像素×315像素的尺寸），从形状上看，单品直通车图为正方形的图片，店铺直通车图为高度大于宽度的长方形图片，所以在构图时要注意形状的区别，并参考素材的呈现方式来选择最合适的构图法。综合各类目优秀图片的特征，笔者建议图片中商品的面积占比不小于30%，同时文字和水印的数量尽量减少，不宜有边框；文案要突出商品的属性、功效、品质、信誉、价格优势等。

3.2.4 钻展图

钻展升级为超级钻展后，简称智钻。智钻的扣费模式有两种——CPM（Cost Per Mile，按千次展现付费）和CPC（Cost Per Click，按点击付费）。在进行展现时，这两种扣费模式都是按照千次展现出价来进行排名的，排名靠前者会被优先展现。其中CPM按照每千次展现收费，点击免费，并按照竞价高低进行排名，价高者优先展现，因此商家需要精准圈定人群，以便减少向非目标人群展现所造成的损失；而CPC展现免费，点击收费，点击成本可控。

截至2023年8月，阿里巴巴官方发布的钻展图的资源位如图3-115所示。

分类	资源位名称	创意比例	最小尺寸/像素
站内	竖版钻石位（新版首页焦点展示位 & 动态信息流位）	17:25	513x750
	无线焦点图	16:5	1120x350
	PC精选	5:3、6:5、55:13	250x150、300x250、220x52
	PC焦点图	13:7、59:25、2:5	520x280、1180x500、160x200
	PC首页通栏	18:1、3:1	1188x66、375x125
站外	高德	17:25、16:5	513x750、1120x350
	支付宝蚂蚁庄园	17:25、16:5	513x750、1120x350
	手机浏览器类	5:2	1000x400
	优酷	25:14	625x350
	今日头条等新闻类	15:14、23:13、5:2、9:13	750x694、690x388、1000x400、540x900

图3-115　钻展图的资源位

1. 手机淘宝首页竖版钻展图的位置

钻展的核心资源位是手机淘宝首页的钻石展位，随着2020年手机淘宝首页的改版，新版手机淘宝首页焦点展示位由横版改为竖版（见图 3-116），图片尺寸是 513 像素×750 像素，为 4 帧轮播图，第 2 和第 3 帧为钻展图，支持静态图片、动态创意及短视频原生创意模板，如图 3-117 所示。下面主要介绍静态图片创意。

图 3-116　新版手机淘宝首页的钻石展位

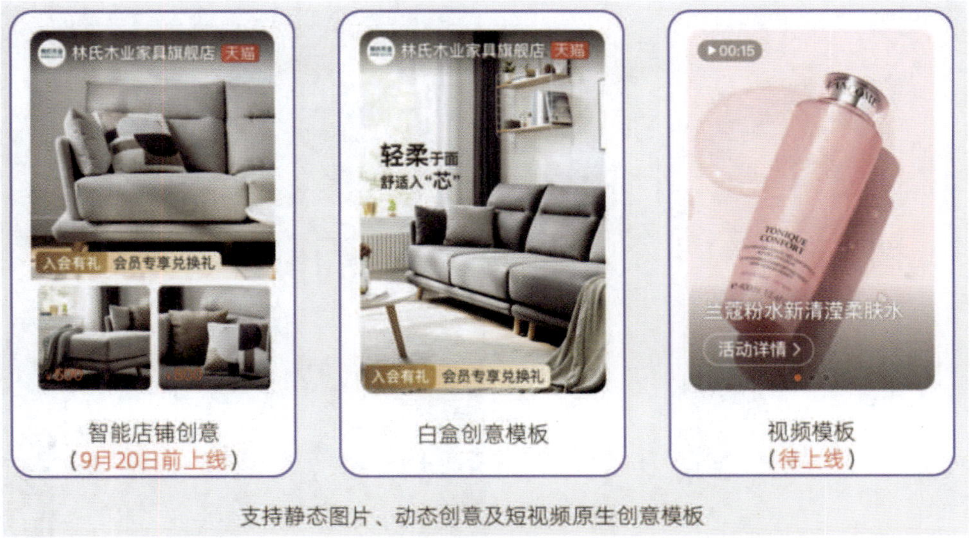

图 3-117　钻展图的呈现

2. 手机淘宝首页竖版钻展图的排版

由于手机淘宝首页竖版钻展图的可设计空间较小，对美工来说，其设计难度比横版钻展图要小。该图片主要采用图文结合的构图方式，美工需要处理好创意钻展图的排版。

最常见的排版方式是文字和商品是上下关系，整体居中对齐，如图 3-118 所示。钻展图上下排版案例如图 3-119 所示。

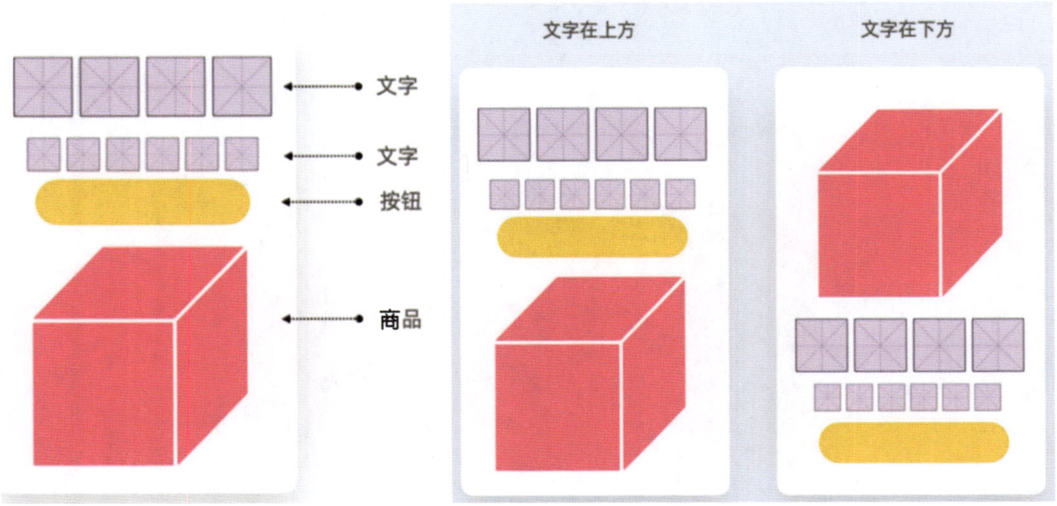

图 3-118　钻展图上下排版方式

图 3-119 钻展图上下排版案例

文字竖版摆放，最常见的是文字和商品是左右关系，如图 3-120 所示。钻展图左右排版案例如图 3-121 所示。

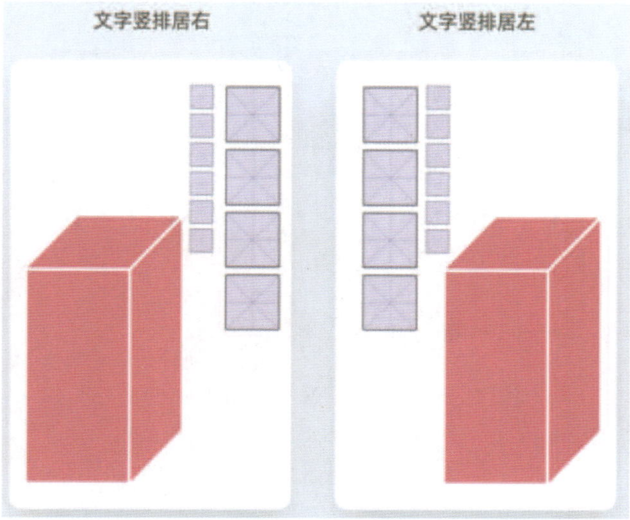

图 3-120 钻展图左右排版方式

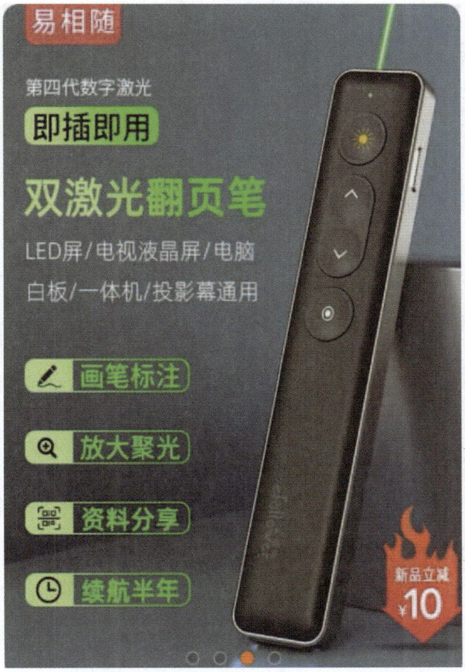

图 3-121 钻展图左右排版案例

我们还可以将文字作为一个整体，以模块的方式放在商品的前方（见图 3-122）或者后方，或者以浮层的方式直接放在商品上（见图 3-122）。钻展图文字模块及浮层排版案例如图 3-123 所示。

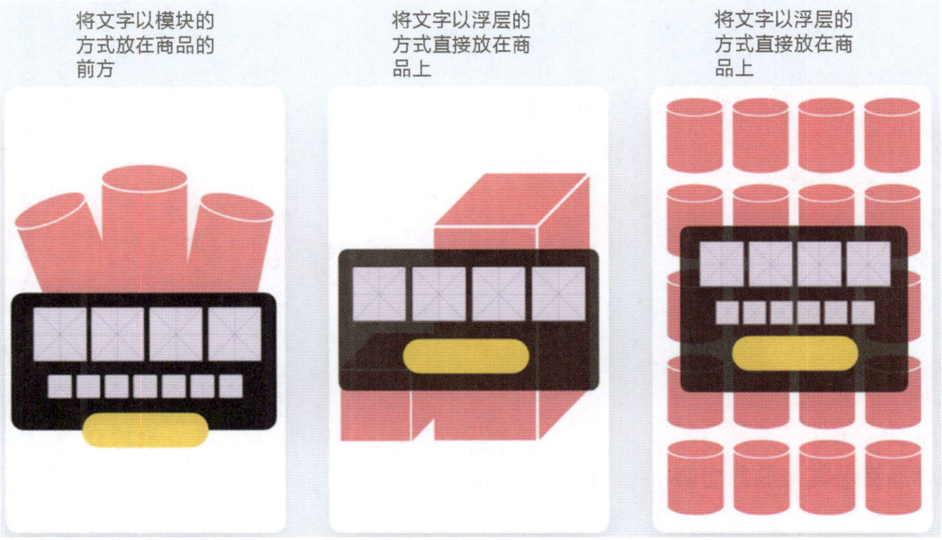

图 3-122 钻展图文字模块及浮层排版方式

图 3-123　钻展图文字模块及浮层排版案例

若涉及商品小样的排版，则可采取如图 3-124 所示的排版方式。钻展图涉及商品小样的排版案例如图 3-125 所示。

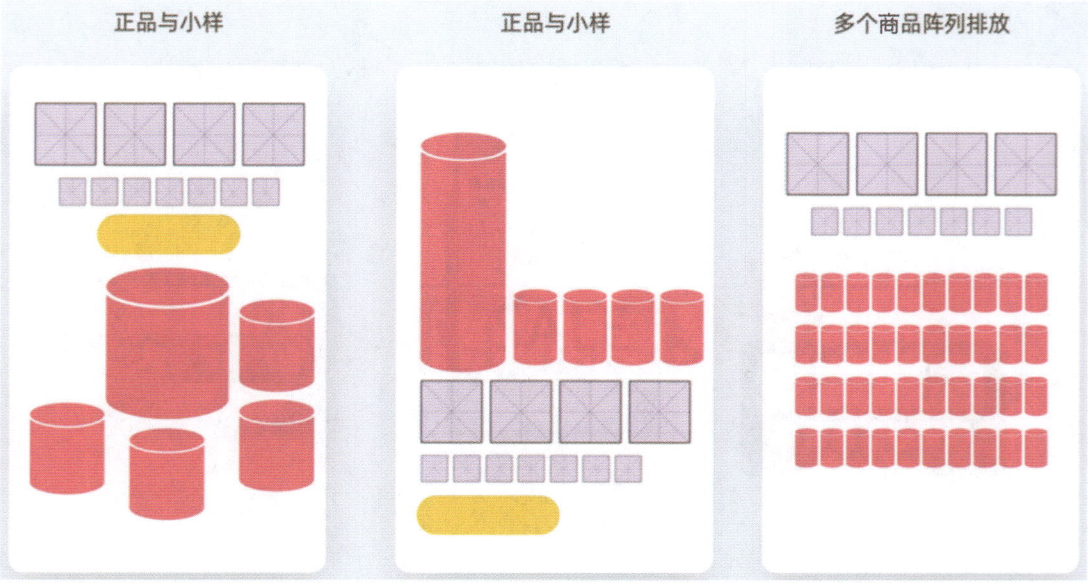

图 3-124　钻展图涉及商品小样的排版方式

图 3-125　钻展图涉及商品小样的排版案例

注意：

①在排版中重点关注文字与商品的位置关系，建议添加按钮来促使消费者点击；②钻展图中禁止出现文案、人脸、色块等重要信息与模板组件重叠的情况。

习题

一、选择题

1. 在图片设计中，提炼商品卖点的注意事项有（　　）。
   A. 文案要能直击消费者的“痛点”
   B. 文案的措辞直观、通俗易懂
   C. 明确表达内容，重点突出主题
   D. 重点传达老板对卖点的描述
2. 下列色彩搭配是对比色系配色的是（　　）。
   A. 红色与绿色　　B. 橙色与黄色
   C. 玫红色与粉红色　　D. 黄色与紫色

二、判断题

1．在文字排版中，我们可以用字体传达情感效果、用字体粗细呈现强弱效果、用字体大小呈现主次效果。（　）

2．想要给卖儿童服装的商家设计海报，选用娃娃字体或魏碑字体比较好。（　）

三、填空题

新版手机淘宝首页焦点的竖版钻石展位，图片尺寸是________，为4帧轮播图，第________帧为钻展图。

四、问答题

1．鹿班是什么？对美工来说，其最简单、实用的功能是什么？

2．直通车图主要包括哪几类？其侧重的营销目的分别是什么？

3．在制作主图时，能否实现展现于搜索结果页的引流主图是一张图，而详情页的第一张主图又是另一张图？如何实现？

第4章

页面设计篇

4.1 首页设计

4.1.1 首页的核心功能

淘宝（天猫）店铺的流量大部分是通过详情页进入的。单一的页面留住消费者的能力比较弱，容易导致店铺的跳失率过高，而且当下引入流量的费用很高。如果想要更好地留住消费者，商家就需要向消费者展示更多的商品、营销活动等信息，促进流量的转化。这就需要商家将整个店铺布局成一个流量的循环：由详情页、首页、分类页组成一个封闭的圆（见图 4-1），让消费者在这个圆里无障碍地跳转，以便降低店铺的跳失率，增加店铺的成交额。这时，首页就成为一个汇集、导出流量的很好的载体。

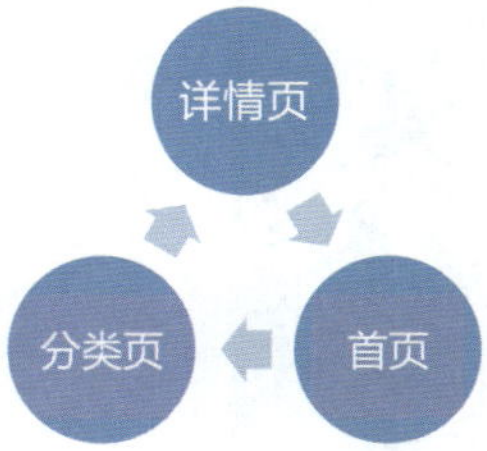

图 4-1 流量的循环

4.1.2 首页设计的作用

优秀的首页设计可以改善消费者的购物体验，进而提高点击率、增加页面停留时长、提升页面访问深度等。商家可以通过分析生意参谋后台的相关数据来判断首页设计是否合理；可以从生意参谋后台的“页面分析”中了解无线端[①]页面模块的点击数据和 PC 端的热力图。由于现在 PC 端的流量已经非常少，因此后面以无线端为例，从而获知首页的点击率数据，如图 4-2 所示。商家可以有针对性地对店铺的视觉设计进行优化，进而提高店铺的转化率。

图 4-2 无线端首页的点击率数据

① 无线端包括手机端，因为现在在无线端设备中，手机占据大多数，所以无线端主要是指手机端，但生意参谋中仍为无线端。

总而言之，合理的首页设计有利于：①形成流量的闭环；②降低店铺的跳失率；③增加店铺的成交额。

店铺的首页就相当于一个实体店的门面，可以传递店铺形象、展示商品和导购信息。首页设计对店铺的作用主要体现在如下 3 个方面。

1．传递品牌形象

店铺的品牌形象是通过店铺的整体视觉被传递给消费者的，而首页是访问量最大的页面，传递给消费者店铺的第一印象，所以承担着传递品牌形象的重要责任，如图 4-3 所示。

图 4-3 首页传递品牌形象

2. 展示商品、引导分流

首页的流量非常大（不仅来源于详情页，还来源于搜索店铺、收藏访问、直接访问、从其他页面返回首页等消费者的操作，具体来源可通过生意参谋查看），商家需要依据人群的喜好，对商品进行合理分类，从而引导分流。如图 4-4 所示，通过导航、分类、搜索、客服栏、活动海报等流量入口可将进店流量引导到详情页、分类页或令其继续浏览首页，让消费者可以通过首页高效、快速地找到自己想要的商品，降低消费者因找不到想要的商品而跳失的概率。在这里，首页发挥了进店流量中转站的作用。

图 4-4　展示商品、引导分流模型

3. 配合营销活动

首页是传递店铺营销活动信息的重要页面。由于首页的访问量很大，因此在首页传递优惠活动、优惠券等信息无疑可以让消费者在第一时间获知店铺的营销活动的信息，从而吸引消费者的眼球。首页配合营销活动有助于提升店铺的访问深度、增加页面的点击量、降低首页的跳失率、提高店铺的转化率，从而增加店铺的成交量。首页配合营销活动案例如图 4-5 所示。

图 4-5　首页配合营销活动案例

4.1.3 首页的布局

由于首页的重要性，因此首页的视觉呈现效果至关重要。为了更好地展示店铺形象、发挥首页营销导流的作用，在进行首页设计之前，我们需要了解品牌及商品的相关信息，并在此基础上对首页进行合理的布局。

1. 首页文案分析

首页文案是首页设计的蓝图。如果首页设计缺少目的性，就会使首页的布局缺乏条理性，内容呈现零乱、没有重点。如图 4-6 所示，该店铺没有将商品在首页直观地呈现出来，商品的陈列也出了问题，导致整个页面缺乏条理性，容易使消费者产生视觉疲劳而跳失。因此，商家在进行首页设计之前，需要先收集并整理文案，以确定店铺的风格、包含哪些模块及模块的数量、在首页呈现方面有无特殊要求等。

在当下竞争激烈的互联网环境中，消费者面临很多选择。如何让消费者选择从自己的店铺购买商品，是商家最关心的问题之一。全方位引流、实施低价策略是很多商家都能想到的解决方案，但效果通常不明显。

这时，一个有自己的特色和文化内涵的店铺，如果能够通过店铺视觉传递给消费者一个与其心理诉求相符合的文化符号，就更容易被消费者记住，而文化符号只要能被消费者记住，其引发复购的可能性就会大大提高。当消费者成为店铺的粉丝时，其与店铺之间的黏度就会更大。因此，拥有自己的特色对店铺来说是非常重要的，而店铺的风格也属于店铺特色的范畴。

首页的风格在店铺风格的传递中至关重要。如图 4-7 所示，商家在确定首页的风格时，需要考虑商品信息、目标人群、市场环境、品牌文化、季节性等因素，这些因素对应的信息应该解决如下问题：卖什么？卖给谁？在哪卖？怎么卖？

例如，某店铺是一个销售滋补类商品的店铺，我们收集到该店铺的基本信息如下。

① 商品是中国传统滋补品（商品信息分析，即“卖什么”）。

② 目标人群主要是 30～60 岁追求健康、相信食补养生的白领阶层（目标人群分析，即“卖给谁”）。

③ 通过研究市场环境发现，食疗、食补以中医为本，以气血、心、肝、脾、肾为切入点，因此有补气、健脾、润肺作用的商品能够获得更高的关注度（市场环境分析，即“在哪卖”）。

④ 商品不受季节影响（通过季节性分析“怎么卖”）。

依据上述信息，我们可以确定该店铺的风格宜选择喜庆、沉稳的中国风。影响风格的元素包含色彩、字体、图片等，不同色彩、字体、图片代表着不同的视觉语言。为了配合中国风及目标人群的年纪，以及过节的氛围，在色彩上，我们使用代表喜庆的红色；在字体上，我们使用喜鹊聚珍体；在进行图片设计时，我们加入中国风元素来点缀商品。

图 4-6　缺乏条理性的首页设计

店铺的模块可以根据店铺商品的重要性或活动的需要进行排列。一般来说，店铺活动、热销品和活动商品通常放在最前面，之后逐次按照商品热度分类排列。

如图 4-7 所示，该店铺的目标人群最需要的就是在首页快速找到想要的商品，所以除活动海报外，商家还应将商品分类放在最上端，以方便目标人群快速选择；接下来放置店铺热销的几款商品；再往下，根据目标人群熟知的滋补方向分类排序，按热度逐一呈现商品。

图 4-7　某店铺首页文案的可视化呈现

图 4-7 某店铺首页文案的可视化呈现（续）

注意：

在首页的设计中，新手美工特别易犯以下几个错误。

（1）配色凌乱、冲突，毫无美感。笔者建议，如果对颜色的运用没有把握，那么使用的颜色不要超过 3 种，且不妨多使用同一色系的有深浅变化的颜色。

（2）乱用素材。新手美工在设计首页时特别喜欢加入自己喜爱的元素，只是认为其很美，却忽略了这些元素与商品、要表达的主题是否搭配。请记住，对新手美工来说，少即是多。

（3）字体过多，忽视字体版权问题。使用一种漂亮的字体会令字体很突出，但使用很多种漂亮的字体可能适得其反。另外，新手美工在使用字体时，要避免版权纠纷，最好购买正版字体。

（4）版面堆砌。商品、文字之间需要有空间，将商品和文字进行堆砌会产生让人透不过气的凌乱效果，打破阅读的舒适感。

2. 后台模块布局

接下来，笔者详细分析如何对店铺的首页布局进行规划，以便让商家更好地把握店铺的风格，提高店铺的转化率。

店铺的框架就像商场的布局，消费者进入商场，先看到什么、后看到什么，背后都有逻辑。商场的布局要符合消费者的浏览习惯，某商场的布局如图 4-8 所示。

图 4-8　某商场的布局

在进行首页设计之前，我们需要先画出首页的框架，以明确各模块所处的位置，如图 4-9 所示。

<table>
<tr><th></th><th>模块</th><th colspan="4">内容</th><th>高度</th></tr>
<tr><td rowspan="3">页头</td><td>店招</td><td colspan="4">官方要求，显示店铺名</td><td></td></tr>
<tr><td>系统分类</td><td colspan="4">导航按官方默认框架</td><td></td></tr>
<tr><td>轮播模块（聚流）</td><td colspan="4">第一张：太空铝毛巾架套装
第二张：全铜花洒套装
第三张：厨房双槽水槽</td><td></td></tr>
<tr><td rowspan="17">页中</td><td>优惠券</td><td colspan="4">优惠券和日常店铺满送</td><td></td></tr>
<tr><td rowspan="2">分类导航（分流）</td><td>爆款专区</td><td>浴室挂件</td><td>厨房水槽</td><td>厨房挂件</td><td rowspan="2"></td></tr>
<tr><td>淋浴花洒</td><td>龙头系列</td><td>地漏角阀</td><td>新品专区</td></tr>
<tr><td rowspan="5">爆款专区（聚流）</td><td colspan="4">第一张：太空铝毛巾架套装</td><td rowspan="5"></td></tr>
<tr><td colspan="4">第二张：全铜花洒套装</td></tr>
<tr><td colspan="4">第三张：厨房双槽水槽</td></tr>
<tr><td colspan="4">第四张：厨房不锈钢置物架</td></tr>
<tr><td colspan="4">第四张：不锈钢毛巾架套装</td></tr>
<tr><td rowspan="3">DIY搭配专区（聚流）</td><td colspan="2" rowspan="2">淋浴花洒</td><td colspan="2">水槽单槽</td><td rowspan="3"></td></tr>
<tr><td colspan="2">太空铝毛巾架套装</td></tr>
<tr><td colspan="2">全铜地漏</td><td colspan="2">不锈钢厨房置物架</td></tr>
<tr><td>第二主推轮播区</td><td colspan="4">1．恒温花洒
2．不锈钢毛巾架套装
3．水槽单槽
4．太空铝厨房置物架</td><td></td></tr>
<tr><td>滑动导航栏（分流）</td><td colspan="4">1．浴室挂件　2．淋浴花洒　3．厨房水槽　4．厨房挂件　5．龙头系列　6．地漏角阀</td><td></td></tr>
<tr><td>货架区（聚流）</td><td colspan="4"></td><td></td></tr>
<tr><td>分类导航</td><td colspan="4"></td><td></td></tr>
<tr><td>系统默认货架区</td><td colspan="4"></td><td></td></tr>
<tr><td>猜你喜欢</td><td colspan="4"></td><td></td></tr>
<tr><td rowspan="2">页尾</td><td>页尾</td><td colspan="4">返回顶部/品牌Logo +Slogan</td><td></td></tr>
<tr><td>店铺Logo</td><td>全部商品</td><td>店铺动态</td><td>商品分类</td><td>联系客服</td><td></td></tr>
</table>

图 4-9　首页的框架

首页的构架分为页头、页中、页尾三大块，其重要性体现在 4 个方面：① 展示品牌形象；

② 突出展示核心；③ 通过科学的规划使页面统一；④ 提升购物体验。

细节决定成败，模块的运用将会影响店铺的整体视觉效果及整个店铺的销售。电脑端和手机端店铺装修后台自带的模块分别如图 4-10、图 4-11 所示，我们可以根据设计需要在店铺装修后台添加相应的模块。

图 4-10　电脑端店铺装修后台自带的模块

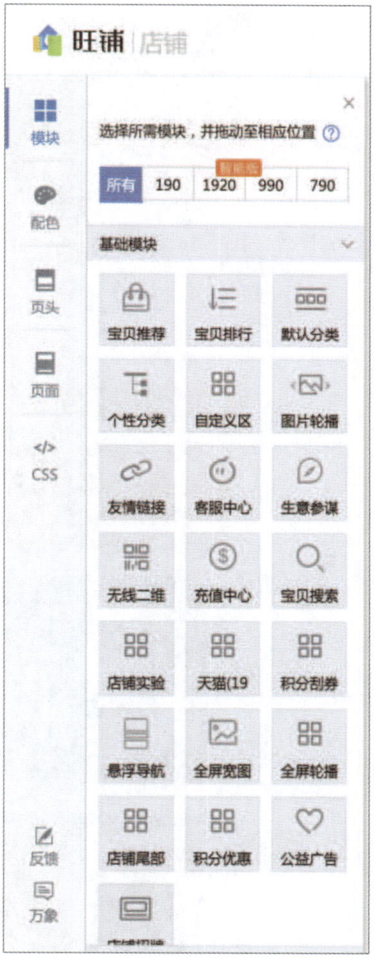

图 4-11　手机端店铺装修后台自带的模块

首页的布局受设计目的及商品数量的影响，大致分类为以下两种布局形式。

（1）个性页面上的商品种类单一或数量特别少、受季节影响较大的店铺，在设计首页的布局时可以以单品为主线，根据商品热销度或新品上架时间进行排序，这种布局形式能给消费者带来强烈的视觉冲击。某水果店铺的商品受季节影响较大，所以在设计首页的布局时，以当季正在热卖的商品为主线，逐一展示商品，如图 4-12 所示。品牌型店铺在为了突出单品并期望能带给消费者强烈的视觉感受时，也会采用这种布局形式，如图 4-13 所示。

图 4-12　某水果店铺的首页布局

图 4-13　某品牌型店铺的首页布局

（2）常规页面上的商品较为丰富的店铺在设计首页的布局时，会先根据目标人群的浏览习惯对商品进行分类，再从销售热度、促销活动情况、目标人群的消费习惯等维度进行排序。一般来说，热销商品、参加促销活动的商品、必要分类、新品的排位靠前，其他商品和信息的排位靠后，如图 4-14 所示。

图 4-14　常规页面的布局案例

图 4-14 常规页面的布局案例（续）

当店铺的商品特别多，或者首页因需要做了大量活动、热销推荐，且分类楼层较多时，消费者很容易在读完促销信息后便失去耐心而离开店铺。

为了尽可能地留住消费者，商家可以在促销信息结束后适时加入“回到顶部”按钮，让消费者可以重新聚焦于主推商品、优惠活动，避免消费者因浏览疲劳而离开。对于那些想继续浏览的消费者，商家可以在页面中间设置分类导航，更好地引导他们，让他们在了解基础促销信息后迅速找到自己更想要的商品。

当店铺的商品较少时，商家则没有必要添加过多的模块，也没有必要做多次分类，否则容易让消费者在浏览时感到冗长和重复。

一些有助于留住消费者的首页设计如图 4-15 所示。

图 4-15　一些有助于挽留消费者的首页设计

4.2　详情页设计

优秀的详情页可以更好地为引流来的消费者进行商品的详细讲解，能够让消费者对商品的各个细节了解得更加透彻，从而激发消费者的购买欲望。

4.2.1　详情页的重要性

详情页又被称为商品描述页、单品页或内页，是详细介绍商品信息的页面，更是影响商品成交的关键页面。一个切合消费心理需求的详情页会让转化率更高。详情页在电商中的重要性主要体现在以下 3 个方面。

1. 流量的重要入口

消费者一般是通过搜索商品、点击主图进入详情页的。另外，店铺所做的付费推广通常也会把流量引到详情页上。详情页直接面对消费者，是流量的重要入口。

2. 商品的说明书

详情页可以向消费者展示并介绍商品、传递促销信息，同时能树立店铺的品牌形象，还能减少客服的工作量。

3. 转化的终结者

详情页是影响交易达成的关键因素。消费者看了详情页之后觉得满意才会购买，如果不满意就会关闭详情页。详情页通常比首页承担更多的转化责任，它直接面对消费者，还要经受消费者的反复比较。好的详情页可以增加消费者的页面停留时长、提高转化率，甚至提高客单价；不合理的详情页则容易让消费者跳失。

如图 4-16 所示，江小白的详情页已不只是单纯地介绍商品，还带有强烈营销意图。

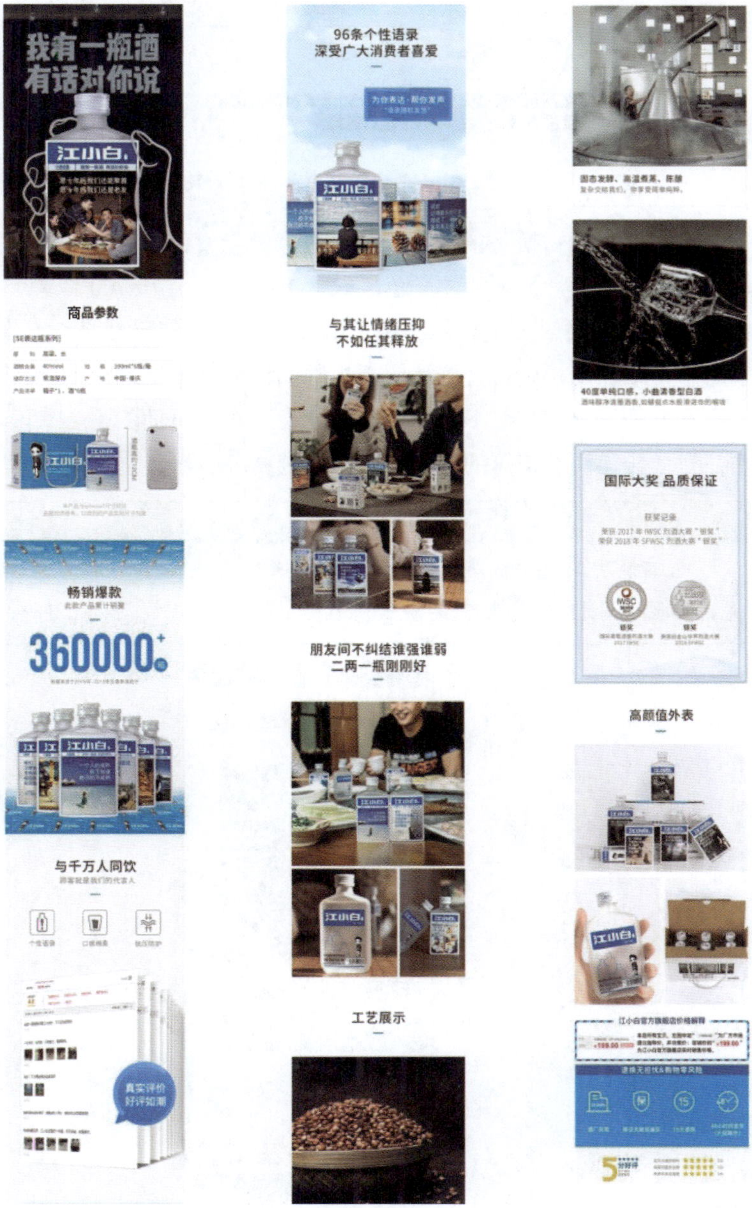

图 4-16　江小白的详情页

4.2.2 详情页的尺寸、分辨率和颜色模式

电脑端详情页的尺寸、分辨率和颜色模式如图 4-17 所示。

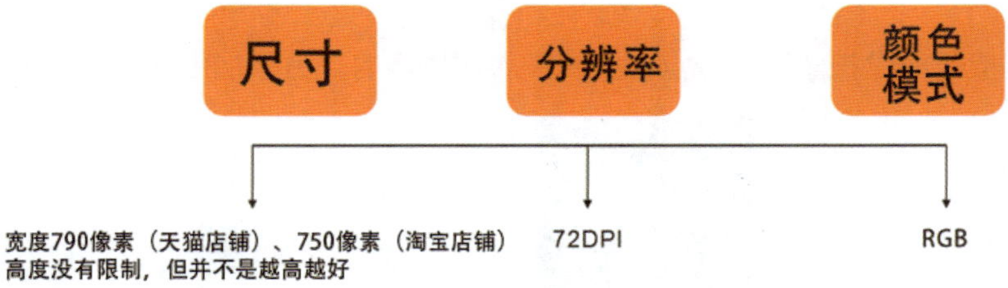

图 4-17　电脑端详情页的尺寸、分辨率和颜色模式

淘宝手机端详情页的宽是 750 像素，笔者建议将高度控制在 960 像素左右，这样更加能适应手机屏幕的尺寸。图片的颜色模式为 RGB，尺寸在 700 像素×700 像素以上，在上传图片后，详情页自动提供放大镜功能。手机端详情页的最佳尺寸是 750 像素×960 像素。若考虑让电脑端与手机端通用，则可直接按照手机端的详情页宽度进行设置。

在网购选择越来越多的情况下，消费者浏览页面的耐心有限，所以页面并非越长越好，而是在有效传递商品信息的基础上让页面越精练越好。

> **注意：**
>
> 电脑横屏的宽大视野与手机竖屏的狭长视界之间的巨大差异导致在进入无线时代的当下，视觉体验需求随之发生改变，手机端的设计应考虑到竖屏，字号也需要变得更大。

如图 4-18 所示的详情页中的卖点信息无论是图片还是文字都很小，不方便阅读，消费者在浏览时不容易获取重要信息，而如图 4-19 所示的详情页的卖点信息满屏呈现，非常清晰，令消费者难以忘记。

图 4-18　卖点信息不易获取的详情页

图 4-19　卖点信息满屏呈现的详情页

4.2.3 详情页的设计思路

很多新手美工以为设计详情页就是简单地摆放几张商品图片，并添加一些参数表等。其实设计详情页说简单也简单，说难也难，难就难在怎么帮助商家提升销量。要帮助商家提升销量，就要打造一个优秀的详情页，美工大概要用 60% 的时间去调查、构思、确定方向，用 40% 的时间去设计和优化。一个好的美工不仅要美化图片、合成效果图，还要将关于商品的描述融入图片中，放大商品的卖点，使详情页发挥其应有的作用。

4.2.4 详情页的设计流程

详情页的设计流程非常严谨，要经过接受任务、分析文案、准备图片、处理素材、确认模块及顺序、绘制内页草图、用 Photoshop 制作内页、提交相关人员审核 8 个步骤，如图 4-20 所示。

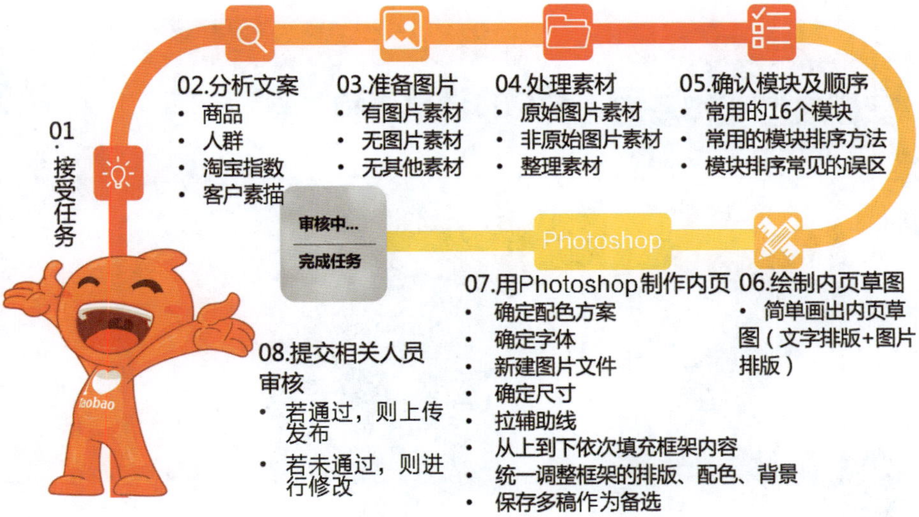

图 4-20 详情页的设计流程

4.2.5 详情页文案的采集与分析

文案是详情页设计的重点，文案影响着详情页的设计风格，直接关系到详情页是否能激发消费者的购买欲望并促进成交。文案的采集与分析的步骤依次为分析商品、分析同行、分析文案。

1. 分析商品

对于有竞争力的商品，特别是刚刚上架的商品，我们在让消费者了解商品外观的同时，还需要通过分析以下 3 个方面的信息，让详情页变得更有吸引力，从而提高店铺的转化率。

（1）商品的卖点，包含商品的功能、特质、亮点。我们可以借用 FABE 销售法则来提炼卖点。

① F（Features）：属性，即商品的特质、特性是什么。

② A（Advantages）：优势，即商品的特质、特性所呈现的作用如何。

③ B（Benefits）：收益，即具体能给消费者带来的好处。

④ E（Evidence）：佐证，即通过什么证据能让消费者相信。

理论上，商品的任何一个属性（F）都可以对应到一个优势（A）和一个收益（B），所以从商品的属性挖掘消费者所关注的卖点是商家常用的方法之一。消费者最关注的往往是商品的优势（A）和直接的收益（B）。

如图 4-21 所示，该商品的属性是“紧固底盘 强悍承重”（F），拥有能够“不断轴不掉轮”的优势（A），可以让消费者获得“安全骑行 不掉轮”的收益（B），还有多项检测证书作为佐证（E），因此该商品可以通过这个差异化优势切入市场，打动消费者。

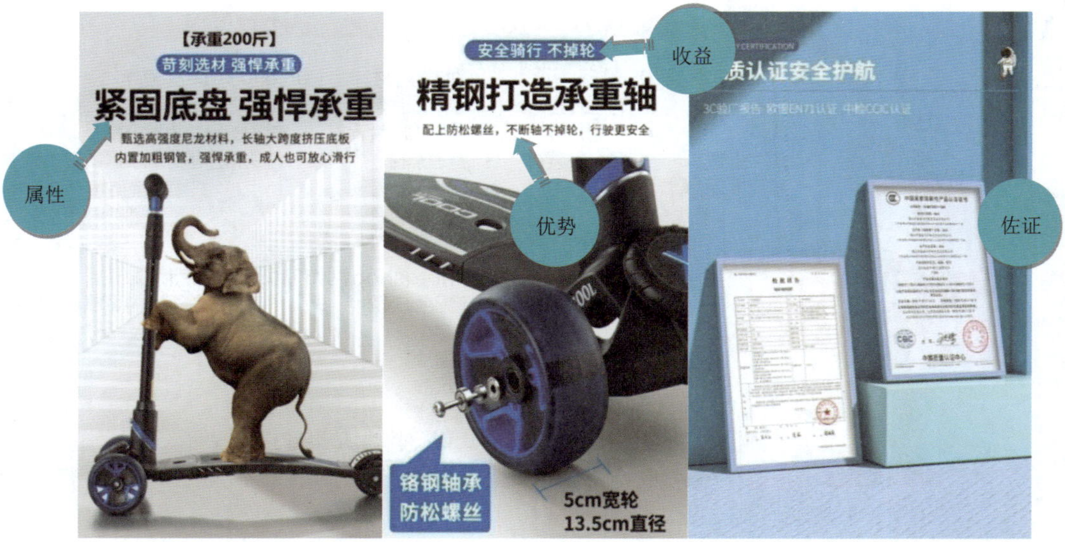

图 4-21 FABE 销售法则的应用案例

需要说明的是，佐证（E）也可以是买家秀、品牌荣誉、特殊技术等。

（2）消费者的“痛点”。狭义的“痛点”指的是消费者以往不愉快的经历，这种经历可以与商品有关，也可以与生活有关。如图 4-22 所示，加班熬夜、看书学习等导致眼部出现各种问题，这就是与生活有关的“痛点”，通过触碰这些“痛点”，引出解决方案，从而激发消费者对商品的购买欲望。广义的“痛点”还包含消费者的期望、爱好、担心、焦虑，这些“痛点”可以让消费者产生共鸣，激发消费者进一步浏览商品的兴趣。如图 4-23 所示，宠物的皮肤病是消费者非常关注的话题，由此话题可激发消费者对解决方案的兴趣，促使消费者进一步浏览详情页。

图 4-22 与生活有关的“痛点”

图 4-23 消费者非常关注的话题

（3）消费者的画像，即目标人群的画像（查看路径：生意参谋的“内容→粉丝分析”），包含性别占比、年龄分布、地域、职业分布、学历占比、消费层级、兴趣爱好（偏好度）、粉丝浏览品牌偏好等信息，如图 4-24 所示。

图 4-24 消费者的画像

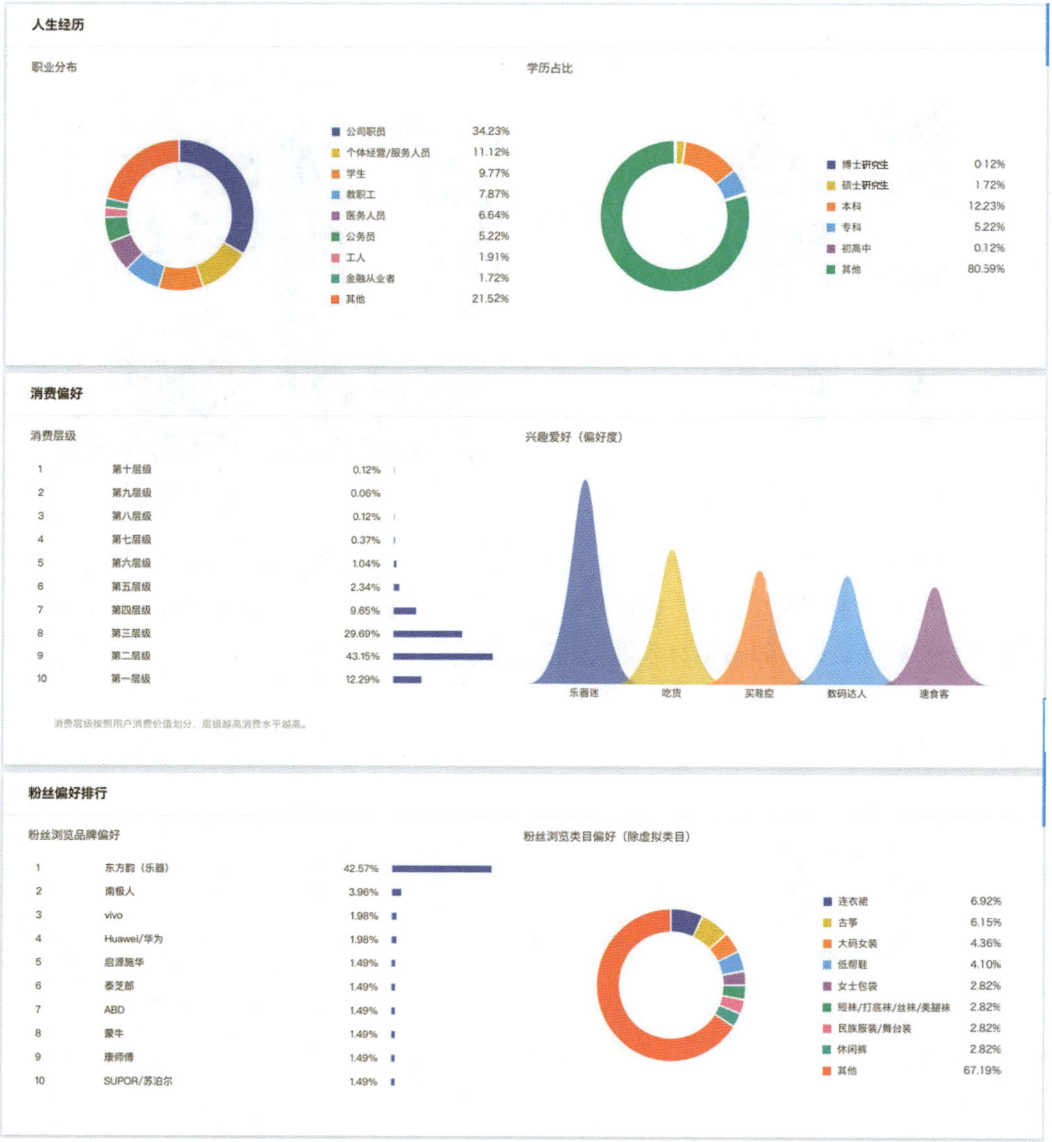

图 4-24 消费者的画像（续）

2. 分析同行

《孙子兵法》中说：“知己知彼，百战不殆。”如今，电商的同质化竞争越发激烈，想让自己的商品脱颖而出，就必须参考行业指数，分析做得好的同行的详情页，与其进行主题对比、卖点对比、品牌对比、服务对比；还要从营销内容、目标人群定位、详情排序逻辑上找到自己与他们的差异，学习他们的优点，找出他们的缺点并改进。分析同行的重点在于做到“敌无我有，敌有我优，敌有我特”，详细解读如下。

（1）突出差异化优势。突出差异化优势是指将商品的某一方面做到极致或给予消费者更多的利益点，而这些点是竞争对手无法给予的（可以从竞品详情和竞品评价中收集竞品的劣势和消费者的诉求信息），最终让消费者选择我们的商品。“敌无我有，敌有我优”就是对差异化营销的最好诠释。这些差异点包含以下几个。

① 商品本身的优势：商品的特色（区别于竞品的卖点）、取得的战绩（见图 4-25）、热销盛况（见图 4-26）等。

② 品牌的优势：品牌的口碑及名誉度。

③ 服务的优势：咨询服务、安装物流服务、售后保障服务等。

图 4-25 三只松鼠的销量战绩

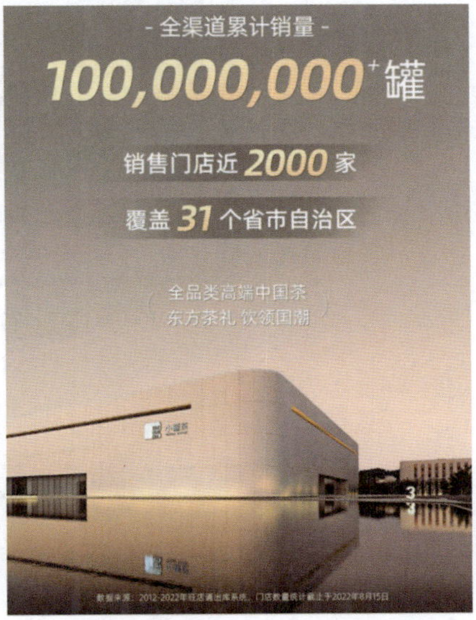

图 4-26 小罐茶的热销盛况

（2）运用各类营销方式。消费者在浏览详情页时会抱有一定的怀疑态度，特别是新品，前期的销量较低，商家需要使用多种营销策略来为商品积累一定的基础销量。分析同行的同类商品及其营销策略，有利于结合商品的实际情况开展有效的营销推广活动，这就是“敌有我特”的营销方式。这些营销方式包含如下几种。

① 商品的折扣优惠：以低价和折扣吸引消费者。

② 店铺的红包满减：以满减活动打动消费者。

③ 礼物、赠品营销：以礼物、赠品打动消费者。

④ 情感营销：以情感作为切入口，令消费者产生共鸣，从而激发其购买欲望。

vivo 手机的营销方式如图 4-27 所示，迪士尼无线蓝牙耳机的营销方式如图 4-28 所示。

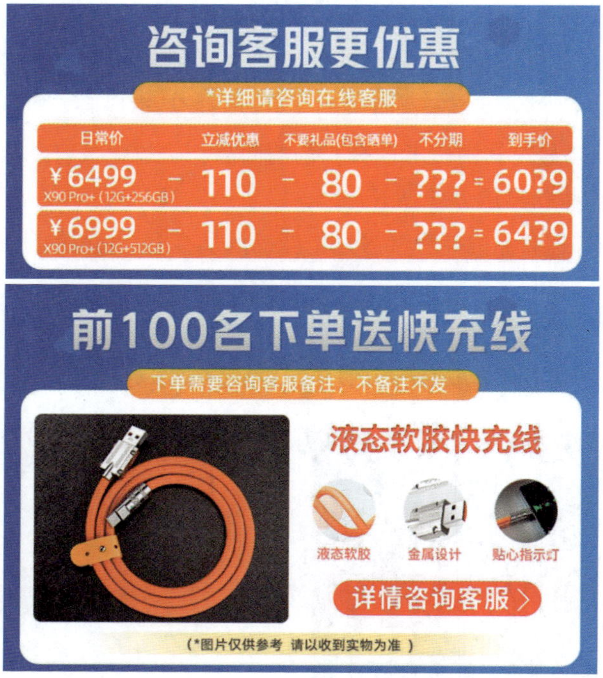

图 4-27 vivo 手机的营销方式

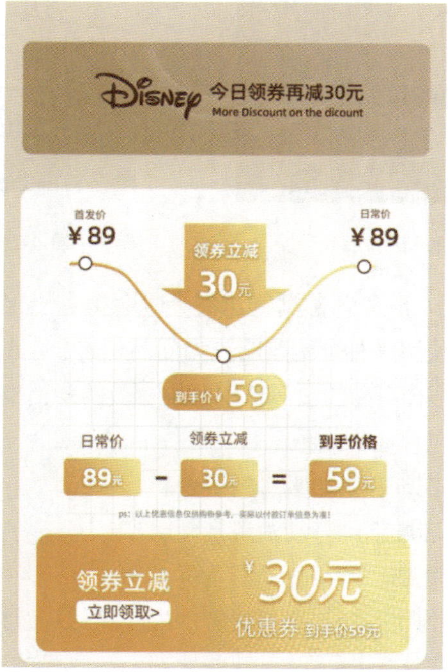

图 4-28 迪士尼无线蓝牙耳机的营销方式

3. 分析文案

根据收集的消费者的特征信息，对比同行，结合商品卖点及消费者的需求，可以整理出如图 4-29 所示的消费者素描，明确消费者的习惯与需求，对其进行精准营销。

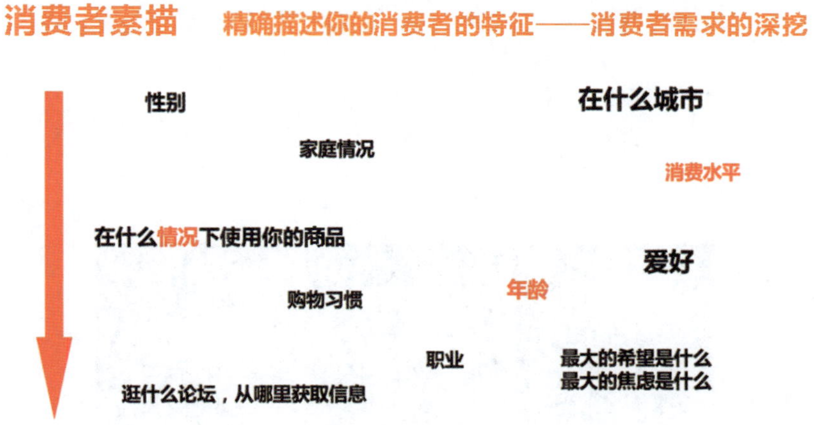

图 4-29 消费者素描

通过对收集的信息加以分析，最终可以明确文案的内容，其中包括如下问题。

① 文案的受众是谁。

② 商品的卖点是什么，即消费者愿意为之买单的原因是什么。

③ 详情页传递给消费者的信息是什么，即你的详情页留给消费者的印象是什么。

④ 消费者最在意的是什么，即消费者的“痛点”和忧虑是什么。

⑤ 商品的营销点有哪些，即可以为消费者提供的利益点有哪些。

4.2.6 详情页常用的模块

在对商品信息进行收集并分析之后，我们可以整理出很多关于详情页的文案内容，那么这些文案内容应该如何分类安放呢？在这里，我们将整个详情页拆分成 16 个常用的模块（见图 4-30），并逐一分析每个模块。

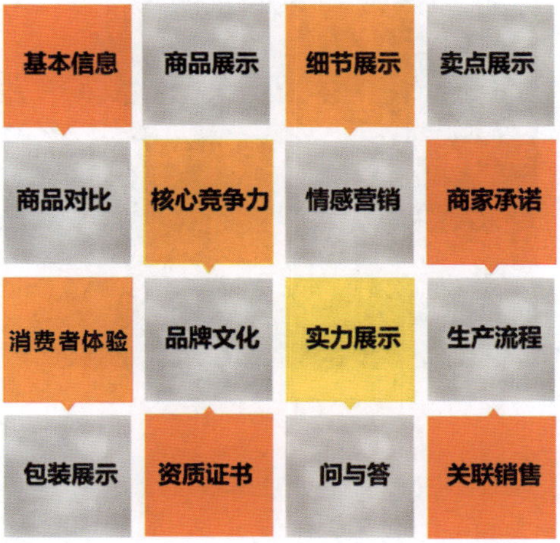

图 4-30 详情页常用的 16 个模块

1. 基本信息

基本信息模块可以帮助消费者了解商品的基本信息，如商品的属性、规格、尺寸、结构、功效等信息，避免消费者产生疑问。基本信息模块示例如图 4-31 所示。

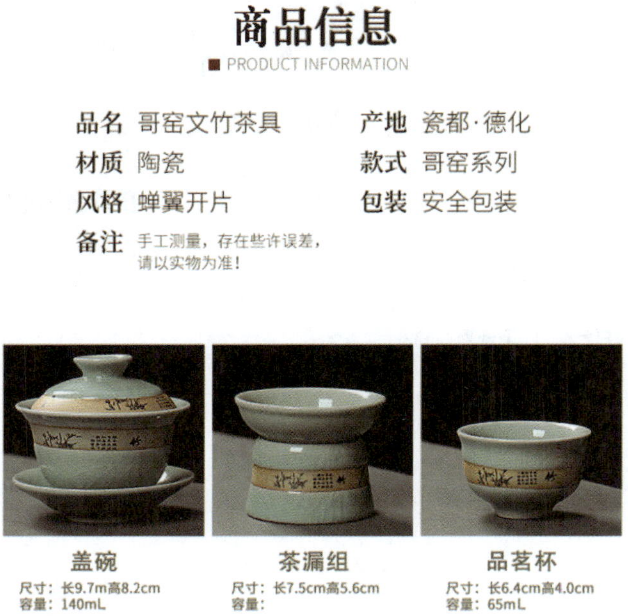

图 4-31　基本信息模块示例

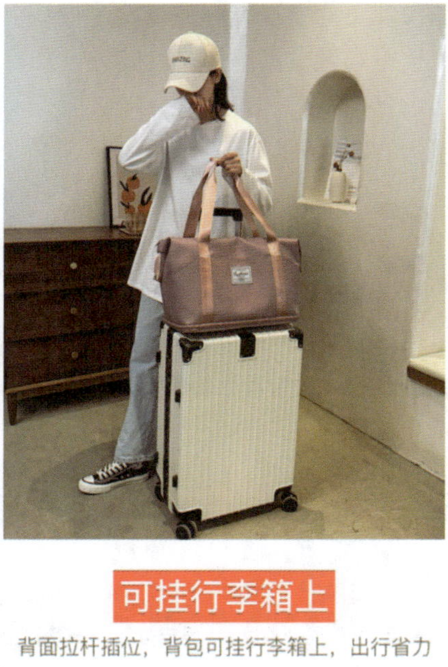

图 4-32　在商品展示模块中展示商品的卖点

2．商品展示

商品展示模块是每个详情页都有的模块，其内容包括商品展示、模特展示、场景展示等。商家需要站在消费者的立场上，将消费者希望看到的部分从各个角度进行展示，让消费者产生商品近在眼前的感觉。在展示商品时，商家要关注以下几点。

（1）要将商品的卖点展示出来。

（2）尽量运用场景图（模特展示图、商品的使用环境图）去挖掘消费者的潜在需求。

（3）展示消费者拥有该商品后的感觉。

如图 4-32 所示，商家在商品展示模块中展示了多用包这款商品的卖点——便于携带、用途多。

3．细节展示

细节展示模块用放大细节的形式展示商品，通过展示消费者关注的细节，突出商品的卖点，并对细节图片进行引导性解释，增强消费者的体验感，让消费者产生近距离观察的错觉。细节展示能够突出商品的优势、增大商品的价值、激发消费者的购买欲望。

细节展示的重点在于通过商品的细节来呈现商品的材料、品质、工艺等信息。如图 4-33 所示，商家在细节展示模块中突出了商品的卖点。

图 4-33　在细节展示模块中突出商品的卖点

4．卖点展示

卖点展示模块能够深度挖掘商品的卖点、增大商品的价值、激发消费者的购买欲望。如图 4-34 所示，商家可以用多个小卖点佐证大卖点，从而使商品的大卖点更有说服力。

值得注意的是，卖点的表达要直接、精准、有效，如果要与同类商品进行对比，就要列出商品的压倒性优势并加以说明，从而增大商品的价值、激发消费者的购买欲望。

图 4-34 用多个小卖点佐证大卖点

5. 商品对比

商品对比模块在同质化竞争比较严重的同类商品的详情页中的使用频率较高，其营销效果也较明显。因为消费者在做购买决策时往往会货比三家，商家将自家商品与同类商品进行对比，可以直观、鲜明地突出自家商品的优势，增强消费者的认同感。

商品对比分为如下 3 种类型。

1）优劣对比

很多同类商品的外观相似但价格差异较大，消费者不知道如何做出选择。因此，定价较高的优质商品往往会采用与同类商品的选材、做工等方面进行对比的方式，给消费者一个选择它的理由，如图 4-35 所示。在对商品进行优劣对比的同时，也能展示优质商品的卖点，促使消费者做出理智的选择。

2）真假对比

当商品的品牌知名度较高时，其品牌的溢价较高、客单价较高。这时，市场上容易出现假冒商品，针对这种情况，商家可以使用真假对比的方式（见图 4-36），将真商品的细节图片与假冒商品的细节图片进行对比，通过选材、工艺、外观、包装等方面的区别帮助消费者鉴别商品的真伪，从而消除消费者的疑虑，提高店铺的转化率。

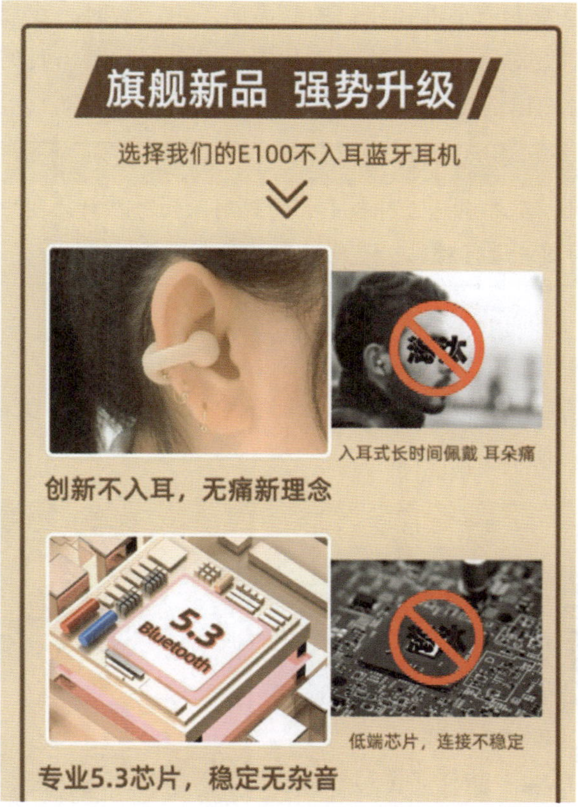

图 4-35　商品的优劣对比

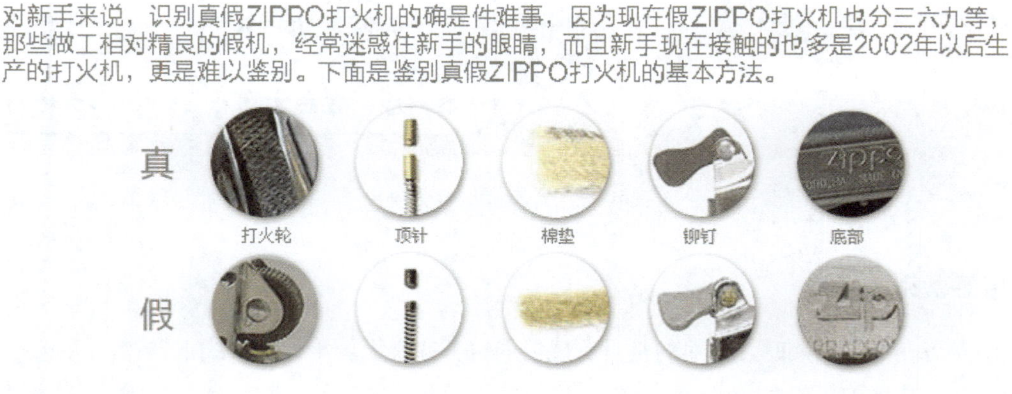

图 4-36　商品的真假对比

3）竞品对比

在当下竞争激烈的电商环境中，长期的单一价格战是伤人伤己的运营方法，笔者不建议采用。我们需要给消费者一个选择我们的商品的理由。这时，我们不妨选择市场上的热销竞品来与我们的商品做对比，展示热销竞品的缺点，同时突出我们的商品的优点，通过鲜明的对比帮助消费者做出选择。

注意：

在进行竞品对比时，要考虑是否符合平台的规则，切勿在对比图中出现其他品牌及相关信息，切勿盗用他人的图片进行对比，避免因违规产生处罚与纠纷。

6. 核心竞争力

商家要从商品的卖点中提炼出商品的核心竞争力（见图 4-37），突出商品的差异化优势，给消费者一个购买商品的理由。

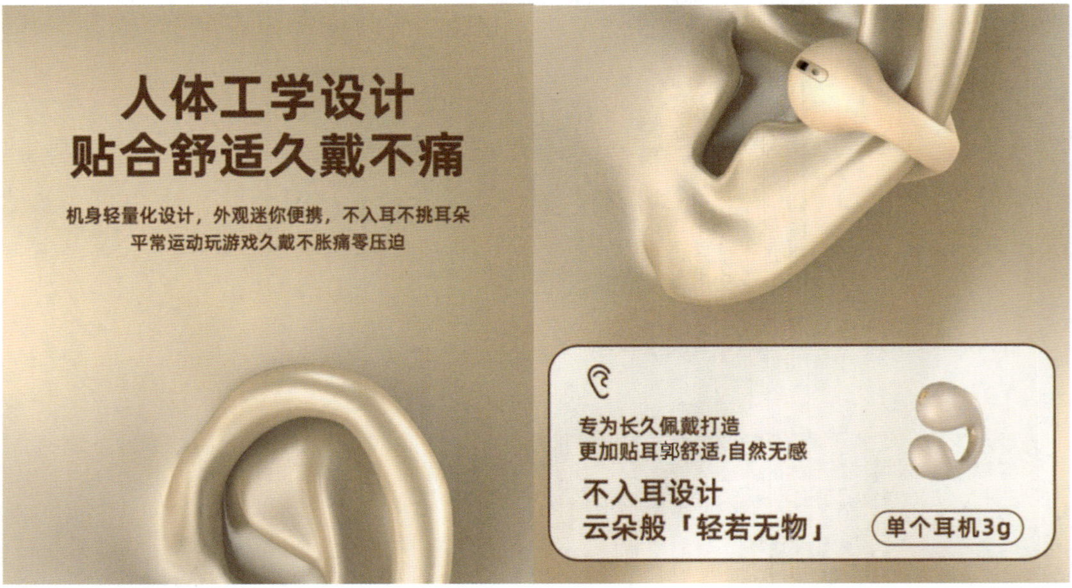

图 4-37 商品的核心竞争力

7. 情感营销

消费者在进行网购时，面对的是没有感情的电脑或手机屏幕，相较线下购物，缺少情景化的代入感，冲动购买的概率会大大降低。商家通过场景化的设计，把情感融入画面中，能让消费者在浏览时产生情感共鸣，从而起到传递商品价值、引起购买冲动的作用。

情感营销是商品的附加价值、非使用价值（情感价值）营销。如图 4-38 所示，该商品利用“贵宾亲至”这个关键词使消费者产生情感共鸣。

图 4-38 情感营销

8. 商家承诺

商家承诺模块展示商家（或品牌）的承诺。为了消除消费者的购物疑虑，商家通常会向消费者做出一些承诺，如图 4-39 所示。常见的承诺内容有 24 小时发货、7 天无理由退换货、正品保障、假一赔三、破损补寄、免费送装、免费换新、赠送运费险等。

图 4-39 商家做出的承诺

注意：

商家应以诚信为本，对于做不到的事情，不要轻易承诺。如果客服在与消费者沟通的过程中或商家在详情页中做出的承诺没有兑现，且之后也没有设法补偿，那么一旦引起消费者的投诉，就将按照规则接受平台的处罚。

9．消费者体验

消费者体验模块主要通过模拟线下购买过程，给消费者提供人性化的服务来引导消费。消费者体验的内容有好评如潮（见图4-40）、使用方法（见图4-41）、真人实测（见图4-42）、买家秀、尺码表（见图4-43）等，商家可以根据商品及所属行业选择消费者体验的内容。

图 4-40 好评如潮

图 4-41 使用方法

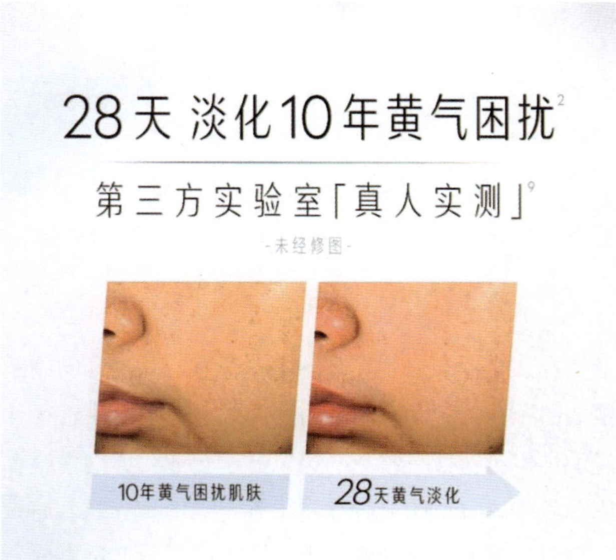

图 4-42　真人实测

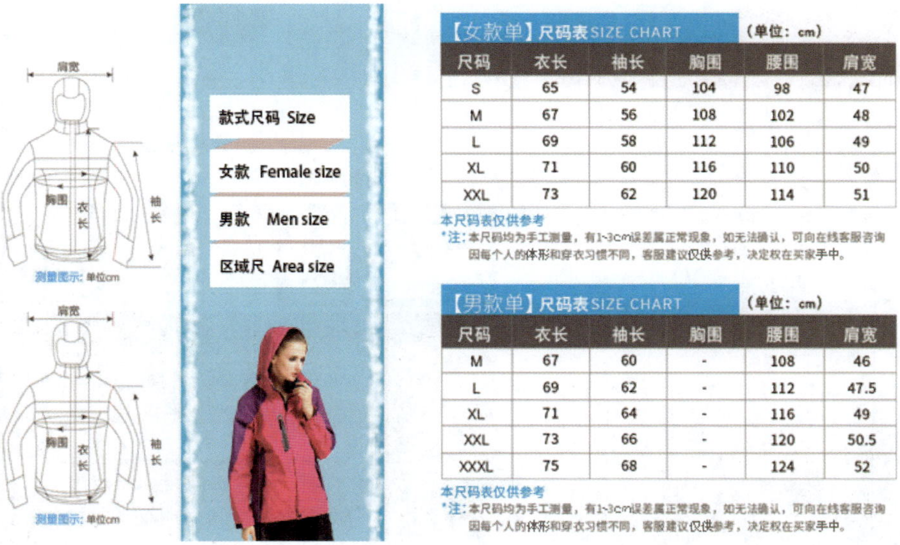

尺码	衣长	袖长	胸围	腰围	肩宽
S	65	54	104	98	47
M	67	56	108	102	48
L	69	58	112	106	49
XL	71	60	116	110	50
XXL	73	62	120	114	51

尺码	衣长	袖长	胸围	腰围	肩宽
M	67	60	-	108	46
L	69	62	-	112	47.5
XL	71	64	-	116	49
XXL	73	66	-	120	50.5
XXXL	75	68	-	124	52

图 4-43　尺码表

注意：

美工在设计消费者体验模块时一定要多考虑消费者的实际需要，这就需要客服在接待消费者的过程中将经常遇到的问题进行收集和反馈，以便打造出最佳的消费者体验，达到更好的营销效果。

10．品牌文化

无论是对享有盛誉的品牌来说，还是对发展中的品牌来说，树立品牌的正面形象都非常重要，因为这会促使消费者认同品牌。常见的品牌文化的内容有品牌故事、品牌的成长历程、企业的服务意识、企业的愿景、品牌的公益事业等。如图 4-44 所示，该商家在详情页中对品牌的成长历程、企业的愿景等进行了综合展示。

11．实力展示

消费者对于未知的商品或企业会产生莫名的不信任感，从而影响判断。一般而言，消费者会更信任有实力、规模大的企业。因此，商家需要通过进行实力展示（见图 4-45）来消除消费者的疑虑，帮助消费者做出购买决策。常见的可以展示企业实力的内容有企业的规模、团队的规模、办公环境、门店的数量、合作的品牌等。很多在当地享有盛名的企业对外地消费者来说往往是名不见经传的，这时，能够展示企业实力的图片就显得非常重要，其不仅有利于提高店铺的转化率，还能增大商品的价值。

图 4-44 品牌文化

图 4-45　实力展示

12．生产流程

生产流程模块可以让消费者了解商品的生产过程，帮助消费者了解商品，有效消除消费者的疑虑，增强消费者对商品的信任感。对追求工艺的商品来说，此模块显得尤为重要，如工艺品等，如图 4-46 所示。

> **注意：**
>
> 生产流程模块展示的生产流程通常是消费者存在疑虑的部分，无须对每个流程都进行细致的讲解。另外，由于主图视频的普及，工艺品等商品的生产流程也常放在短视频中展示。

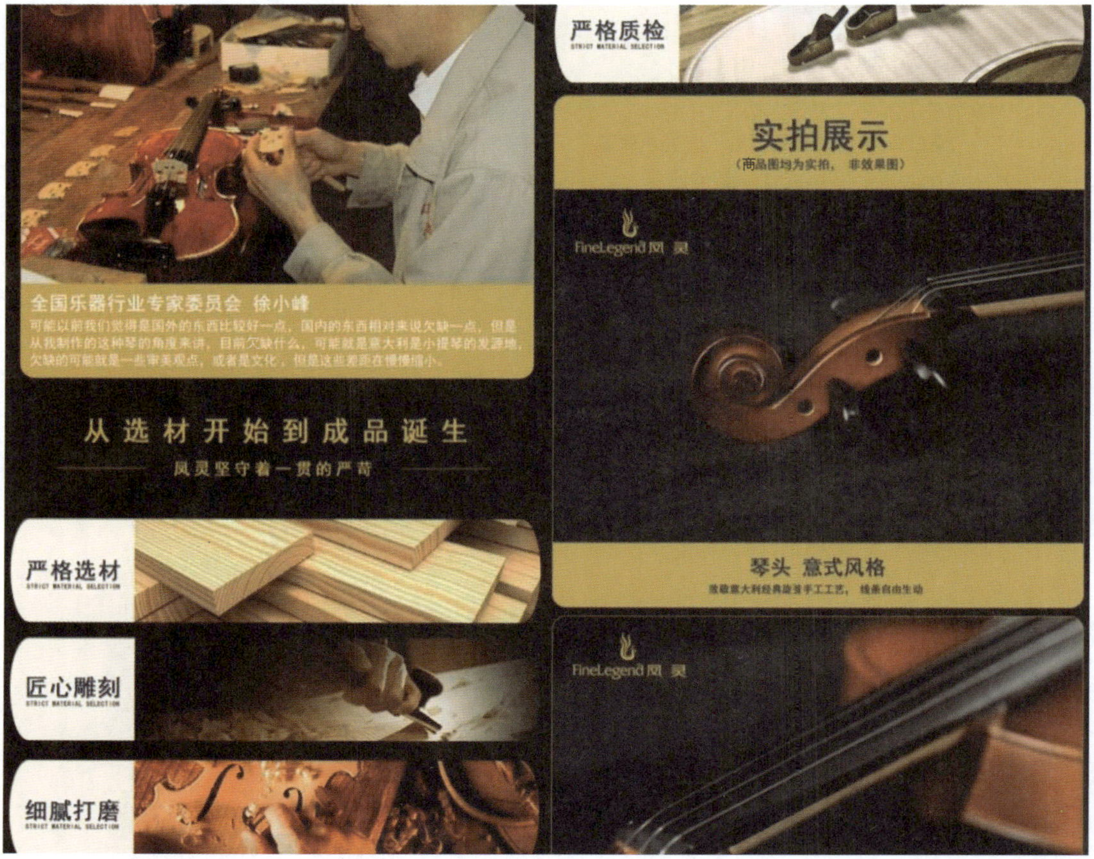

图 4-46　生产流程

13. 包装展示

如今，消费者不仅考虑商品本身的功能、性价比，还会考虑商品的包装。精美的包装有助于展示商品的价值，对促进消费者的购买有非常重要的作用。

包装展示的内容有商品的外包装（见图 4-47）、物流的外包装（见图 4-48）等。

14. 资质证书

资质证书模块一般展示与商品相关的认证证书，通过权威的资质证书来展示商品的专业性，消除消费者的疑虑，提升消费者的购买欲望，促进订单的成交。

通常所说的资质证书包括营业执照、品牌销售授权书（见图 4-49）、认证证书、质检报告（见图 4-50）、海关报关单（见图 4-51）、进货发票等。

图 4-47　商品的外包装

图 4-48　物流的外包装

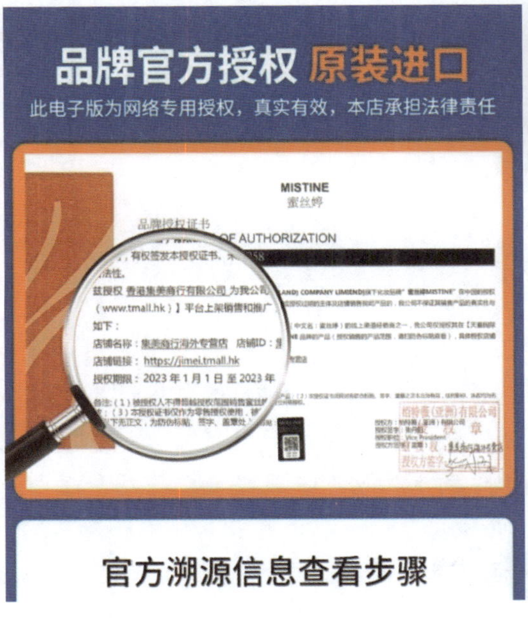

图 4-49　品牌销售授权书

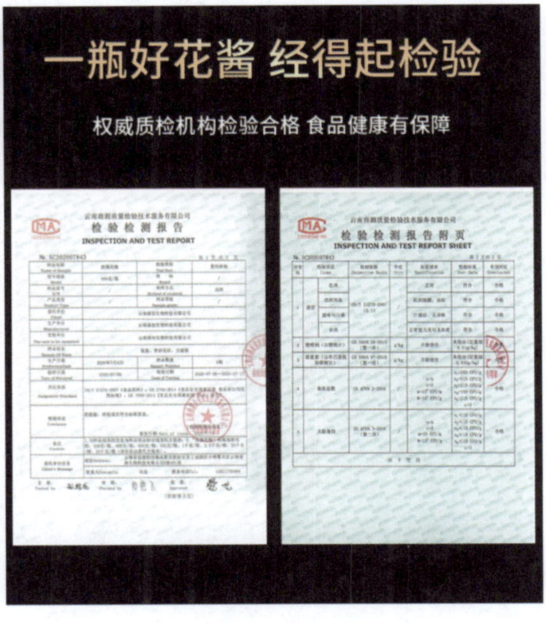

图 4-50　质检报告

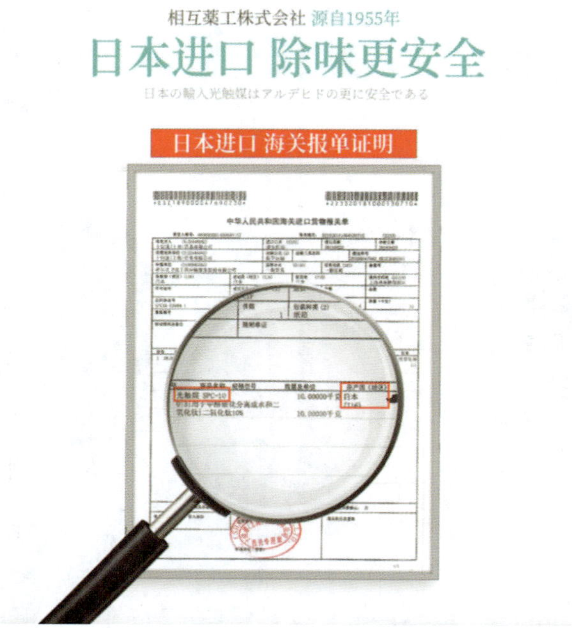

图 4-51　海关报关单

15. 问与答

在碎片化的时间下，消费者缺乏耐心去等待客服的回复，这会导致两种结果：① 消费者觉得合适，自行浏览商品并默默购买；② 消费者没看明白，默默离开。

对于商品的常见问题，以问与答的形式呈现出来，不仅可以减少客服的工作量，还能提升消费者的购物时效，消除消费者的疑虑。

客服可以收集近 1 ～ 3 个月聊天记录中被频繁问及的问题，并以相关问题与答复的方式呈现给消费者，如图 4-52 所示。

16. 关联销售

在竞争激烈的环境下，流量的获取成本越来越高，导致进店流量的价值也在无形中变得越来越大。同一个进店流量，客单价越高，其贡献就越大。通过关联其他商品，让消费者有更多选择，可以有效降低跳失率、提升客单价，如图 4-53 所示。

在做关联销售时，商家要注意以下两点。

（1）合理安排关联销售模块的位置：① 对于跳失率高的详情页，应将关联销售模块放在顶部；② 对于转化率高的详情页，应将关联销售模块放在底部；③ 与焦点商品相搭配、辅助的关联商品，可以放在详情页的中间位置，如图 4-54 所示。

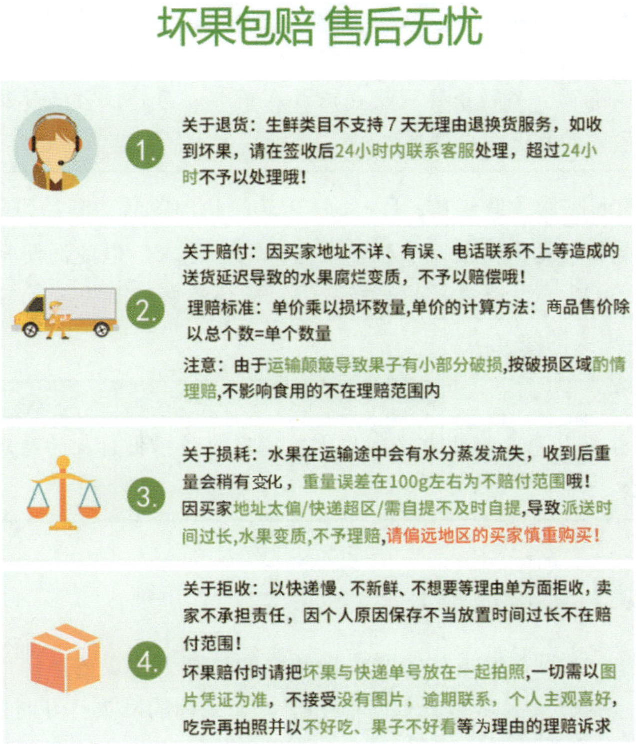

图 4-52　问与答

图 4-53　详情页中较常见的关联销售 1

图 4-54　详情页中较常见的关联销售 2

注意：

关联销售模块具体放在哪个位置，还要考虑运营策略和规划，如在店铺做活动的时候，即使是热销商品的详情页，关联销售模块也应放在顶部。另外，当流量及其特征改变时，关联销售模块的位置也需要做出相应调整。

（2）选择合适的商品做关联销售：① 关联活动商品，以活动商品引导消费者点击并促使成交；② 关联可搭配和辅助的商品，引出消费者的潜在需求，以便促使其购买；③ 关联同价位不同款式的商品，可以扩大消费者的选择范围，避免消费者跳失；④ 关联店铺主推商品，可以让主推商品获得更大的曝光量。

注意：

以上 16 个模块，并非每个模块都必须用上，商家应该根据自身的特点和商品的需要挑选合适的模块进行组合。

4.2.7 详情页切片上传流程

许多研究都表明，访问者最满意的网页打开时间是在 2 秒以内，访问者能够忍受的最长等待时间则为 8 秒。也就是说，8 秒是一个临界值，如果你的网页打开时间在 8 秒以上，那么很可能大部分访问者会离你而去。研究显示，如果等待 12 秒以上，网页还是没有打开，那么 99% 的访问者会关闭这个网页，不再等待。

例如，针对某网店的详情页，美工在做好图片后，以整张图片（2.6MB）上传发布，打开网页需要 1 分钟，但在切片后，每张图片的大小都在 120KB 以下，只需 2 秒就打开网页了，如图 4-55 所示。可见，除了网速因素，图片的大小也是影响网页打开时间的主要因素。网页打开时间短，跳失率自然会降低。

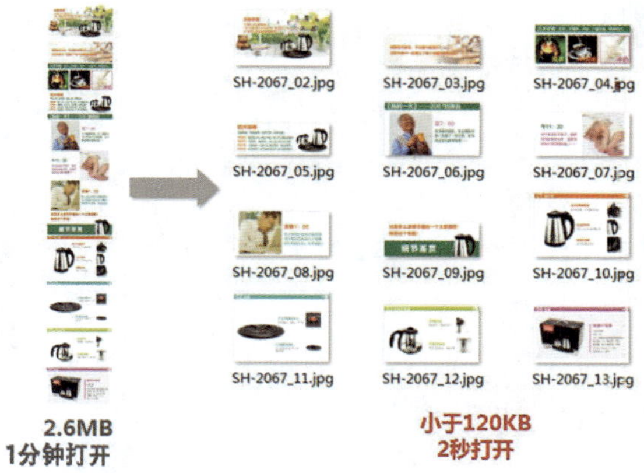

图 4-55 切片前后网页打开时间的对比

现在我们来认识一下切片。打开 Photoshop，在工具箱的裁剪工具中可以找到“切片工具”，如图 4-56 所示。切换“切片工具”和“切片选择工具”的组合键是 Shift+C。

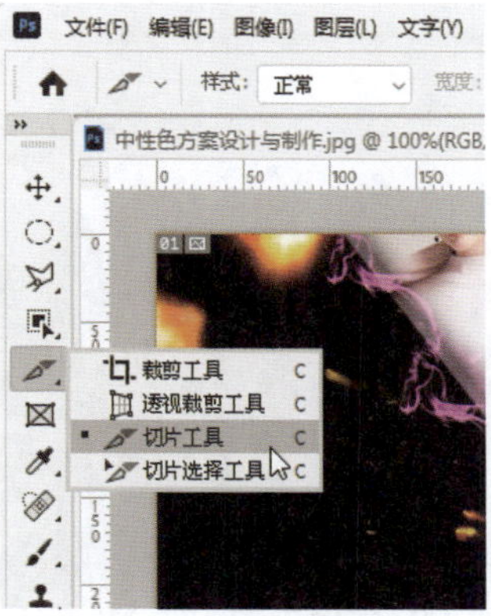

图 4-56 切片工具

1. 第一种切片方法

（1）打开一张需要切片的素材图片，选择“切片工具”，如图 4-57 所示。

图 4-57 选择“切片工具”

（2）右击图片，在弹出的快捷菜单中选择“划分切片”命令，如图 4-58 所示。

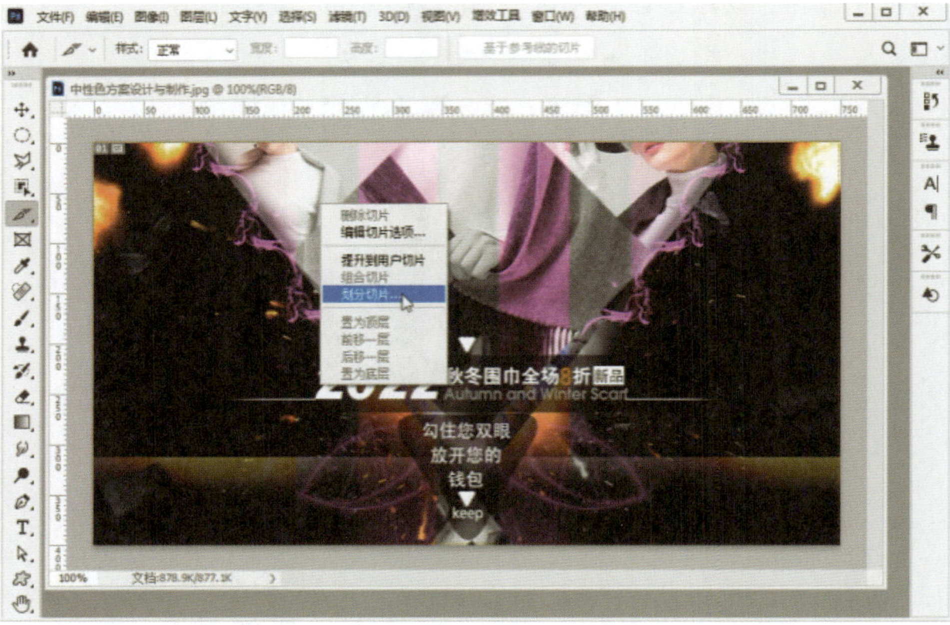

图 4-58　选择“划分切片”命令

（3）根据图片布局，设置划分的行列数，如图 4-59 所示。

图 4-59　设置划分的行列数

（4）编号为 07、08、09 的切片是一个整体，需要组合成一个切片，如图 4-60 所示。

图 4-60　组合切片第 1 步

（5）选择“切片选择工具”，或者按 Shift+C 组合键切换到“切片选择工具”，按住 Shift 键选中切片 07、08、09，如图 4-61 所示。

图 4-61　组合切片第 2 步

（6）在使用“切片选择工具”选中切片07、08、09后，右击图片，在弹出的快捷菜单中选择“组合切片”命令（见图4-62），切片07、08、09组合完成。

图4-62　组合切片第3步

（7）在划分好切片以后，有数字编号的蓝色方框为一个切片（见图4-63），导出后成为一个个独立的图片文件。

图4-63　组合切片第4步

（8）在完成切片后，将切片文件存储为 Web 所用格式。步骤：选择“文件→导出→存储为 Web 所用格式”命令（见图 4-64），或者按 Alt+Shift+Ctrl+S 组合键。

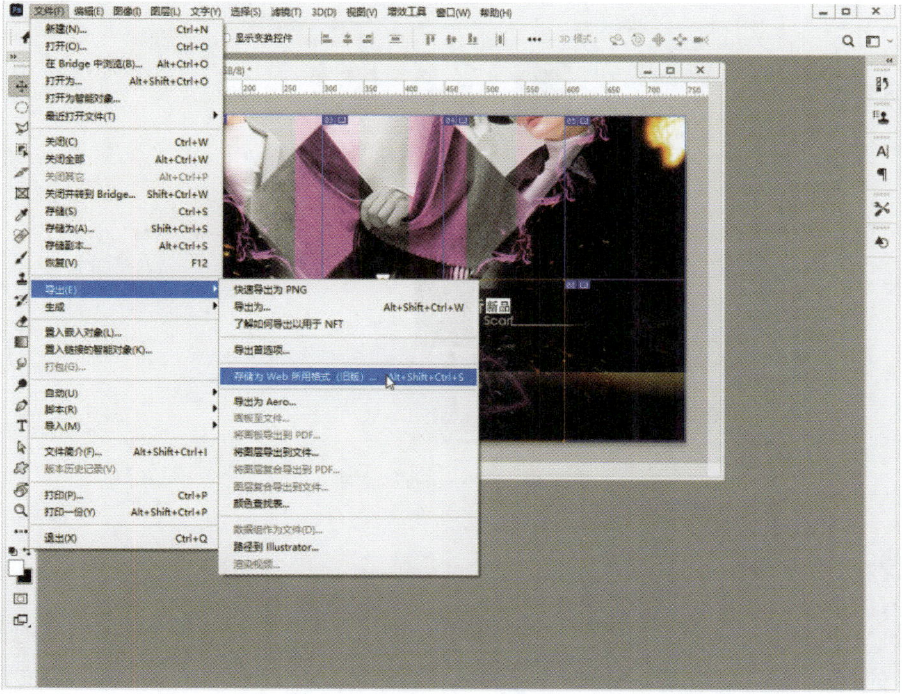

图 4-64 存储为 Web 所用格式

（9）选择保存位置，并按照图 4-65 进行参数设置，设置完成后单击“保存”按钮。

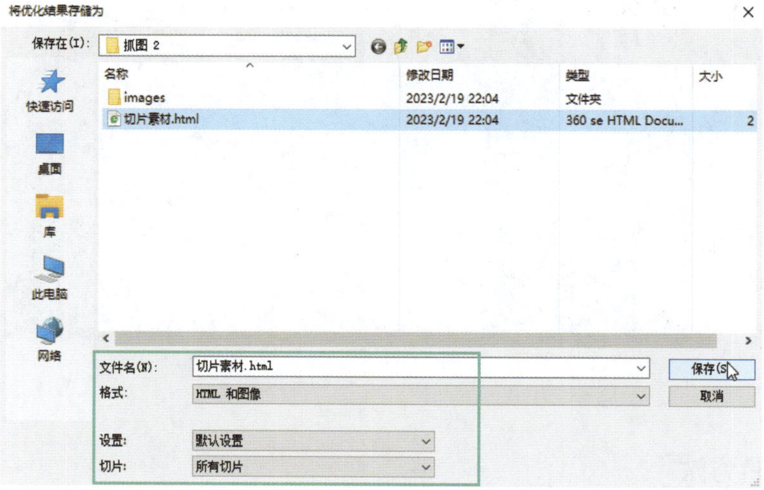

图 4-65 保存切片的参数设置

打开保存切片的“images”文件夹，就可以看到经过切片后的单独图片了，如图 4-66 所示。

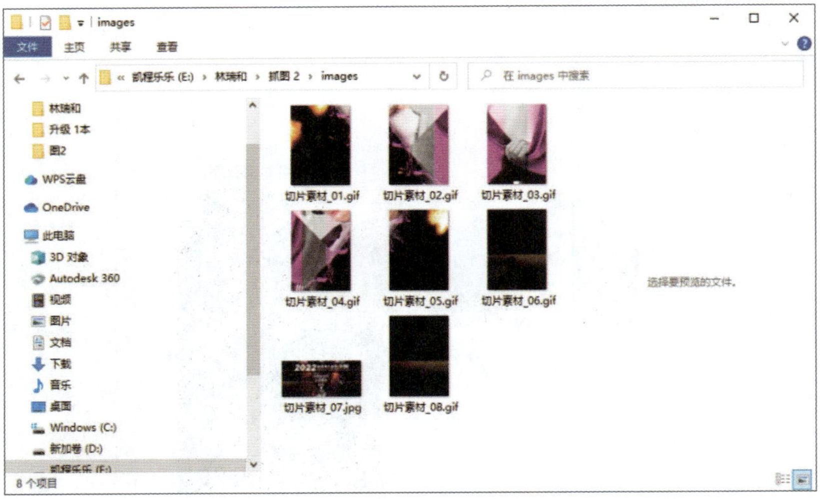

图 4-66 “images”文件夹

2. 第二种切片方法

这是一种常规切片方法。选择“切片工具”，用“切片工具”逐个框选出切片的范围。在框选切片的过程中要注意，不要使切片交叉或留有空隙。在完成切片后，将切片文件存储为 Web 所用格式，如图 4-67 所示。

图 4-67 常规切片

3. 第三种切片方法

这是一种基于参考线的切片方法，详情页一般适合用该方法来切片。对于布局规则的页面，可以使用参考线来切片，如图 4-68 所示。

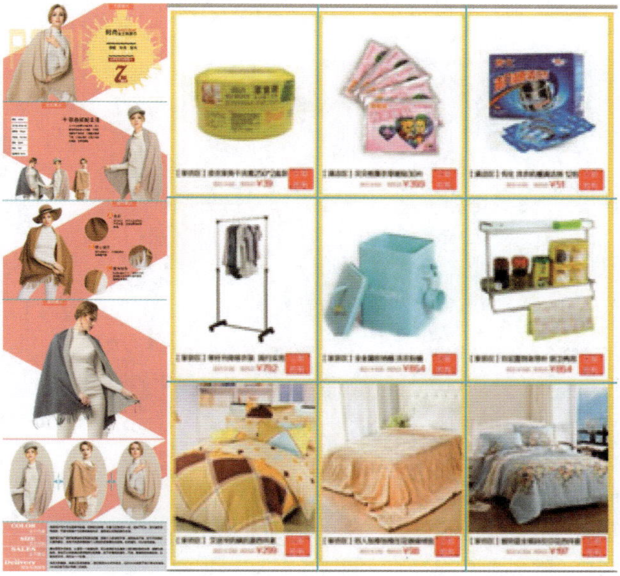

图 4-68　基于参考线的切片

（1）按 Ctrl+R 组合键打开标尺，在标尺上按住鼠标左键向下拖动出一条参考线，将参考线放在切片的位置，如图 4-69 所示。

图 4-69　使用标尺拉出参考线

（2）用参考线将切片分隔好，如图 4-70 所示。在设置参考线时，不要轻易将一个完整的图案切成上下两部分，但是当图案超过一屏时还是要切开。

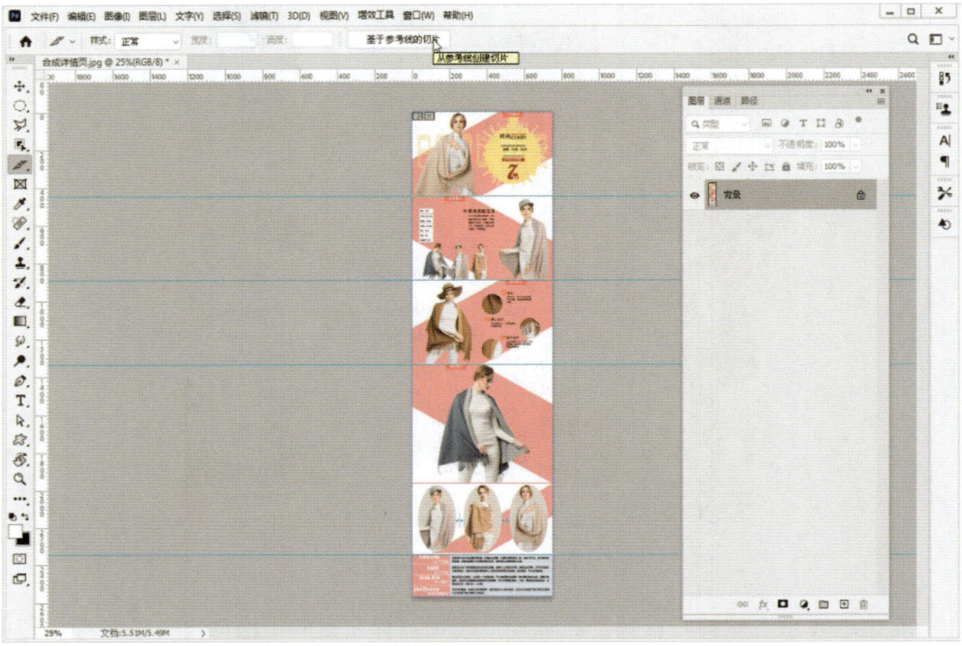

图 4-70 用参考线将切片分隔好

（3）单击“基于参考线的切片”按钮，完成切片设置及切片效果展示（见图 4-71）。

图 4-71 切片效果展示

4.2.8 店铺素材的使用

在做好切片后，就要先将其放置到店铺素材中，再应用到店铺页面中。店铺素材的使用方法如下。

（1）进入淘宝店铺的卖家中心，选择“店铺→店铺素材→我的素材”选项，进入素材中心，如图 4-72 所示。

图 4-72　进入素材中心

（2）设置图片分类，新建分类文件夹，如图 4-73 所示。

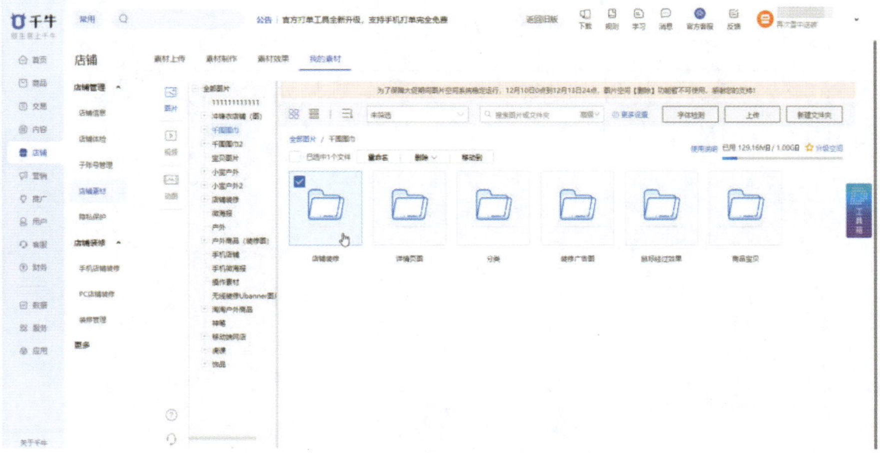

图 4-73　设置图片分类，新建分类文件夹

（3）打开存储图片的文件夹，单击“上传”按钮，打开“上传图片”对话框，上传图片，如图 4-74 所示。

图 4-74　上传图片

（4）选择上传目录并上传图片的缩略图，如图 4-75 所示，其中红框内的 3 个按钮的功能分别为复制图片、复制链接、复制代码。

图 4-75　选择上传目录并上传图片的缩略图

下面介绍将图片上传到页面的方法。

打开 Dreamweaver 软件，新建一个 HTML 文件，如图 4-76 所示。

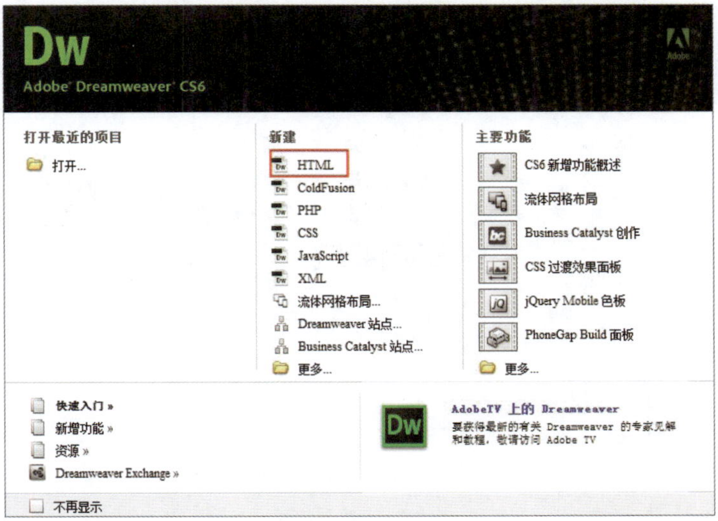

图 4-76　新建一个 HTML 文件

操作界面如图 4-77 所示，可以在红框中单击“代码”或“设计”按钮，切换为单纯的代码视图或设计视图。选择“插入→图像”命令，在“我的素材”中找到想要处理的图片，复制链接，如图 4-78 所示。

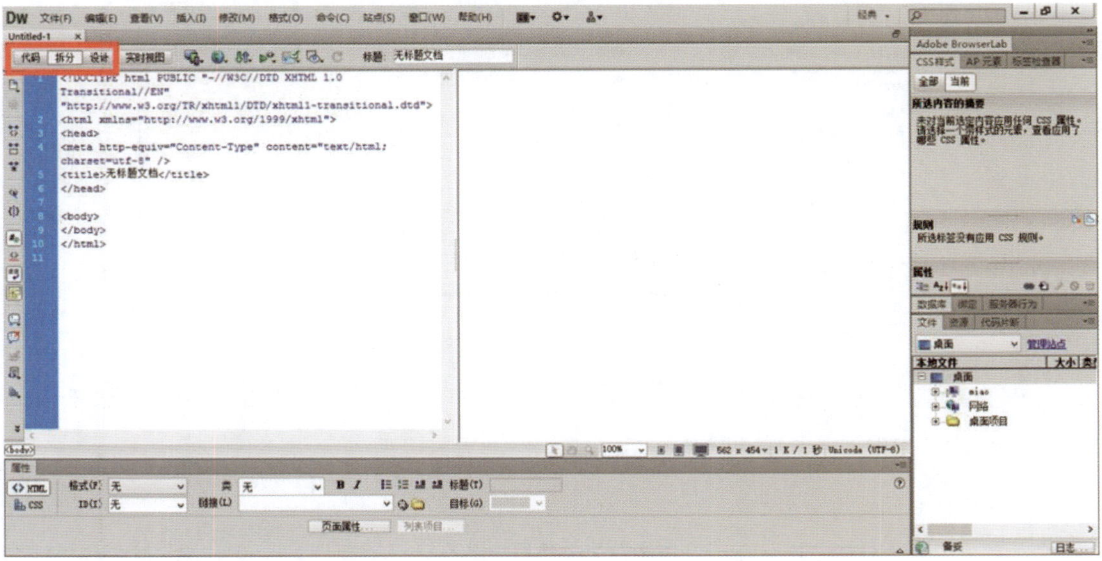

图 4-77　操作界面

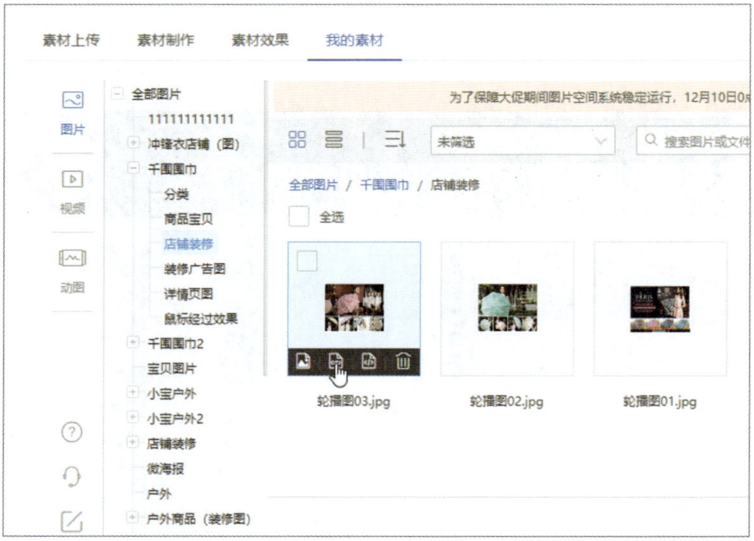

图 4-78 找到图片并复制链接

打开“图像源文件”对话框，在“URL”中选择刚刚复制的图片链接，单击“确定”按钮，如图 4-79 所示。

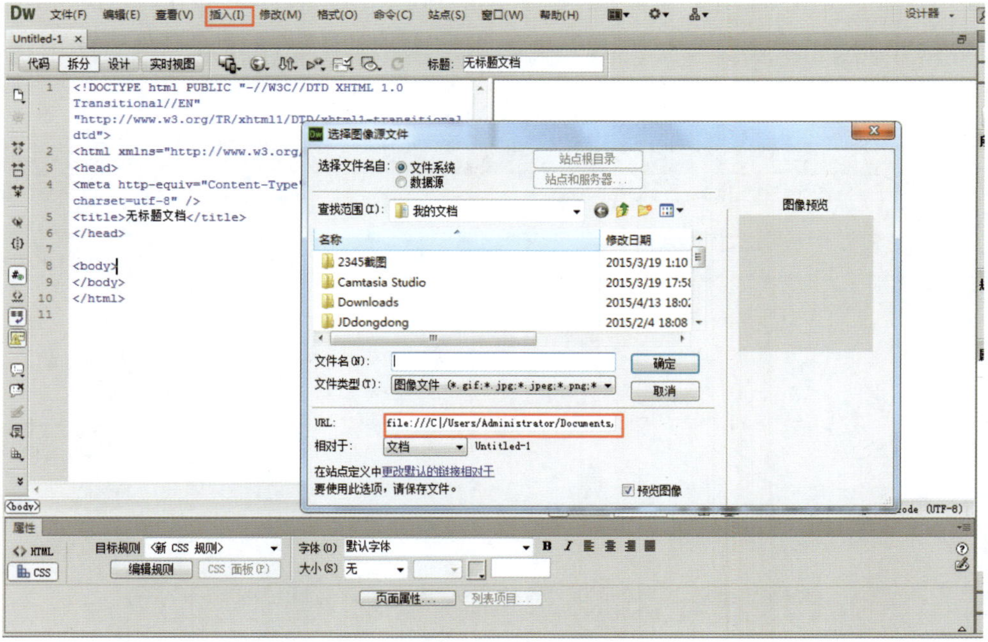

图 4-79 选择图像源文件

打开“图像标签辅助功能属性”对话框，单击“确定”按钮，如图 4-80 所示。

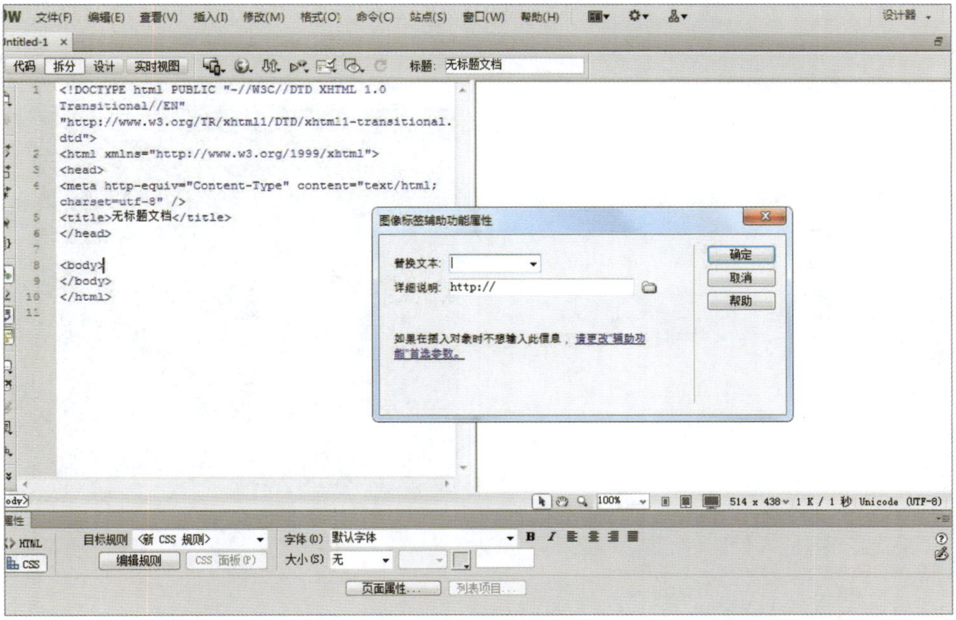

图 4-80　图像标签辅助功能属性设置

图片导入成功，如图 4-81 所示。

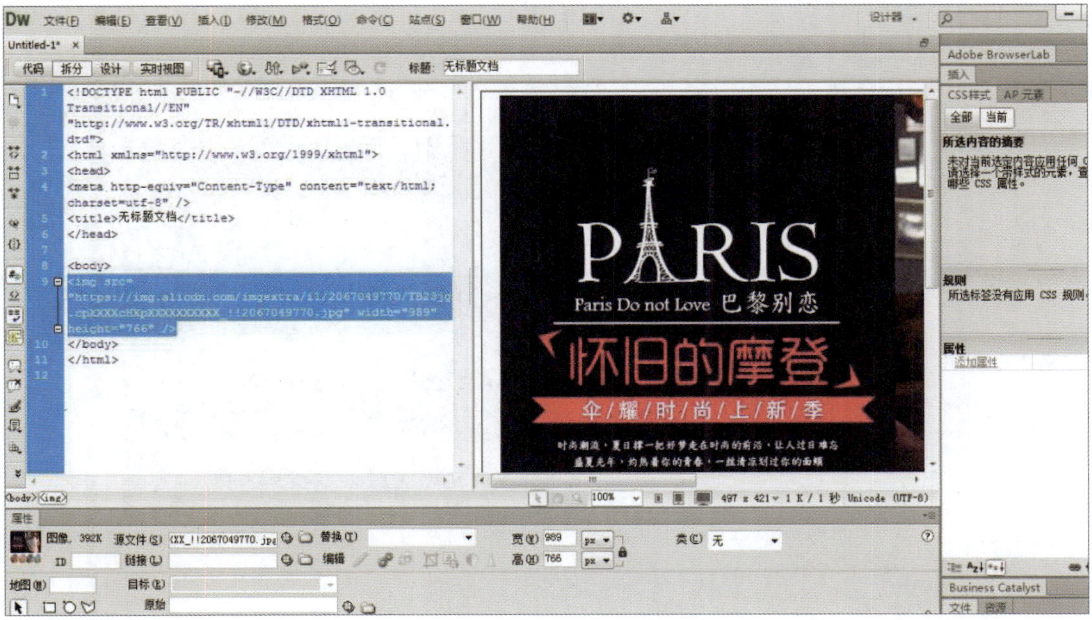

图 4-81　图片导入成功

给图片加入热点，画出所要添加的区域，如图 4-82 所示。

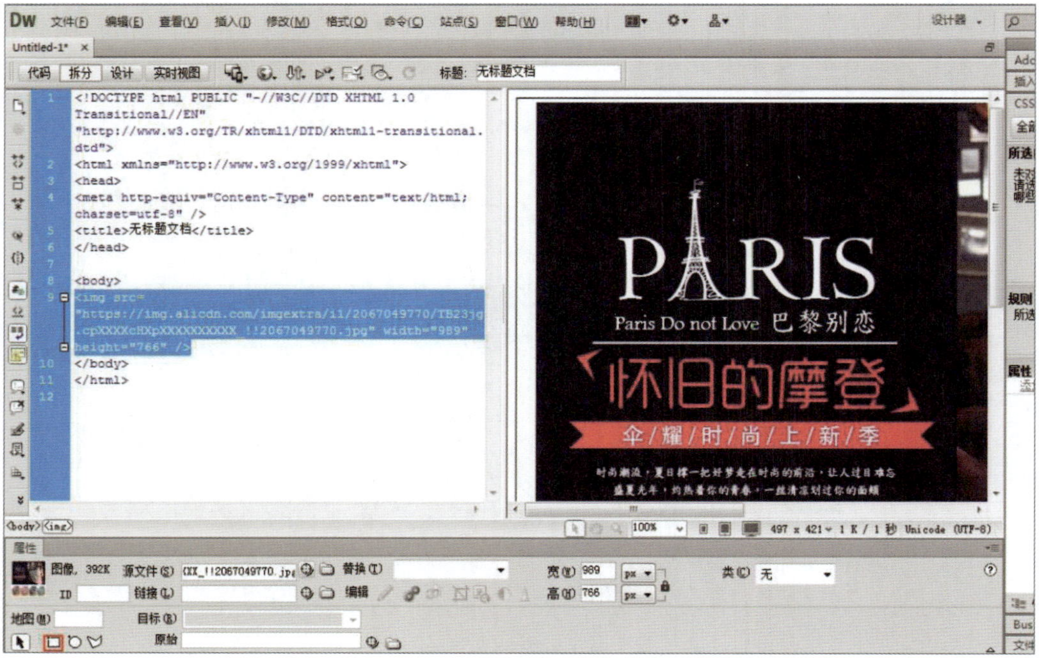

图 4-82　给图片加入热点

添加跳转的商品或页面链接，如图 4-83 所示。

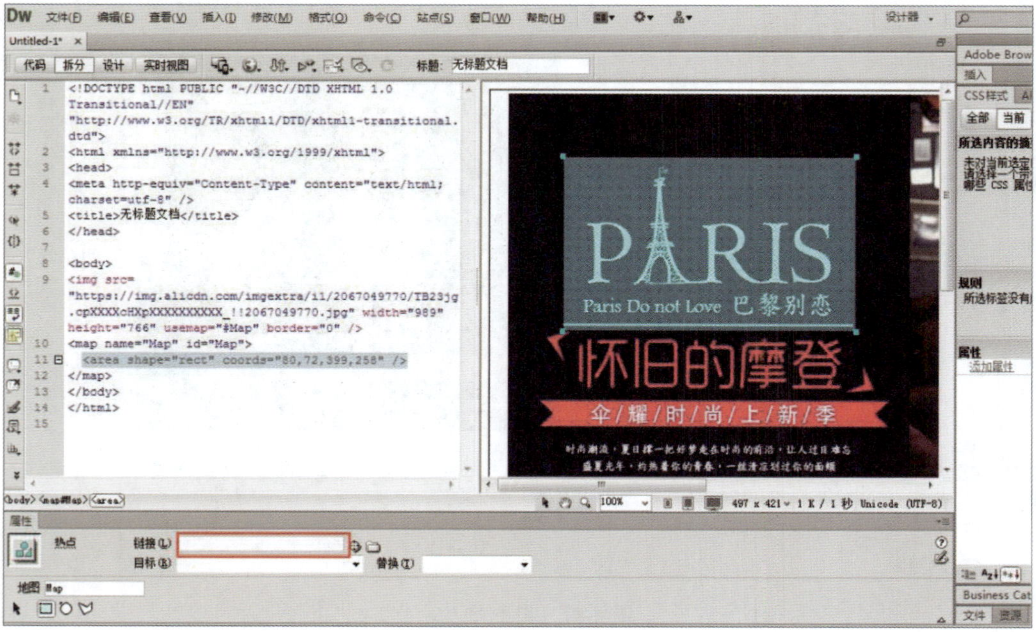

图 4-83　添加跳转的商品或页面链接

链接添加完成，如图 4-84 所示。

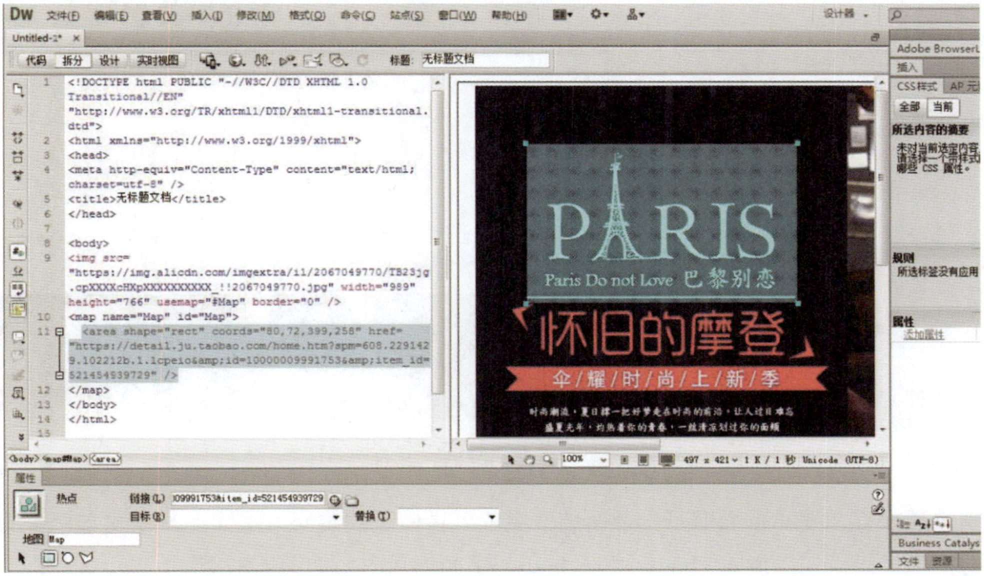

图 4-84 链接添加完成

复制 <body> 和 </body> 之间的代码，如图 4-85 所示。

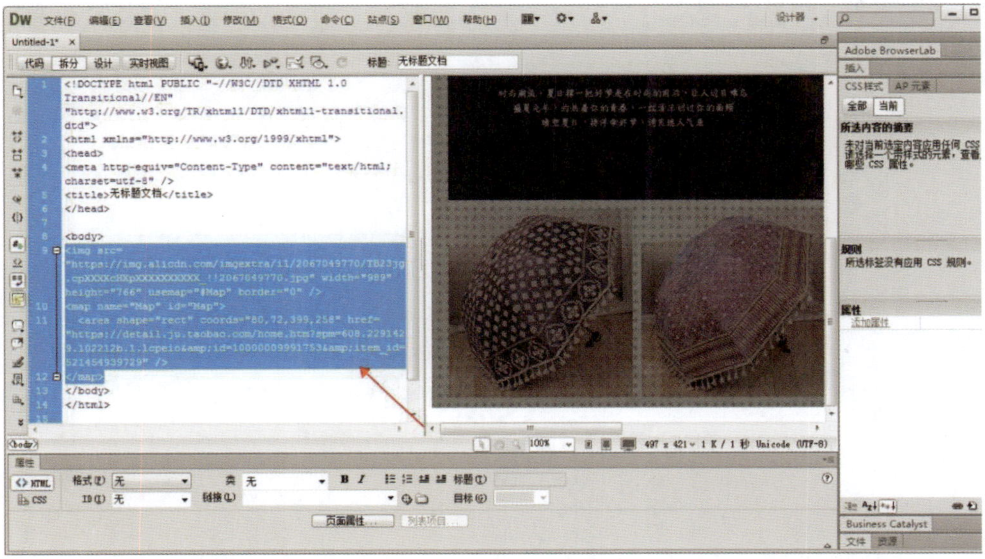

图 4-85 复制 <body> 和 </body> 之间的代码

从卖家中心进入店铺装修页面，添加自定义内容区，在打开的“自定义内容区”对话框中单击“源码”按钮，切换到代码模式，将代码粘贴到编辑器中，如图 4-86 所示。

图 4-86　将代码粘贴到编辑器中

确定后保存，发布页面即可，页面装修完成。详情页的装修方法同上，在发布后台的编辑器中切换到代码模式，加入 <body> 和 </body> 之间的代码，如图 4-87 所示。

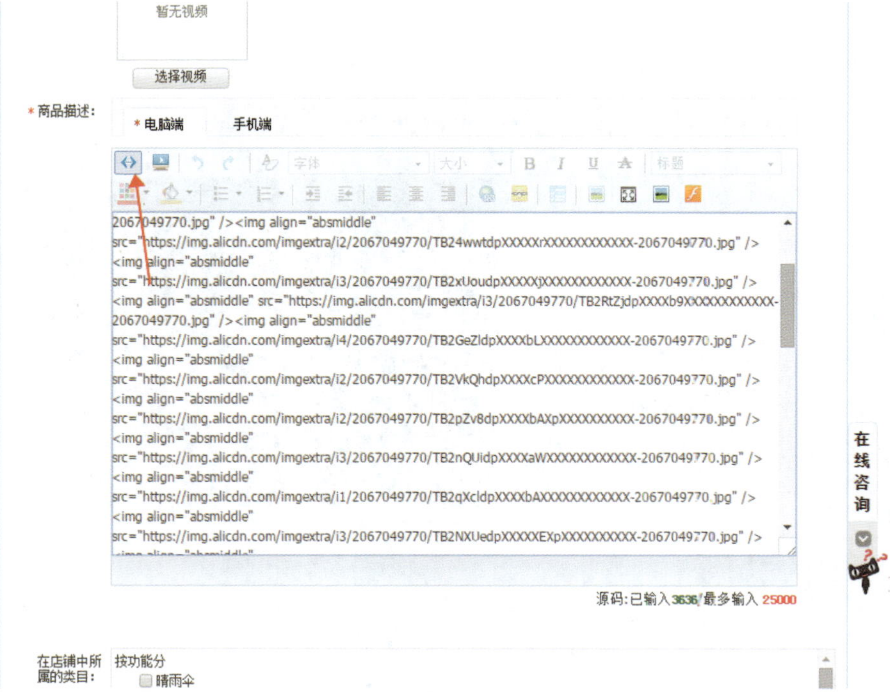

图 4-87　加入 <body> 和 </body> 之间的代码

在编辑完成后发布商品即可，详情页设计完成。

4.3 活动页设计

一个好的活动页能够扩大对网店及商品的宣传，从而提升店铺的销量。

4.3.1 活动页的作用

活动页在店铺中起着非常重要的作用，因为它所含的信息齐全，展示商品灵活、方便，而且能让消费者有良好的购物体验。活动页有很多种类型，如事件型、说明型、主题型、商品型、季节型、节日型等。不论哪种类型，都有其独特的作用，凡是能被消费者关注的，都会成为一个能吸引人的活动页。我们应针对活动页进行思维发散，并关注同行的页面设计效果，从而挖掘消费者的实际需求，同时达到自己的营销目的。

1. 案例分析

当商家想吸引更多的消费者时，就要用到不同的手法来设计不同的页面效果，让消费者有参与感，同时让消费者感觉很划算且机会难得。为了让消费者更加了解店铺的品牌背景，商家会添加品牌故事说明页；为了让消费者购物无忧，商家会添加购物说明页；为了让消费者了解如何使用商品，商家会添加商品使用说明页。总之，商家所做的一切都是以消费者的需求为出发点的，从而达到销售目的。活动页案例如图 4-88 所示。

图 4-88 活动页案例

图 4-88　活动页案例（续）

2．增大消费者的黏度

线下的各大商场或超市都能办理会员卡，正是为了让消费者频繁地光顾，还会用积分兑换小礼品的方法来促使消费者消费。这种营销方式同样可以在线上使用，凡是在店铺中消费过的消费者都可以成为VIP，消费金额决定积分，从而决定VIP等级，VIP等级越高，消费者可享受的福利越大；还可以用积分累计的方式促进消费者增大购买金额、提高购买频率。VIP页面中的各种利益和特权就是用来留住消费者的方法。

VIP页的设计要让消费者有存在感，感觉这是一个大家庭，自己是其中的一分子。VIP页的设计要突出消费者可以享受的福利，最好用喜庆的、对比度强的颜色。图4-89是新人礼VIP页，用红色的背景传递喜庆感，黄色象征着财富，红黄搭配是中国人最喜欢的颜色组合之一；这里的新人福利是80元优惠券礼包，数字比较诱人，而且设计了“注册领券”的红色按钮，在黄色区域中特别醒目，可以起到视觉引导的作用；使用简单、易操作的方法告诉消费者操作流程，用数字的方式引导消费者按指定的顺序操作，促使消费者成为领券的新人，以便增大消费黏度。当消费者成为店铺的会员后，可以用比非会员更低的价格购买同样的商品，自然会提高回购率，进而增大消费者对店铺的黏度。

图 4-89　新人礼 VIP 页

3．提高店铺的转化率

随着潮流的变化、季节的变化和消费者喜好的变化，店铺中的商品也在不断地变化。为了满足消费者的需求，店铺会增加很多新商品。为了让这些新商品获得更多消费者的关注，店铺会设计上新页。新商品的销量几乎为零，或者很低，所以要促使那些喜欢新商品的消费者马上购买，就需要用营销手段来提高购买率，如用名额有限的免单抢购法来吸引消费者，或用阶梯价格购买法来提高购买率，从而提高转化率。

上新页的设计一定要传递明确的日期信息，促使消费者珍惜购买时间；要突出上新的优惠力度，同时搭配使用店铺优惠券，提高单品的转化率。上新页如图 4-90 所示。

回购活动页利用活动价格的优势吸引消费者，促使其回购。商家要让消费者第二次购买相同商品时的价格低于第一次，在购买额度达到一定限额后时要给予其赠品，使其感觉很划算，促其购买，以便提高店铺的转化率。回购活动页如图 4-91 所示。

4．降低店铺的跳失率

正常经营的店铺每天都会有新的消费者光临，为了满足这些消费者的需求，并让其感到惊喜，店铺就要经常开展一些折扣活动，让其感觉机会难得，从而引导其尽快购买。例如，店铺周年庆活动、各大节日活动等都是利用短暂的时间激发消费者潜在的购买需求并促使其尽快购买的。周年庆活动页如图 4-92 所示，消费者每年只有这一次机会能得到 100 元的优惠券，并且数量有限，于是消费者会尝试着单击“点击领取”按钮来得到 100 元的优惠券，在得到 100

元的优惠券之后，会将其兑换成商品，这样可以有效提高转化率，同时降低店铺的跳失率。活动倒计时页如图 4-93 所示，通过活动倒计时使消费者产生一种活动马上就要结束的感觉，一旦活动结束，商品就会涨价，以此来促使消费者尽快购买；而优惠券可以让消费者认为自己在这时候购买会享受到很大的优惠，促使消费者领取优惠券并进行购买，从而降低店铺的跳失率。

图 4-90　上新页

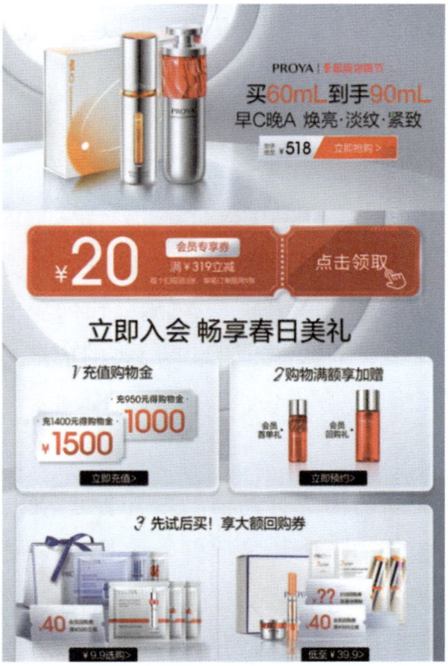

图 4-91　回购活动页

图 4-92　周年庆活动页

图 4-93　活动倒计时页

4.3.2 活动页设计的注意事项

活动页在店铺中起到宣传和推广品牌、发布营销商品、展示节日促销活动等信息的作用，一般以 Banner 加标题文案的方式来呈现。一个好的活动页非常重要，不仅可以吸引消费者的注意，还能让消费者有主动参与活动的兴趣，从而实现企业制定的目标。那么设计活动页的注意事项有哪些呢？下面我们从“不能”和“注重”两个方面进行讲解。

1. 不能

在设计活动页时，一定要围绕当前活动的主题来进行，切记不能将内容做得太过奢华而超出主题内容，也就是不能喧宾夺主，让消费者不知道哪些才是当前活动的主要内容；不能将内容做得太过杂乱，如将优惠券、打折券、会员优惠、满就送等内容全部都放置到一个区域，让消费者不知从何下手；千万不能使用平台禁用的违禁词，否则会影响流量和转化率，还会让消费者感到反感。

图 4-94 新品上市活动页

2. 注重

在设计活动页时，一定要规划好商品和文案内容，要让文案内容的逻辑符合当前活动的主题。活动页设计要注重信息表达，充分利用首屏布局核心信息（标题、参与入口、奖品展示）；找准页面核心任务并凸显核心操作，提供友好、简明的流程引导与提示；要根据大部分消费者的浏览习惯进行布局分布，如大部分消费者的浏览习惯是从左向右、从上向下地进行浏览，所以我们一定不要将顺序搞反；将活动的核心信息展示给消费者，核心信息一般包括活动的主题、时间、折扣及参与入口。活动页的好处就是很容易吸引消费者的注意力，若再配上购买按钮，则会有非常好的效果。新品上市活动页如图 4-94 所示。

4.3.3 活动页的布局

活动页的布局非常重要，直接影响店铺中活动商品的曝光率，涉及商品的展示位置、款式、价格等方面。活动商品的分类布局通常很清晰，按照从上向下浏览的顺序，通常有活动海报、主推款商品、爆款商品。图 4-95 为活动海报。图 4-96 为聚划算活动页，通过红色的优惠券来衔接商品分类及主推款商品。

图 4-95　活动海报

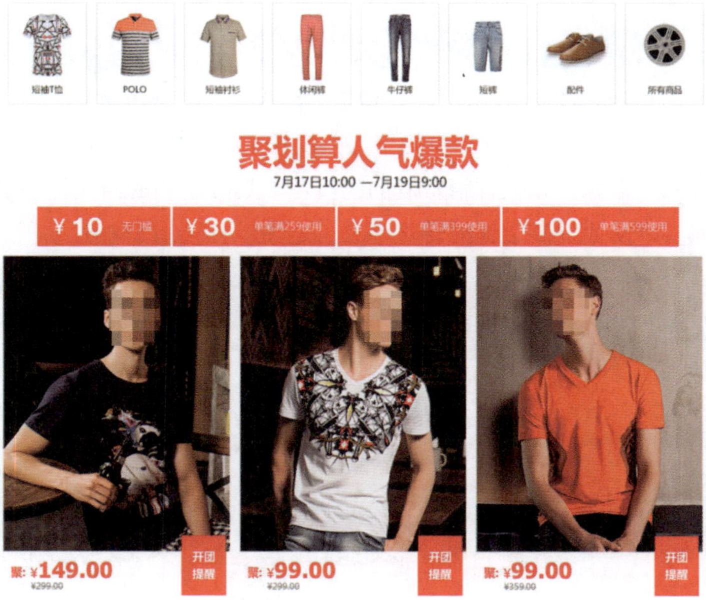

图 4-96　聚划算活动页

活动商品的布局如图 4-97 所示，因为当时的季节是夏季，短袖上衣和短裤都是热卖商品，所以第一排都是上衣，第二排都是短裤，这样便于消费者选择商品，还能展示出商品的穿着搭配效果。在此页面中，一排有 4 款商品，这是整个页面展示商品较多时使用的布局，若商品不多，则可以采用一排摆放两款或者 3 款商品的布局，这样可以保证活动页的长度不会太短。但活动页也不能过长，以免消费者失去耐心而跳失。

图 4-97　活动商品的布局

商品价格区间的布局如图 4-98 所示，该秒杀活动设计了几款 9 元的商品，作为“9 元秒杀专区”来吸引消费者准时开抢，在同一页面下方依次排放“五折包邮专区”和“超级返现专区”促使消费者购买商品。商家可以根据消费者的消费水平划分不同的商品价格区间，这样更加有利于促使消费者购买，从而提高店铺的转化率。

图 4-98　商品价格区间的布局

综上所述，无论是什么样的活动主题，活动页的布局都要考虑整体页面的视觉营销效果，要能给消费者带来很好的购物体验，还要注意商品在页面中的布局是否合理。

习题

一、选择题

1．商家将整个店铺布局成一个流量的循环，需要的 3 个页面是（　　）。

A．详情页　　B．首页

C．分类页　　D．承接页

2．首页设计的作用是（　　）。

A．传递品牌形象　　B．展示商品

C．引导分流　　D．配合营销活动

3．在采集与分析详情页的文案时，分析同行的重点在于（　　）。

A．闲来无事　　B．突出差异化优势

C．盗用他的图片　　D．照抄他的定价

4．将商品的细节描述放在（　　）中最为恰当。

A．首页　　B．分类页　　C．详情页　　D．专题页

二、填空题

1．淘宝店铺电脑端详情页的宽度是________。

2．商品的折扣优惠是以________和________吸引消费者的。

三、问答题

1．详情页的尺寸是多少？

2．活动页的作用有哪些？

第5章

店铺装修篇（手机端）

要想将自己的商品通过店铺卖出去，对自己的店铺进行装修就是势在必行的一件事。如今，店铺装修被分为手机端和电脑端两个方向，但是近年来，手机端的流量已经成为电商流量的主流，因此本章仅为大家讲解手机端店铺装修的详细内容。如果大家仍然对电脑端店铺装修感兴趣，可以参阅《网店美工（第 2 版）》。

手机端淘宝店铺装修本身就是设计作品的一种，除了需要考虑能表达内容主题的文字与图像，还需要考虑页面布局及配色的美观性，让手机端淘宝店铺能给消费者留下深刻的印象。

在对手机端淘宝店铺进行装修时，大家要对容器和模块进行详细的了解。

5.1　容器

“容器”中可以放置手机端淘宝店铺页面装修所需的图片、商品及视频等内容，主要包括“图文类”模块、“视频类”模块、“LiveCard”模块、“宝贝类”模块、“营销互动类”模块。

5.1.1　“图文类”模块

“容器”中的“图文类”模块可以起到美化页面、进行视觉营销的作用。“图文类”模块主要由以下几个模块组成：“轮播图海报”模块、“单图海报”模块、“猜你喜欢”模块、“店铺热搜”模块、“文字标题”模块、“多热区切图”模块、“淘宝群聊入口模块”模块、“人群海报”模块、“CRM 人群福利－店铺模块”模块等。

1. “轮播图海报”模块

手机端淘宝店铺的“轮播图海报”模块对图片的规格要求：宽度为 1200 像素，高度为 600 ～ 2000 像素，格式为 JPG/PNG，大小不超过 2MB。所有图片的尺寸需一致（均为第一张上传的图片的尺寸），若需修改展示图片的尺寸，则需将当前图片都删除。在手机端淘宝店铺中可以插入 20 张轮播图海报，具体方法如下。

（1）进入淘宝店铺的卖家中心，选择“店铺→店铺管理→手机店铺装修”选项，单击“装修页面”按钮，如图 5-1 所示。

（2）打开淘宝旺铺的页面装修编辑器，选择左侧的“容器”标签，展开“图文类”收缩框，将“轮播图海报”模块拖动到预览区中，此时会出现“轮播图海报”的框架，如图 5-2 所示。

（3）在右侧的“轮播图海报”模块的编辑区中设置“模块名称”为“轮播图”，在“上传图片”区域中单击“智能作图”按钮，如图 5-3 所示。

图 5-1 单击“装修页面”按钮

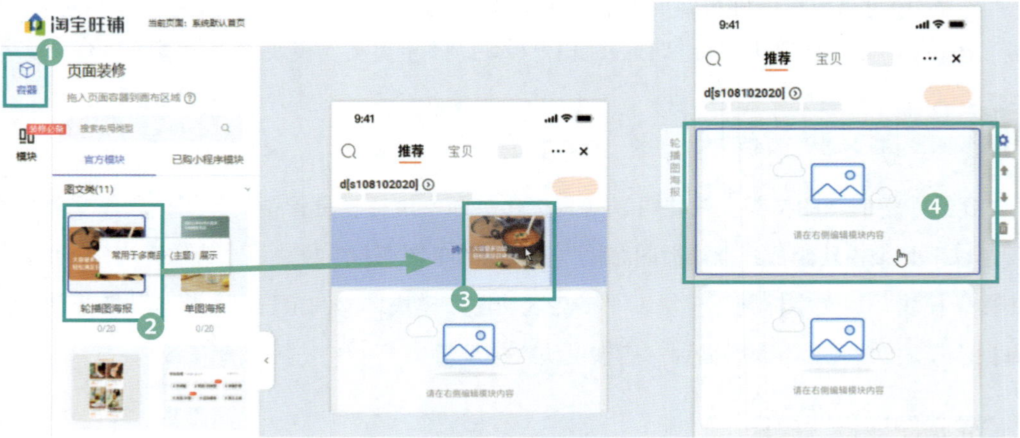

图 5-2 拖动“轮播图海报”模块

图 5-3 设置“模块名称”并单击“智能作图”按钮

（4）打开“海报图”对话框，单击“上传图片”按钮，如图 5-4 所示。

图 5-4　单击“上传图片”按钮

（5）单击“选择图片空间图片”，在打开的对话框中选择一张鞋的图片，单击“确认”按钮，如图 5-5 所示。

图 5-5　选择图片

（6）打开“海报图”对话框，单击“立即生成”按钮，如图 5-6 所示。

图 5-6　单击“立即生成”按钮

（7）在生成的图片中选择一张自己喜欢的，单击“保存”按钮，如图 5-7 所示。

图 5-7　选择并保存图片

（8）为选择的图片设置一个链接，如图 5-8 所示。

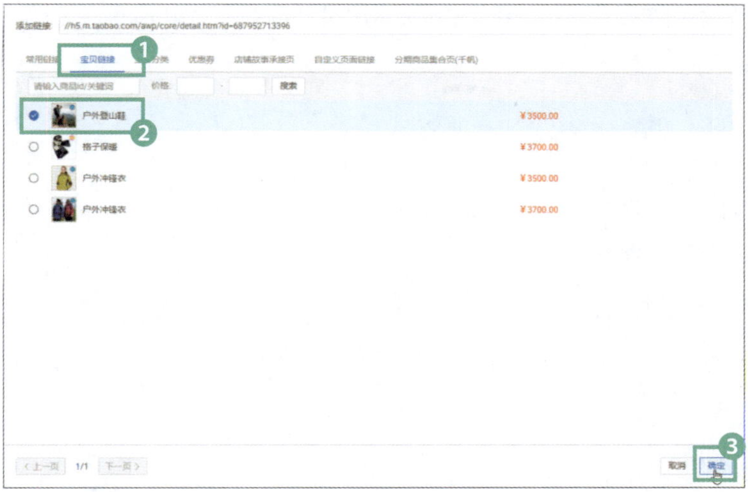

图 5-8　设置链接

提示：

在“轮播图海报”模块中为图片设置链接后，可以通过直接在“轮播图海报”模块中单击的方式快速跳转到该链接对应的位置。

（9）单击“确定”按钮后即完成链接的设置，单击“添加”按钮，为此模块再添加一个放置图片的位置，如图 5-9 所示。

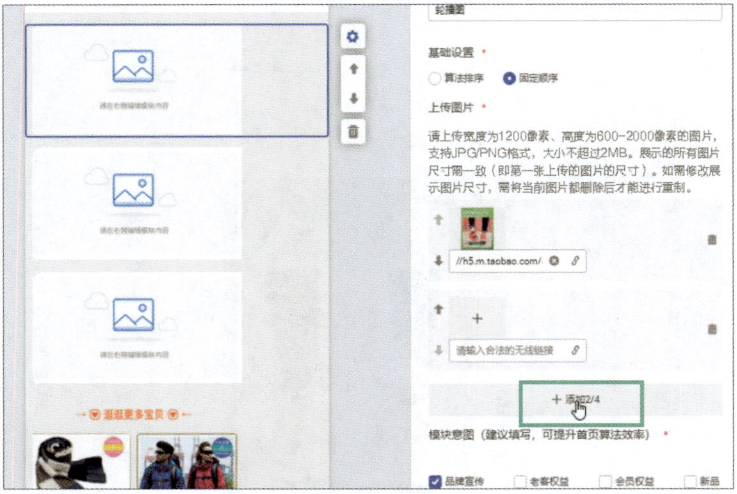

图 5-9　单击“添加”按钮

提示：

在一个“轮播图海报”模块中，最多可以放置 4 张图片。

（10）使用与添加第一张图片相同的方法添加另外两张图片并保存，如图 5-10 所示。

图 5-10　添加图片并保存

（11）轮播图海报的最终效果如图 5-11 所示。

图 5-11　轮播图海报的最终效果

2. “单图海报”模块

单图海报可以更好地展示商品本身，我们可以通过对“单图海报”模块中的图片进行相应的加工来进行引流。此模块中的图片可以是之前设计好的图片，也可以是通过“智能作图”方法快速得到的更加合适的图片。手机端淘宝店铺的“单图海报”模块对图片的规格要求：宽度为1200像素，高度为120～2000像素，格式为JPG/PNG，大小不超过2MB。在手机端淘宝店铺中可以插入20张单图海报，具体方法如下。

（1）打开淘宝旺铺的页面装修编辑器，选择左侧的“容器”标签，展开“图文类”收缩框，将“单图海报”模块拖动到预览区中，此时会出现“单图海报”的框架，如图5-12所示。

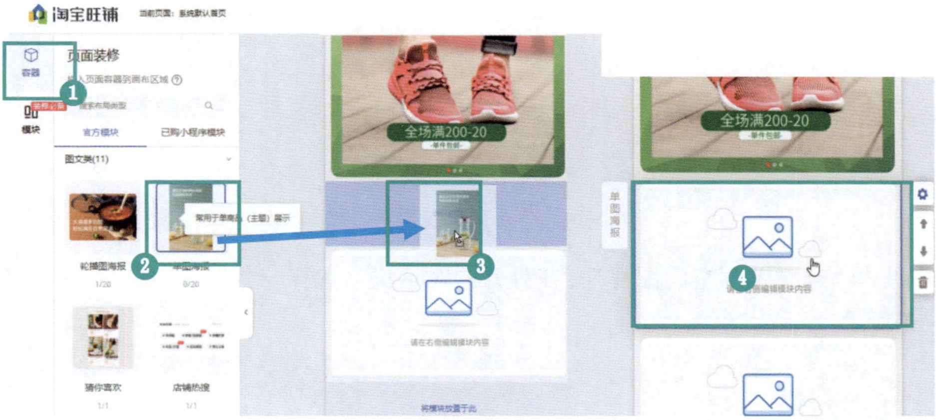

图5-12　拖动“单图海报”模块

（2）在右侧的“单图海报”模块的编辑区中设置“模块名称”为“单图海报”，在“上传图片”区域中单击“智能作图”按钮，如图5-13所示。

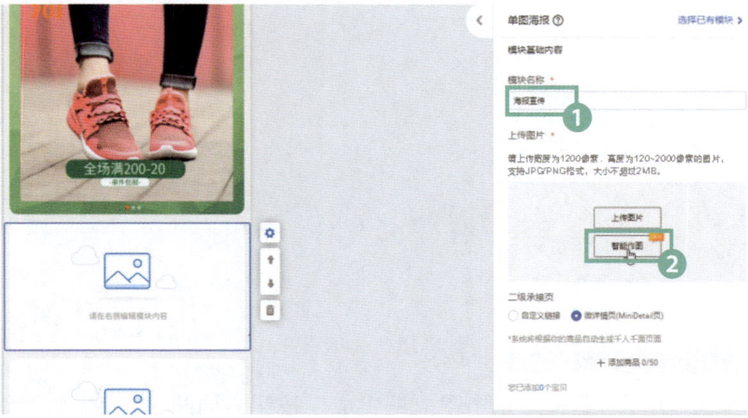

图5-13　设置“模块名称”并单击“智能作图”按钮

（3）打开“海报图”对话框，单击“上传图片”按钮，如图 5-14 所示。

图 5-14　单击“上传图片”按钮

（4）单击“选择图片空间图片”，在打开的对话框中选择一张图片，单击“确认”按钮，如图 5-15 所示。

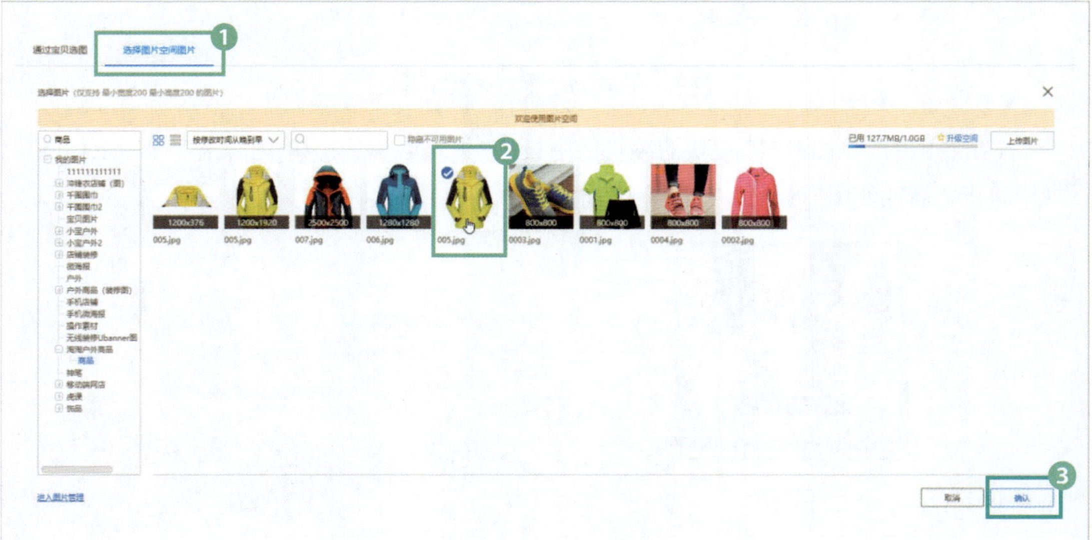

图 5-15　选择图片

（5）打开“海报图”对话框，单击“立即生成”按钮，如图 5-16 所示。

图 5-16　单击“立即生成”按钮

（6）在生成的图片中选择一张自己喜欢的，单击该图片下面的“编辑”按钮，进入编辑状态，对其进行进一步的编辑，如图 5-17 所示。

（7）单击“保存”按钮，完成智能作图，返回“单图海报”模块的编辑区。在“二级承接页”区域中选中“微详情页（MiniDetail 页）”单选按钮，如图 5-18 所示。

图 5-17　选择并编辑图片

图 5-17　选择并编辑图片（续）

图 5-18　选中“微详情页（Mini Detail 页）”单选按钮

（8）单击“添加商品”按钮，选择 4 款商品，如图 5-19 所示。

图 5-19　选择 4 款商品

（9）单击“确定”按钮，在“智能展现设置”区域中选中“职能分配”单选按钮，如图 5-20 所示。

图 5-20　选中“智能分配”单选按钮

（10）设置完毕后单击“保存”按钮，完成单图海报的制作，效果如图 5-21 所示。

图 5-21　单图海报的效果

3. “猜你喜欢”模块

“猜你喜欢”模块中可以展示商品，其中的商品由系统根据算法自动展示，商家无须编辑，具体的制作方法如下。

打开淘宝旺铺的页面装修编辑器，选择左侧的“容器”标签，展开“图文类”收缩框，将“猜你喜欢”模块拖动到预览区中，此时会出现“猜你喜欢”的框架；在右侧的“猜你喜欢”模块的编辑区中设置“模块名称”，单击“保存”按钮，完成“猜你喜欢”模块的制作，如图 5-22 所示。

4. “店铺热搜”模块

“店铺热搜”模块中展示了消费者搜索比较多的商品，可以更好地帮助消费者查找自己喜欢的商品。该功能可以让消费者更快地找到喜欢的商品，也能让官方更容易地抓取店铺中的关键词，从而提升商品的排名。该模块中的商品由系统根据算法自动展示，商家无须编辑，具体的制作方法如下。

打开淘宝旺铺的页面装修编辑器，选择左侧的“容器”标签，展开“图文类”收缩框，将“店铺热搜”模块拖动到预览区中，此时会出现“店铺热搜”的框架；在右侧的“店铺热搜”模块的编辑区中设置“模块名称”，单击“保存”按钮，完成“店铺热搜”模块的制作，如图 5-23 所示。

图 5-22　制作“猜你喜欢”模块

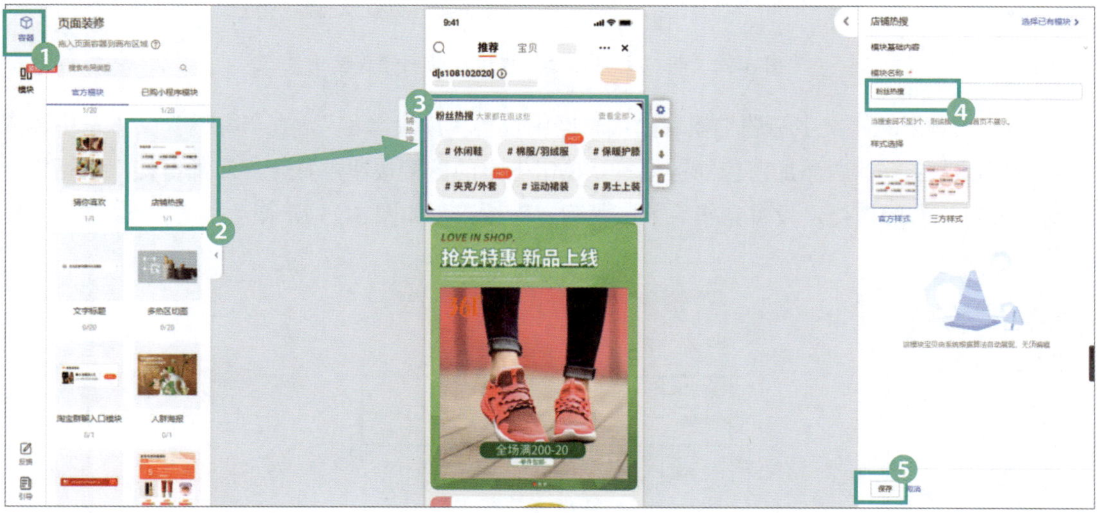

图 5-23　制作“店铺热搜”模块

5. “文字标题”模块

“文字标题”模块常用于悬挂店铺公告 / 活动说明，具体的制作方法如下。

（1）选择“图文类”收缩框中的“文字标题”模块，将其拖动到预览区中，如图 5-24 所示。

图 5-24　将“文字标题”模块拖动到预览区中

（2）在右侧的“文字标题”模块的编辑区中设置“模块名称”，在“标题”文本框中输入文字，可以为文字标题添加对应的链接——单击下方的链接按钮，打开“添加链接”对话框，在这里设置标题的链接，设置完毕后单击“确定”按钮，如图 5-25 所示。

图 5-25　输入文字并设置链接

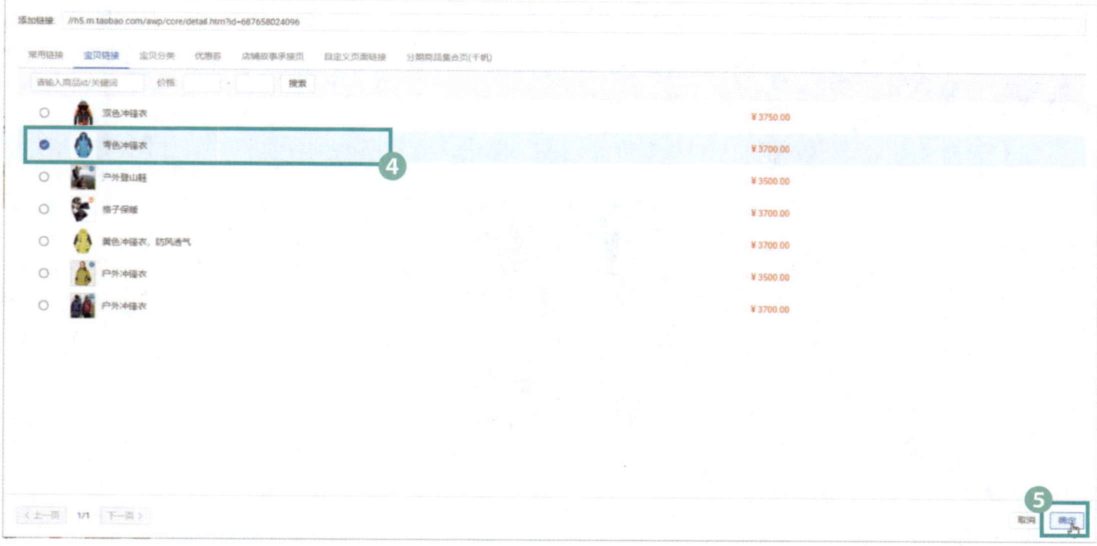

图 5-25　输入文字并设置链接（续）

（3）单击“保存”按钮，保存制作的“文字标题”模块，如图 5-26 所示。

图 5-26　保存制作的“文字标题”模块

6. “多热区切图”模块

在“多热区切图”模块中，可以在插入的同一张图片的任何区域添加链接，还可以通过“智能作图”的方式选择多张图片并将其都放置到此模块中分别添加链接。本节以插入一张图片添加多个链接作为讲解对象，图片的宽度为1200像素、高度为120～2000像素，可以是JPG/PNG格式，大小不超过2MB。具体的制作方法如下。

（1）选择“图文类”收缩框中的“多热区切图”模块，将其拖动到预览区中，如图5-27所示。

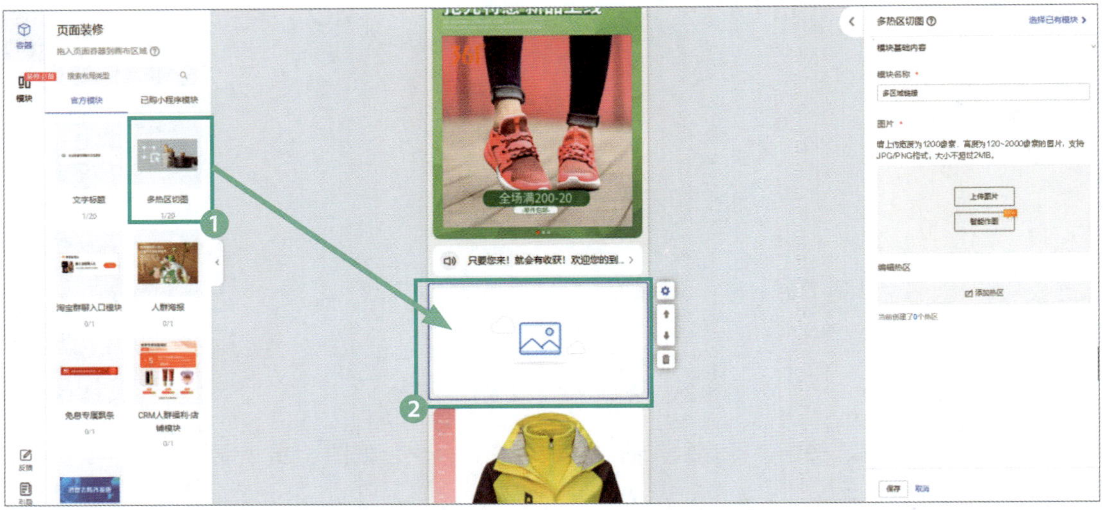

图5-27 将“多热区切图”模块拖动到预览区中

（2）在右侧的“多热区切图”模块的编辑区中单击“上传图片”按钮，打开“选择图片”对话框，选择需要的图片，如图5-28所示。

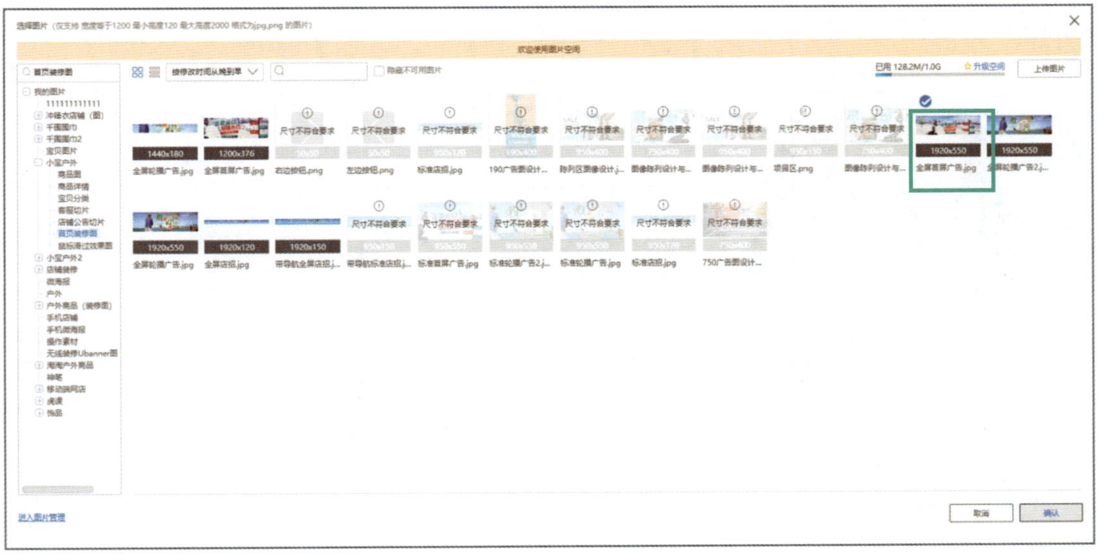

图5-28 选择需要的图片

（3）单击“确认”按钮，进入裁剪图片区域，调整裁剪框后单击“保存”按钮，如图 5-29 所示。

图 5-29　调整裁剪框

（4）单击“保存”按钮后完成图片的应用。在右侧的“多热区切图”模块的编辑区中单击“添加热区”按钮，打开“热区编辑器”对话框，在图片中直接拖动鼠标指针绘制热区，为其添加 4 个链接，如图 5-30 所示。

图 5-30　添加热区

图 5-30　添加热区（续）

提示：

可以直接通过拖动鼠标指针的方式添加热区，也可以在添加一个热区后，以复制、粘贴的方式来添加热区。

（5）单击链接按钮，打开“链接小工具”对话框，为热区添加链接，如图 5-31 所示。

图 5-31　为热区添加链接

（6）设置完毕后单击“确定”按钮，使用同样的方法为其他热区添加链接，如图 5-32 所示。

图 5-32　为其他热区添加链接

（7）设置完毕后单击“完成”按钮，单击“保存”按钮，完成“多热区切图”模块的制作，如图 5-33 所示。

图 5-33　完成“多热区切图”模块的制作

提示：

在制作“多热区切图”模块时，除了使用一张图片进行多链接的添加，还可以通过“智能作图”的方法添加多张图片和链接，如图 5-34 所示。

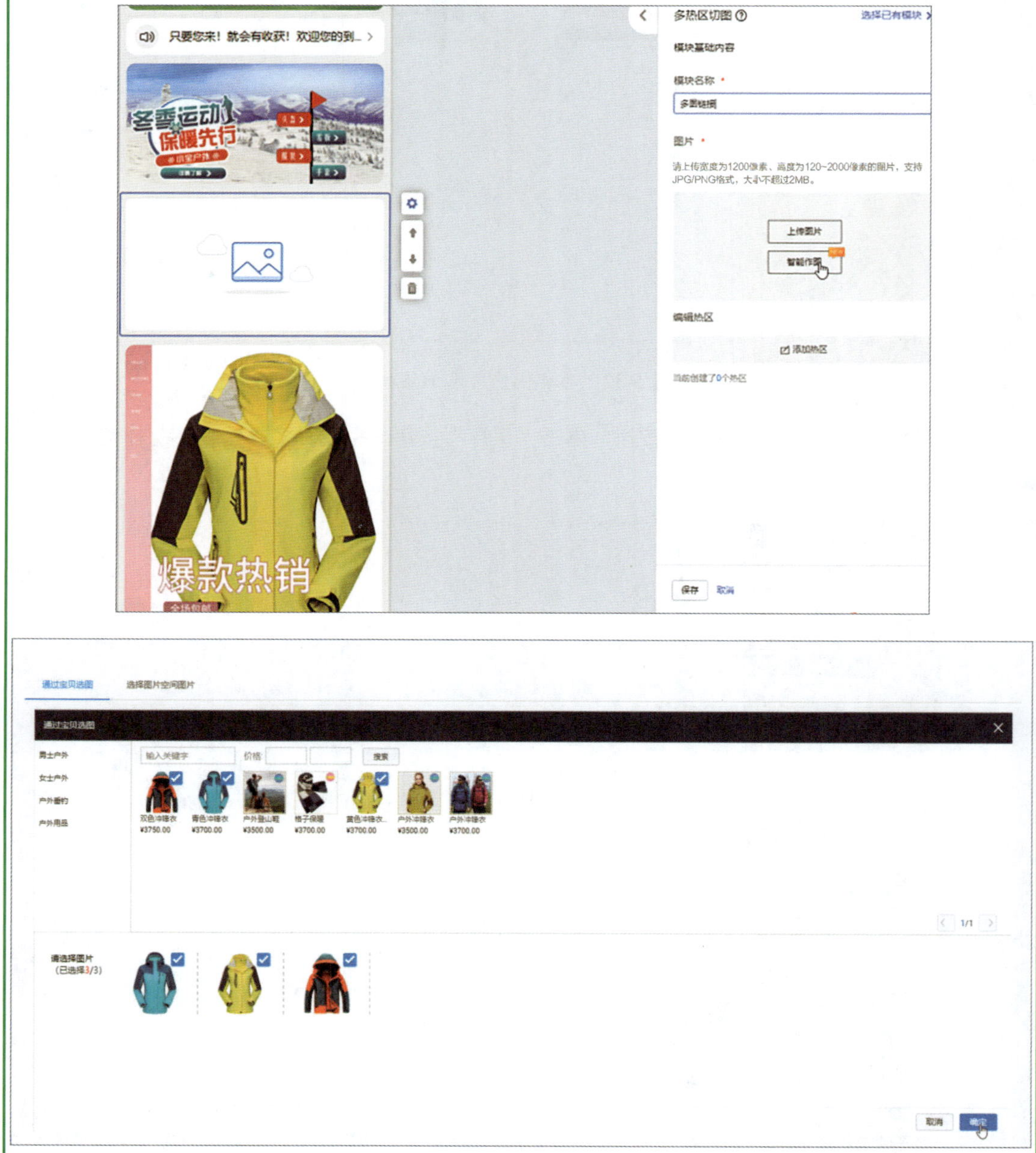

图 5-34　通过“智能作图”的方法添加多张图片和链接

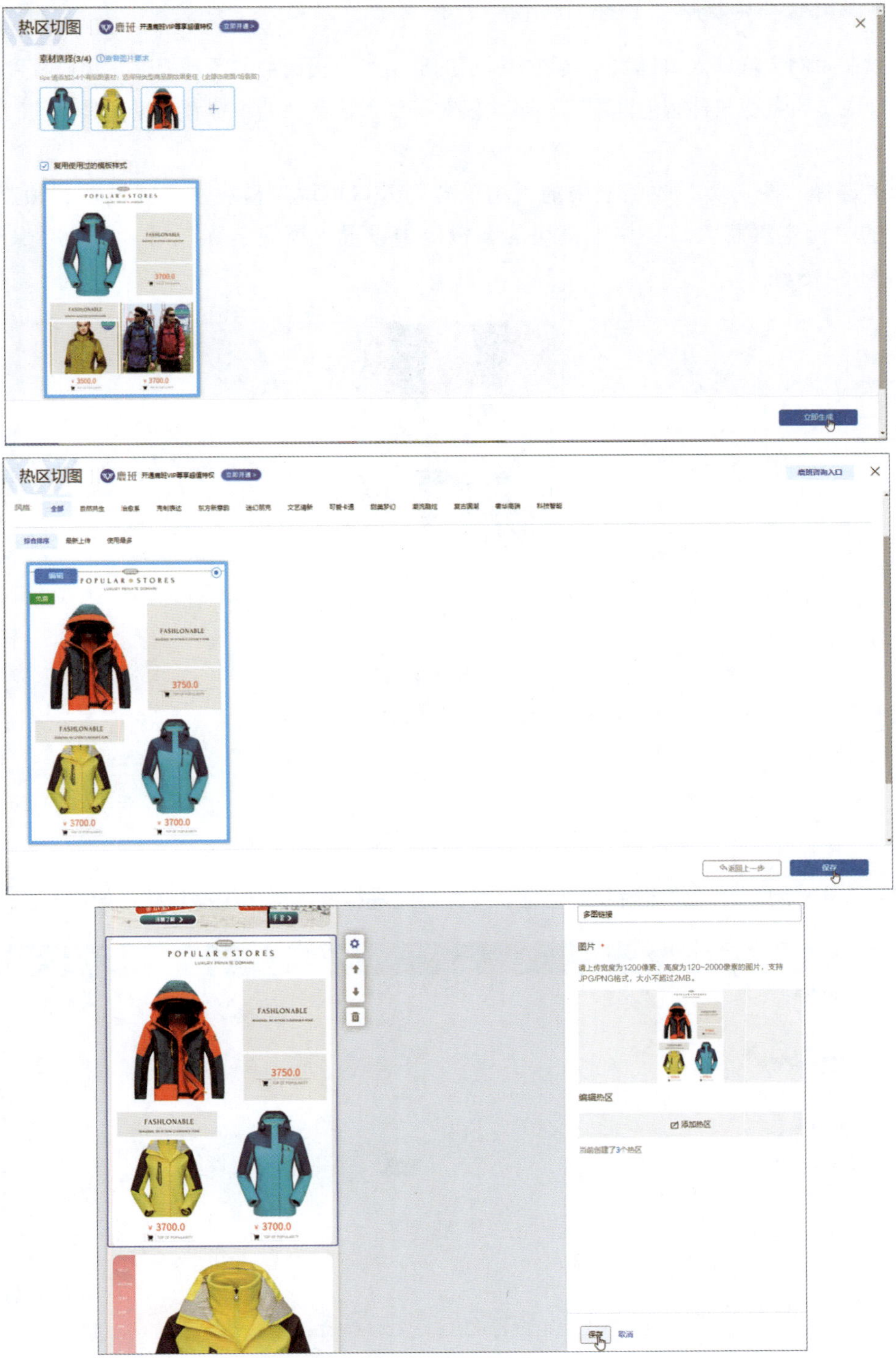

图 5-34　通过“智能作图”的方法添加多张图片和链接（续）

7. “淘宝群聊入口模块”模块

可以在“淘宝群聊入口模块”模块中展示的群由平台根据群的活动权益、优质程度、活跃程度、群成员质量等条件智能匹配。该模块仅对符合入群条件的消费者可见，具体的制作方法如下。

（1）选择“图文类”收缩框中的“淘宝群聊入口模块”模块，将其拖动到预览区中，在右侧的“淘宝群聊入口模块”模块的编辑区中设置“模块名称”后，单击“保存”按钮，如图 5-35 所示。

图 5-35 添加并编辑“淘宝群聊入口模块”模块

（2）打开“淘宝群运营平台”对话框，可以在此进行关于群的一些设置，如图 5-36 所示。

图 5-36 “淘宝群运营平台”对话框

（3）单击“创建新群组”按钮，单击“直播群”下面的“立即创建”按钮，根据提示完成新群组的创建，如图 5-37 所示。

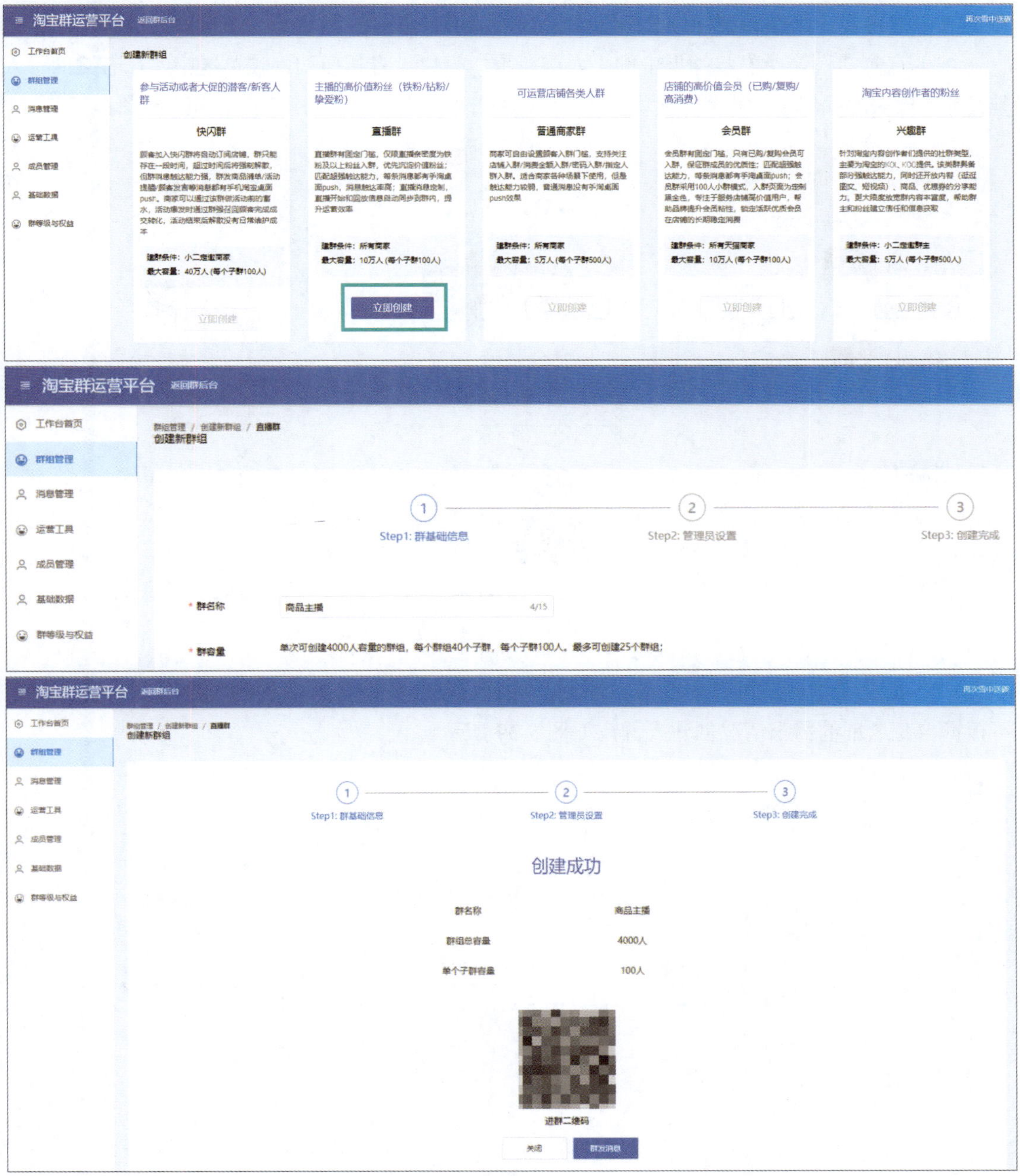

图 5-37　创建新群组

8. “人群海报”模块

在“人群海报”模块中，我们可以根据设置的内容将其展现给特定人群，其他人群看不到该模块中的内容。具体的制作方法如下。

（1）选择“图文类”收缩框中的“人群海报”模块，将其拖动到预览区中，在右侧的“人群海报”模块的编辑区中设置“模块名称”后，单击“创建更多定向策略”按钮，如图 5-38 所示。

图 5-38 添加并编辑“人群海报”模块

（2）在进入“用户运营中心”界面后，可直接新建策略，并会看到可选择的人群。商家可根据自身店铺的需求情况创建人群，如图 5-39 所示。

图 5-39 创建人群

（3）单击“立即保存人群”按钮，上传海报图片，如图 5-40 所示。

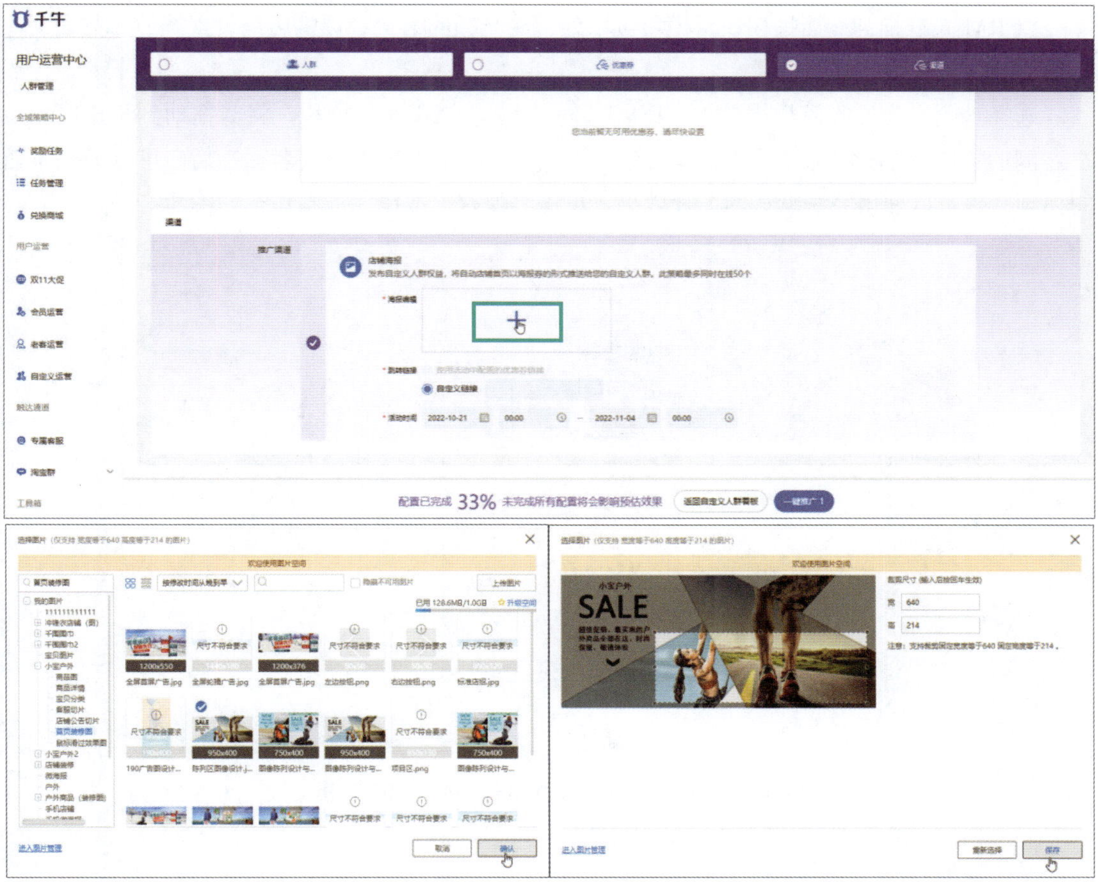

图 5-40 上传海报图片

（4）编辑完的海报如图 5-41 所示。单击“一键推广”按钮，完成操作。

图 5-41 编辑完的海报

9. “CRM 人群福利 - 店铺模块”模块

“CRM 人群福利 - 店铺模块”模块可以为首次光顾的消费者提供店铺设置好的一些福利，具体的制作方法如下。

选择“图文类”收缩框中的“CRM 人群福利 - 店铺模块”模块，将其拖动到预览区中，在右侧的“CRM 人群福利 - 店铺模块”模块的编辑区中设置“模块名称”后，可以添加本店的视频，也可以使用系统默认的图片效果，单击“保存”按钮完成制作，如图 5-42 所示。

图 5-42 制作“CRM 人群福利 - 店铺模块”模块

5.1.2 “视频类”模块

“视频类”模块只包含一个“单视频”模块。视频能更加生动和形象地描述商品及品牌背书、提升消费者的体验，是个不错的选择。商家需上传比例为 16 ∶ 9、3 ∶ 4、9 ∶ 16，清晰度为 720P 以上的视频，视频的建议时长为 10 秒～10 分钟。“单视频”模块的制作方法如下。

（1）进入淘宝店铺的卖家中心，选择“店铺→店铺管理→手机店铺装修”选项，单击“装修页面”按钮，如图 5-43 所示。

（2）打开淘宝旺铺的页面装修编辑器，选择左侧的“容器”标签，展开“视频类”收缩框，将“单视频”模块拖动到预览区中，此时会出现“单视频”的框架，如图 5-44 所示。

图 5-43 单击“装修页面”按钮

图 5-44 添加“单视频”模块

（3）在右侧的“单视图”模块的编辑区中设置“模块名称”为“视频展示”，在“上传视频尺寸”区域中选中“16 ：9”单选按钮，单击“添加视频”区域中的“选择视频”按钮，如图 5-45 所示。

（4）打开“选择视频”对话框，选择一个事先制作好的视频，单击“确认”按钮，如图 5-46 所示。

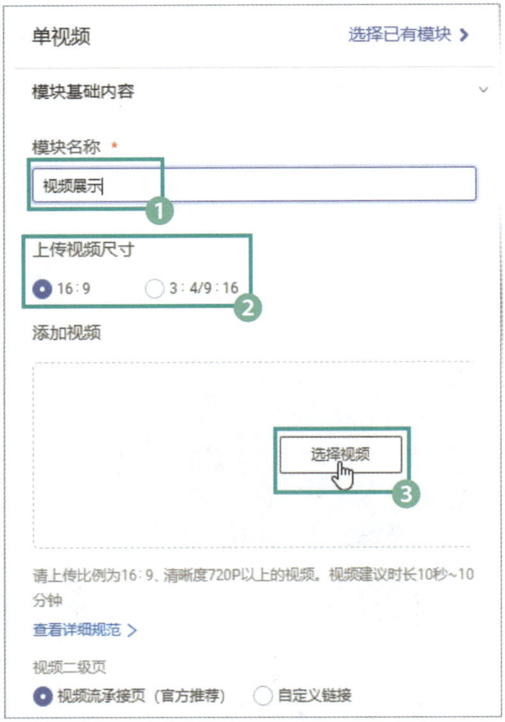

图 5-45 编辑“单视频”模块

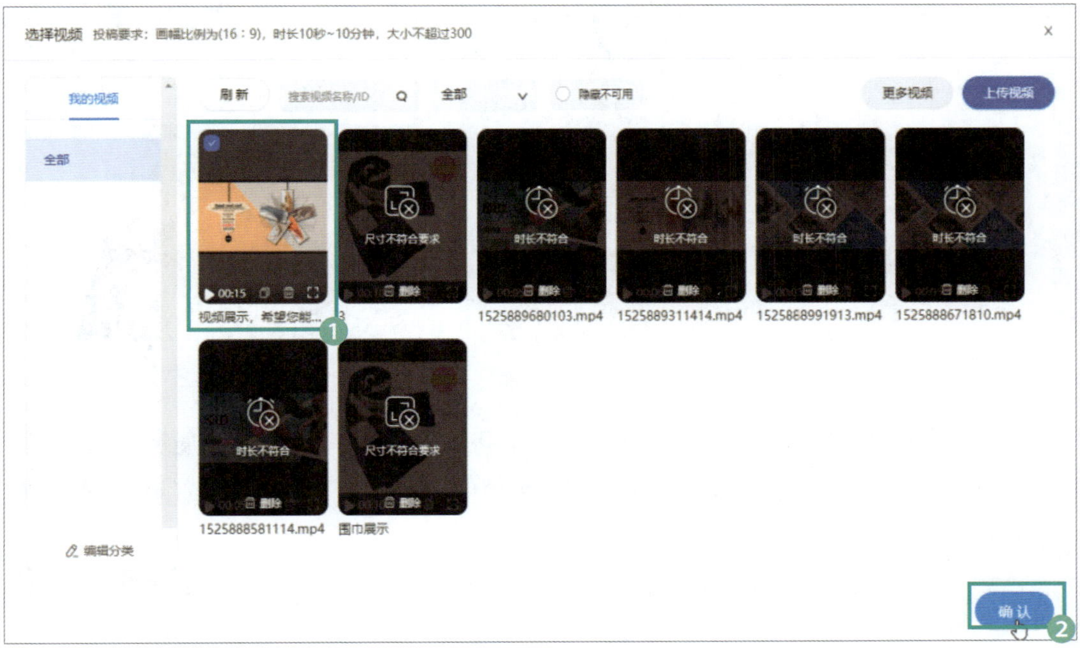

图 5-46 选择视频

（5）打开“编辑短视频”对话框，设置“视频标题”和“内容简介”，单击“下一步”按钮，如图 5-47 所示。

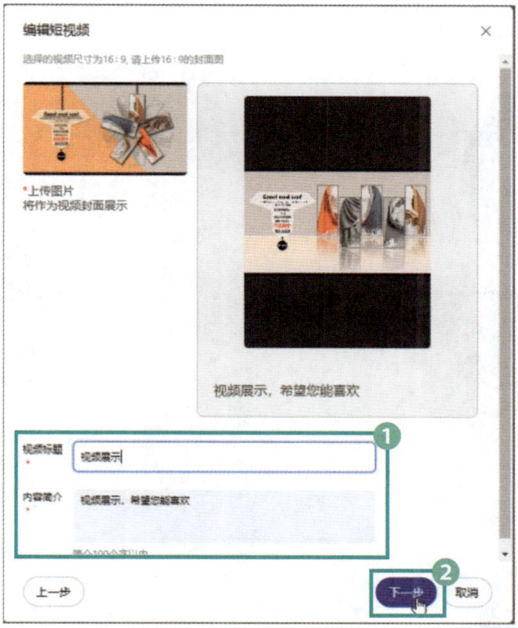

图 5-47　“编辑短视频”对话框

（6）选择商品，如图 5-48 所示。

图 5-48　选择商品

（7）单击“确定”按钮，返回“单视频”模块的编辑区，单击“保存”按钮，完成“单视频”模块的制作，如图 5-49 所示。

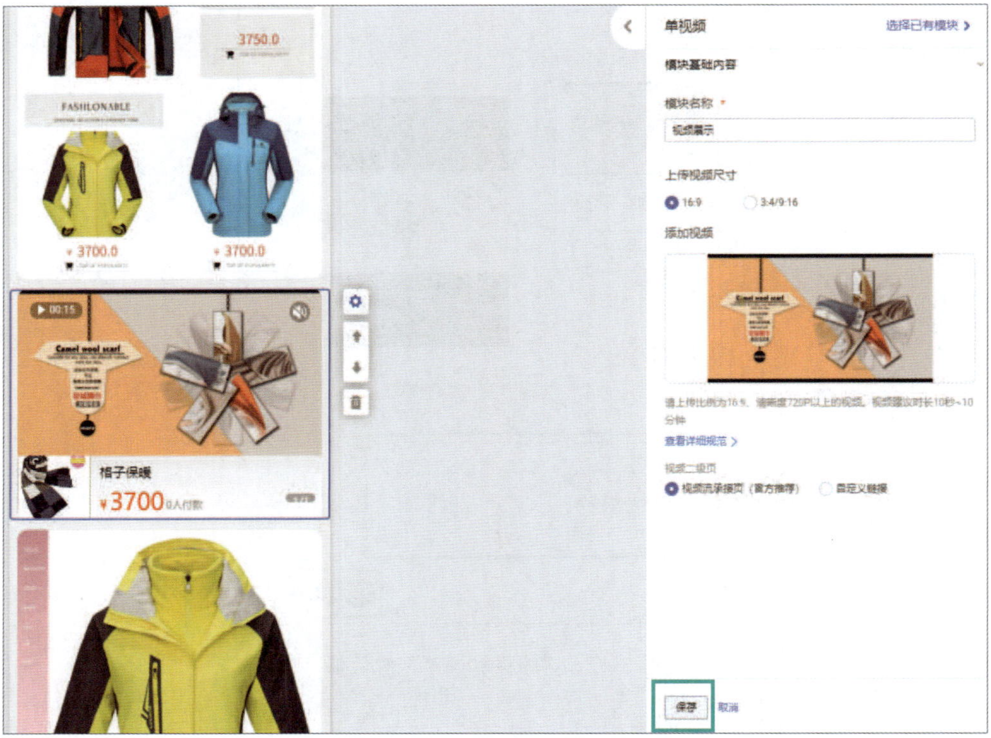

图 5-49　完成“单视频”模块的制作

5.1.3 “LiveCard”模块

一改往日的首页表现形式，淘宝、天猫推出的店铺动态卡片 LiveCard，可以支持视频、音频、3D、AR&VR、互动小程序等模块自由组合，每一个 LiveCard 都是一个独立的模块化内容，而且商家在后台的操作也非常方便——只需要拖动活动卡片，对店铺进行信息组织即可。“LiveCard”模块主要由以下几个模块组成：“测款选品”模块、“口腔检测 LiveCard”模块、“天猫 U 先－店铺派样”模块等。商家只要根据系统的引导对各个模块进行设置即可。本节以“测款选品”模块为例进行讲解，其具体的制作方法如下。

（1）打开淘宝旺铺的页面装修编辑器，选择左侧的“容器”标签，展开“LiveCard”收缩框，将“测款选品”模块拖动到预览区中，此时会出现“测款选品”的框架，在右侧的“测款选品”模块的编辑区中设置“模块名称”为“打分”，单击“创建新的测款活动”按钮，如图 5-50 所示。

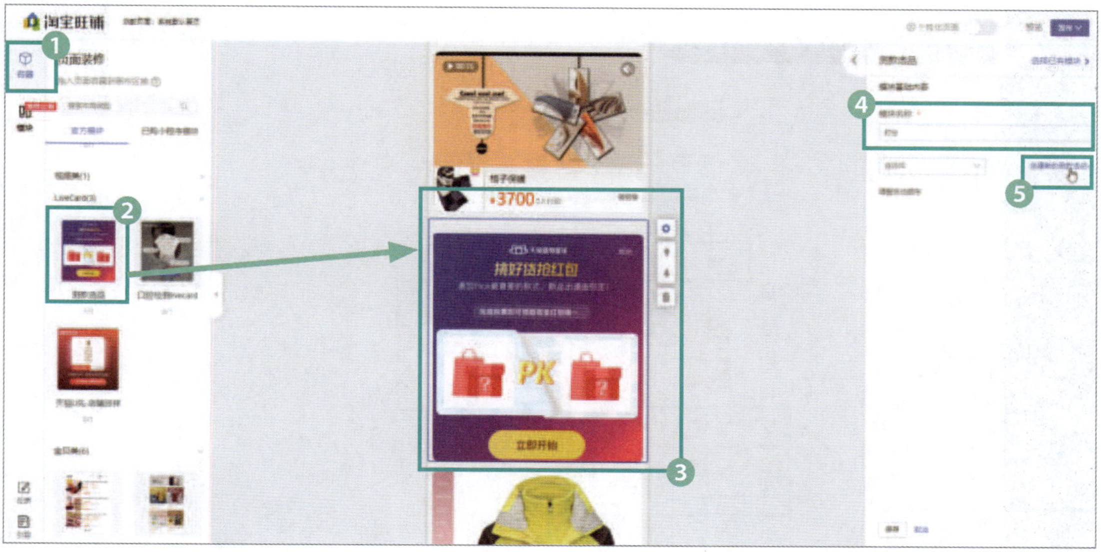

图 5-50　添加并编辑“测款选品”模块

（2）进入“天猫新品创作中心”界面，选择“工作台→智能测款”选项，单击“新建活动”按钮，如图 5-51 所示。

图 5-51　单击“新建活动”按钮

（3）进入“基础配置”界面，对活动进行相应的设置，如图 5-52 所示。

（4）在设置完成后单击“下一步”按钮，进入“详细配置”界面，根据提示添加文本和导入数据，如图 5-53 所示。

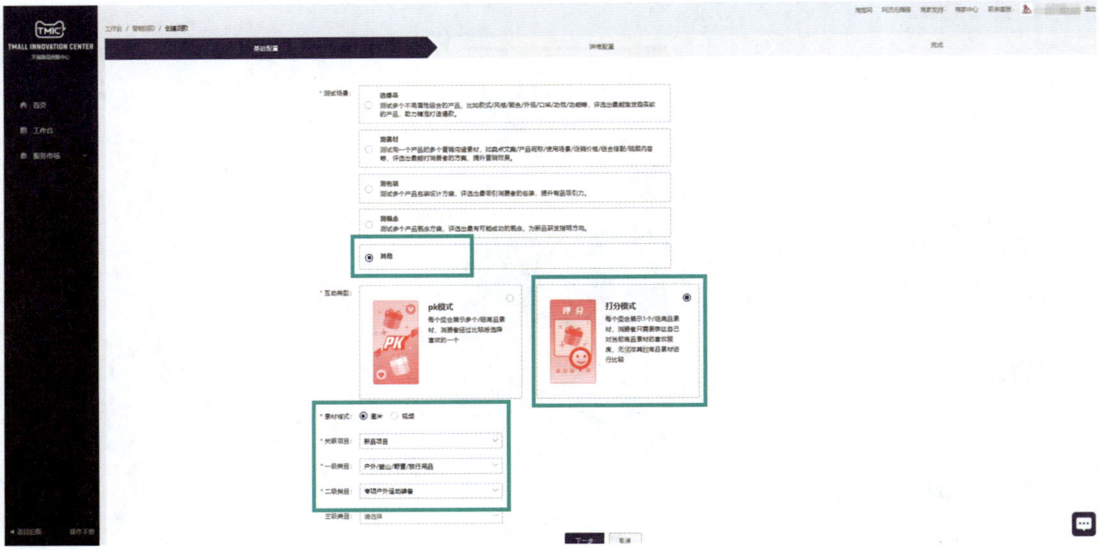

图 5-52　“基础配置”界面

图 5-53　“详细配置”界面

（5）单击“预览”按钮，预览效果，如图 5-54 所示。

图 5-54 预览效果

（6）预览后返回“详细配置”界面，单击“发布”按钮，完成设置，单击“去投放”按钮，如图 5-55 所示。

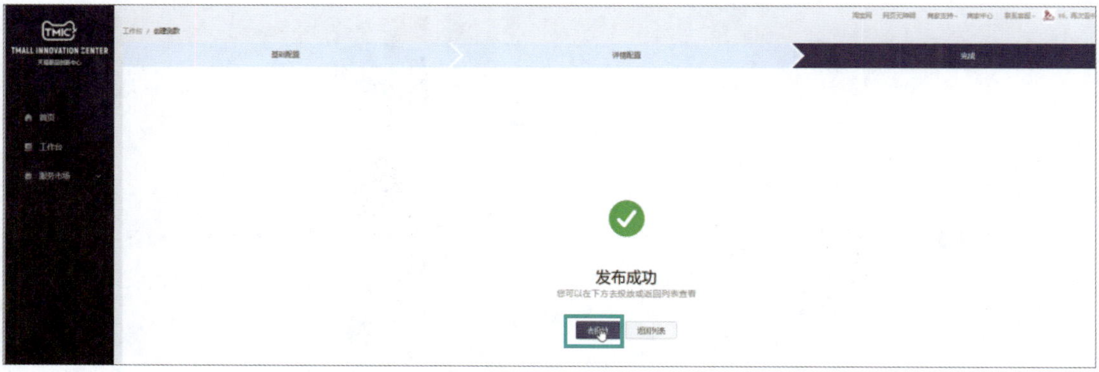

图 5-55 单击“去投放”按钮

（7）进入“创建投放”界面，进行“投放设置”和“权益设置”，单击“提交投放”按钮，完成操作，如图 5-56 所示。

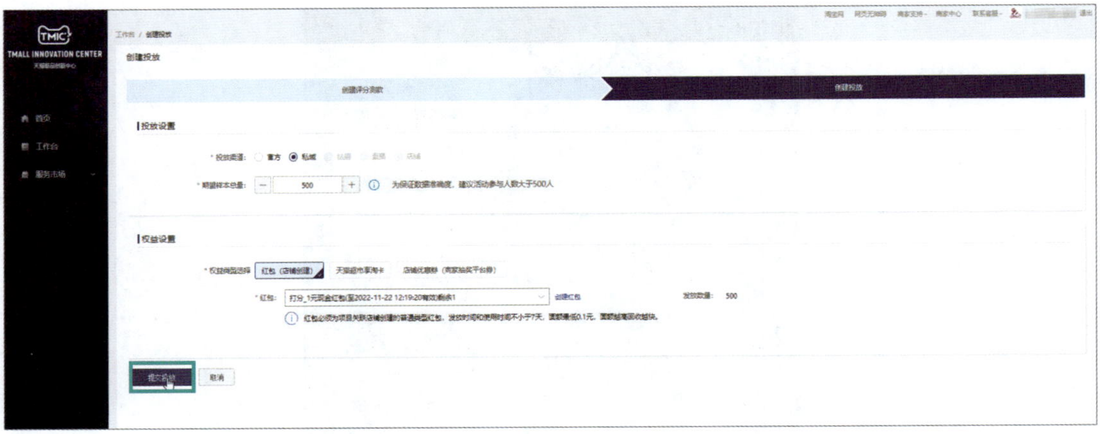

图 5-56 “创建投放”界面

5.1.4 “宝贝类”模块

“宝贝类”模块中的模块都无须进行编辑，商家只要将选中的模块拖动到预览区，在模块的编辑区中设置相应参数并上传商品即可。“排行榜”与“系列主题宝贝”两个模块的制作过程如图 5-57 和图 5-58 所示。

图 5-57 “排行榜”模块的制作过程

图 5-58　“系列主题宝贝”模块的制作过程

5.1.5　“营销互动类”模块

“容器”中的“营销互动类”模块在店铺中可以起到提升销量和引流的作用。“营销互动类”模块主要由以下几个模块组成：“店铺优惠券”模块、“裂变优惠券”模块、“购物金”模块、“芭芭农场”模块、“店铺会员模块”模块、“人群优惠券”模块等。

本节以“店铺优惠券”模块为例进行讲解，至于其他模块，大家可以根据系统的引导自行制作。优惠券之间的叠加问题如下。

- 店铺级优惠券：店铺优惠券、商品优惠券、有价店铺优惠券、有价商品优惠券均不可以叠加。
- 跨店优惠券和店铺级优惠券可以叠加，如品类购物券可叠加店铺优惠券一起使用。

优惠券在使用时是否自动计入最低成交价的相关内容如下。

① 店铺优惠券：从 2019 年 4 月 25 日起，天猫活动价格规则升级调整，需要区分优惠券推广渠道来分别看是否计入最低成交价（具体以设置页面展示的为准）。

② 商品优惠券：所有推广渠道的商品优惠券都计入最低成交价。

③ 裂变优惠券：不计入最低成交价。

④ 有价优惠券（有价店铺优惠券、有价商品优惠券）：计入最低成交价。

⑤ 第三方工具创建的店铺优惠券：计入最低成交价，如第三方工具客道或无线任务创建的收藏有礼等优惠券都计入最低成交价。

提示：

官方推广渠道的优惠券是否计入最低成交价，具体以设置页面展示的为准。

下面介绍“店铺优惠券”模块的制作方法。

（1）打开淘宝旺铺的页面装修编辑器，选择左侧的“容器”标签，展开“营销互动类”收缩框，将“店铺优惠券”模块拖动到预览区中，此时会出现“店铺优惠券”的框架，在右侧的“店铺优惠券”模块的编辑区中设置“模块名称”为“优惠券”，在“样式选择”区域中选择“官方样式”选项，在“添加优惠券”区域中选中“手动添加”单选按钮，设置“设置优惠券数量”为“1”，单击“创建更多优惠券”按钮，如图 5-59 所示。

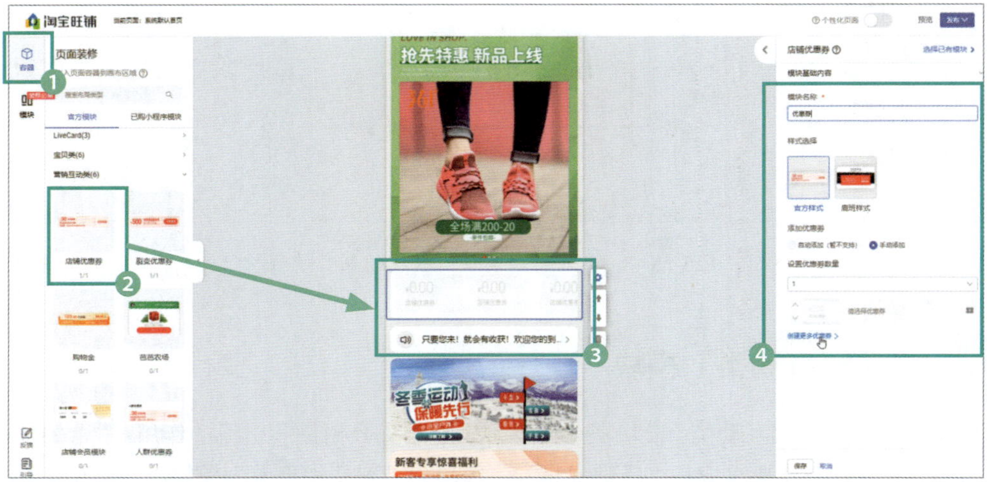

图 5-59 添加并编辑“店铺优惠券”模块

（2）进入“优惠券”界面，单击“店铺优惠券”中的“创建店铺券”按钮，如图 5-60 所示。

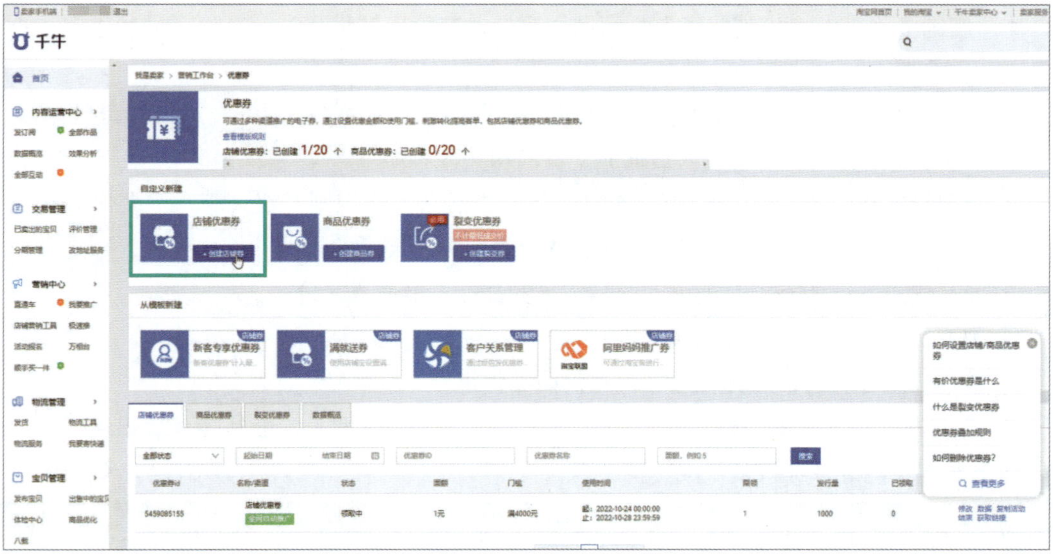

图 5-60 单击“创建店铺券”按钮

（3）进入“创建店铺优惠券”界面，进行参数设置，如图 5-61 所示。

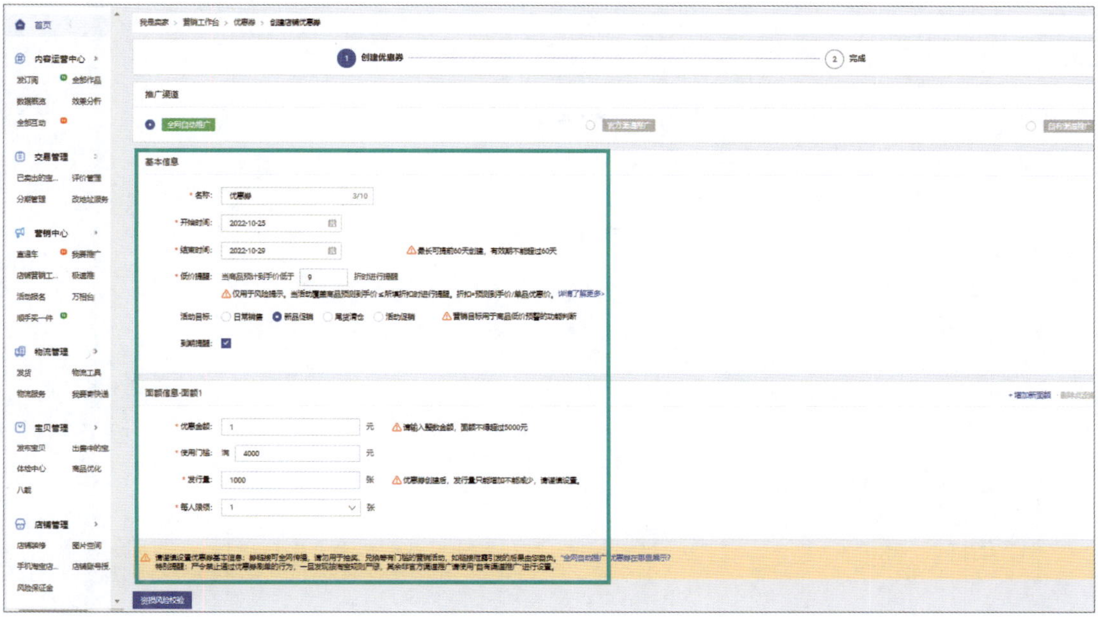

图 5-61　进行参数设置

（4）在设置完参数后，单击“资损风险校验”按钮，店铺优惠券创建成功，如图 5-62 所示。

图 5-62　店铺优惠券创建成功

（5）返回淘宝旺铺的页面装修编辑中，在右侧的“店铺优惠券”模块的编辑区中单击“请选择优惠券”按钮，选择创建好的优惠券，如图 5-63 所示。

（6）单击“确定”按钮，返回淘宝旺铺的页面装修编辑器中，单击“店铺优惠券”模块的编辑区中的“保存”按钮，即可在预览区中看到创建好的优惠券，如图 5-64 所示。

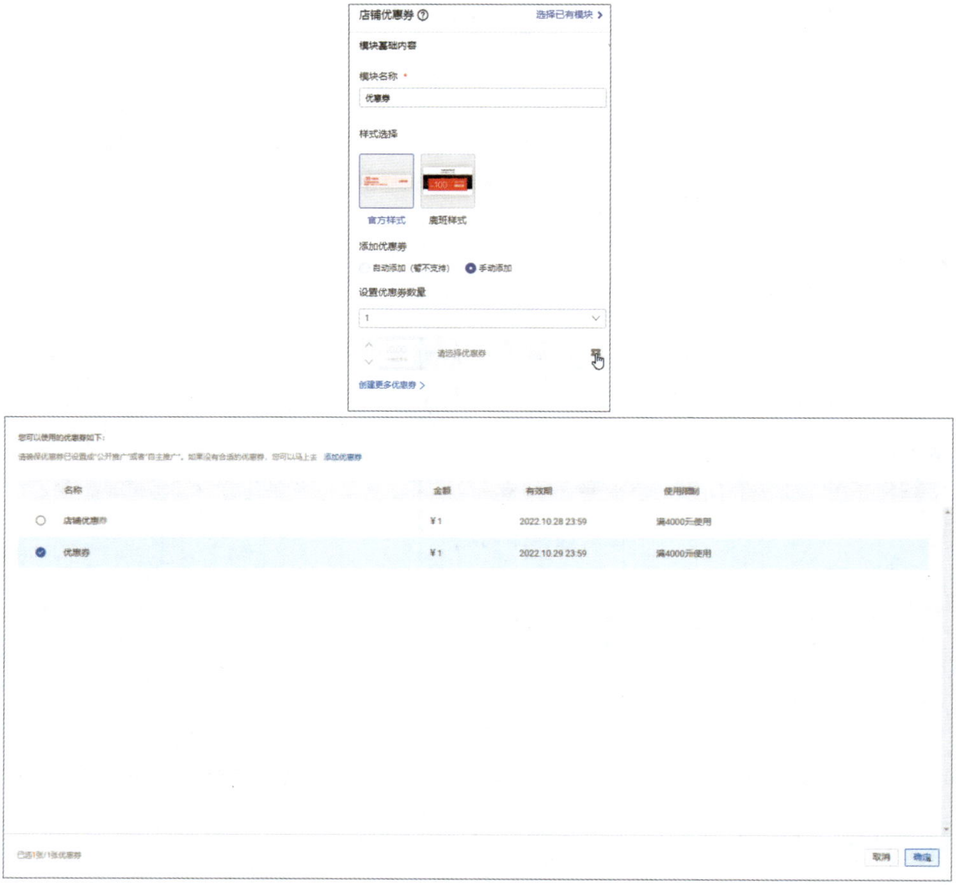

图 5-63　选择创建好的优惠券

图 5-64　预览创建好的优惠券

5.2 模块

“模块”是手机端淘宝店铺引流必备的一项功能，商家可以在各自的行业中选择一款装修动态卡片（LiveCard），以此来获取更多的公域流量。“模块”中的各项内容都需要商家进行购买，以此来使自己的店铺与其他店铺不同，从而吸引更多的消费者进入店铺，最终促成交易。下面以其中的“左右滑动”模块为例进行讲解。

（1）打开淘宝旺铺的页面装修编辑器，选择左侧的“模块”标签，展开“店铺模块应用TOP榜”收缩框，单击“左右滑动”模块下面的“去购买”按钮，如图5-65所示。

图5-65 购买“左右滑动”模块

（2）进入“服务市场”界面，在选择“版本”和“周期”后单击“立即购买”按钮，如图5-66所示。

图 5-66 “服务市场”界面

（3）在购买时可以查看一下不同版本的对比，如图 5-67 所示。

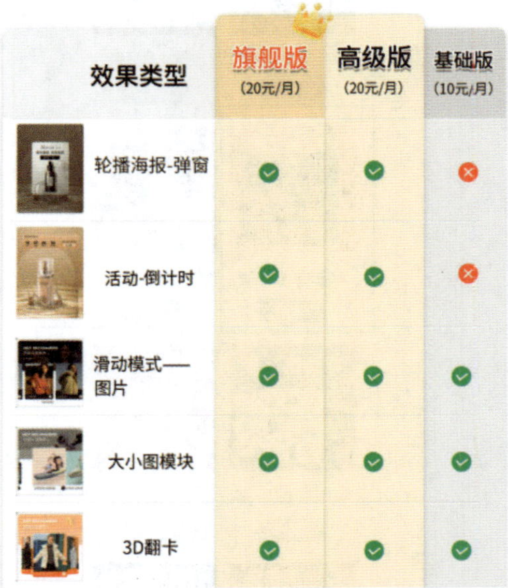

图 5-67 不同版本的对比

（4）还可以查看一下不同版本展示的预览效果对比，如图 5-68 所示。

（5）在购买后就可以在模板中进行图片更换，以此来查看自己的商品在店铺中的视觉效果。

图 5-68　不同版本展示的预览效果对比

习题

一、选择题

1. 打开淘宝旺铺的页面装修编辑器，选择左侧的“容器”标签，展开“图文类”收缩框，可使“轮播图海报”模块到预览区中的操作是（　　）。

A. 拖动　　B. 双击　　C. 输入　　D. 复制

2.“图文类”模块中的“（　　）”模块可以展示商品，其中的商品由系统根据算法自动展示，商家无须编辑。

A. 猜你喜欢　　B. 文字标题　　C. 轮播图海报　　D. 店铺热搜

3. “视频类”模块中只包含一个“（　　）”模块。视频能更加生动和形象地描述商品及品牌背书、提升消费者的体验，是个不错的选择。

A. 测款选品　　B. 单视频　　C. 轮播图海报　　D. 音频

二、填空题

1. 如今，店铺装修被分为________和________两个方向。

2. 手机端淘宝店铺装修的“图文类”模块主要由以下几个模块组成：________、________、

“猜你喜欢”模块、“店铺热搜”模块、“文字标题”模块、“多热区切图”模块、“淘宝群聊入口模块”模块、“人群海报”模块、“CRM 人群福利－店铺模块”模块等。

3．手机端淘宝店铺的“轮播图海报”模块对图片的规格要求：宽度为________，高度为________，格式为 JPG/PNG，大小不超过 2MB。

三、名词解释

1．网店装修。

2．店招。

第6章

视觉数据篇

6.1 视觉优化逻辑

6.1.1 视觉优化思路

视觉优化思路主要是依据数据来优化、依据模型来优化。要做好视觉优化，我们就需要从以下两个方面着手。

1. 用数据驱动决策

从数据的角度看网店与实体店的区别：网店实时记录消费者在店内产生的行为数据，如消费者浏览了哪个页面、浏览了多长时间、点击了哪些商品等数据，而实体店很难精准地记录每个消费者的行为数据。

从决策的角度看网店与实体店的区别：实体店虽然不能时刻记录消费者的行为数据，但实体店的运营者在店内可以直观地看到消费者的行为，从而可以针对异常行为做出准确的判断和合理的优化决策，而网店的运营者（以下简称商家）只能通过数据了解消费者的行为。

因此，“透过数据看本质，通过数据做决策”是每个商家都应该具备的能力，商家需要先透过数据去分析消费者的潜在需求、购物行为等，再通过数据去寻找优化运营效果的决策。在大多数情况下，商家在迎合消费者的需求或引导消费者的行为时，是需要通过店铺页面来实现的，所以运营的优化在某种程度上是视觉的优化，视觉的优化就是数据的优化。

某商家为会员举办了一次回馈活动，并且单独做了活动页，但在活动推出的 3 天时间里，店铺实际的销售情况并不乐观，这时该商家并没有主观地判断活动的力度与页面是否能够吸引消费者，而是先采集了如下数据。

（1）店铺首页跳转活动页的焦点图的点击率为 2%，日常店铺首页焦点图的点击率为 12%。

（2）商品详情页跳转活动页的焦点图的点击率为 2%，日常商品详情页焦点图的点击率为 8.5%。

（3）活动页的点击率为 35%，以往活动页的点击率为 37.5%。

（4）活动商品的转化率为 9%，参与活动的商品的日常转化率为 4.5%。

通过分析以上数据，该商家可以得出以下结论。

（1）店铺首页跳转活动页的焦点图的点击率过低。

（2）商品详情页跳转活动页的焦点图的点击率过低。

（3）活动页的点击率是正常的。

（4）活动商品的转化率比较高。

该商家最终确定这次活动效果不好的原因是店铺首页与商品详情页跳转活动页的焦点图的点击率过低，导致活动页的访问人数过少，从而最终影响了整个活动的效果。在找到原因后，该商家对店铺首页跳转活动页的焦点图进行了优化，将其点击率从 2% 提高至 10%，使活动页的访问人数增加了 5 倍，最终获得了不错的销量。

由以上案例可看出，我们通过数据可以客观地分析出店铺真实存在的问题，解决这些问题的过程就是优化数据的过程。在分析和判断的过程中，所有数据都需要有可参考的标准，这样我们才能判断出当前状态下的数据表现是否正常。

2. 迎合消费者的需求

消费者有 3 个角色，分别是受众、了解者与购买者。当消费者在经济条件允许的情况下对某商品产生购买需求时，消费者就是该商品的受众；当消费者找到商品并了解该商品时，消费者就是该商品的了解者；当消费者购买了商品时，消费者就是该商品的购买者。

当消费者作为受众时，商家需要让消费者看到可以满足其需求的商品。当消费者作为了解者时，商家需要让消费者看到其真正关心的商品卖点与利益点。在线上购物场景中，消费者都是通过页面来发现和了解商品的，所以商家需要利用页面让消费者轻松地找到商品、了解商品，让消费者完成从受众到了解者再到购买者的身份转换。

6.1.2 视觉数据优化模型

视觉数据优化模型是基于数据优化模型，针对页面数据进行升级的优化模型，即 CAHA 模型。

1. CAHA 模型简介

CAHA 分别是指 Collection、Analysis、Handle、Assessment。

Collection（采集，即数据采集）是指对所需要的相关数据进行采集。因为很多数据不能通过直接采集而获取，所以我们除了需要对基础数据进行采集，还需要对基础数据进行必要的整理和计算，从而完成对所有所需数据的采集。

Analysis（分析，即数据分析）是指对数据进行分析和判断。分析是指寻找异常数据，判断是指预判数据异常的原因。

Handle（处理，即异常处理）是指对异常数据进行相应处理，包括制作、执行优化方案等。

Assessment（评估，即数据评估）是指对最终数据进行评估，以数据为唯一评估维度来判断视觉数据优化的效果。

2. CAHA 模型的操作步骤

（1）Collection：需要利用店铺数据软件和记录工具进行与视觉相关的数据的抓取及整理，如在优化商品主图的点击率数据时需要抓取商品主图的展现数据与点击量数据、行业点击率数据。

（2）Analysis：需要将抓取到的数据进行处理，从而得到决策时使用的相关数据；分析并找出数据异常的原因所在，如将自己的商品主图的点击率与同行的商品主图的点击率进行比较，就可以知道自己的商品主图的点击率数据是否正常。

（3）Handle：需要针对数据异常的问题制定优化方案，并且合理地执行优化方案，保证优化方案能够落地，如通过对比分析影响点击率的相关数据，找出点击率过低的原因，并且制定和执行合理的优化方案。

（4）Assessment：需要通过优化前后的数据对比来判断优化的效果，如要想知道新的商品主图的投放效果如何，就需要对优化前后的两个版本的数据进行对比。

CAHA 模型可以帮助商家客观地分析问题，并且针对问题提出合理的优化方案，在方案执行后还能通过数据去判断方案是否对解决问题有所帮助。

6.1.3 店铺首页的动线布局

店铺首页是商家可以自定义设计的一个页面，很多商家会将店铺首页设计作为日常工作的重要内容。店铺首页每天会承接大量的访客，通常会设计“焦点海报”“分类模块”“优惠券”“商品陈列”等内容，从而将访客引导至相应的页面中。店铺首页的核心作用是引导访客，店铺首页引导访客的效果可通过店铺首页的跳失率来判断，跳失率越低，说明店铺首页引导访客的效果越好。

在跳失率的分析中，我们可得出一个定律：点击率 + 跳失率 =100%，这说明一个访客在进入店铺首页后，只会产生点击和退出两种行为，所以降低跳失率的唯一方法就是提高点击率。点击率和跳失率的关系如图 6-1 所示。

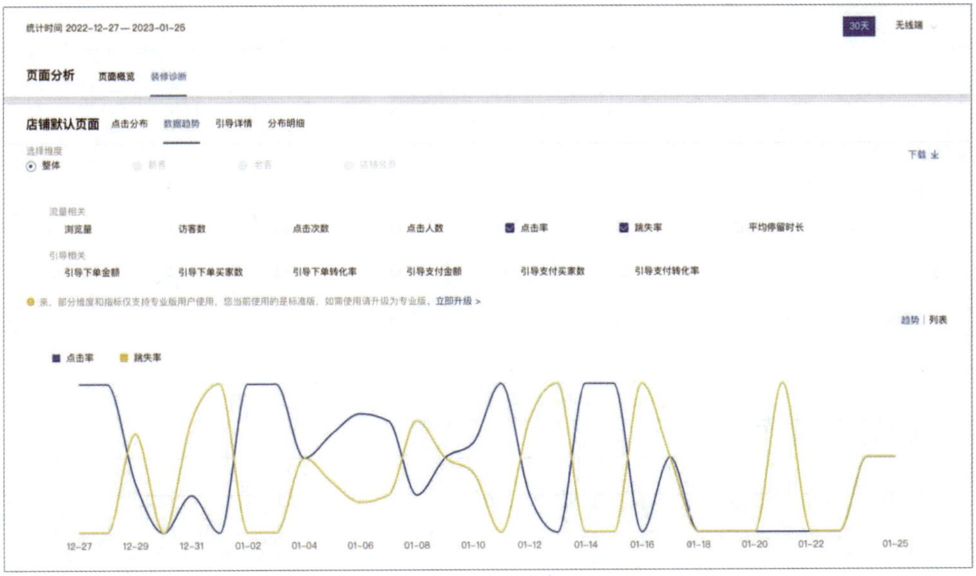

图 6-1 点击率和跳失率的关系

下面从 3 个方面详细讲解如何提高店铺首页的点击率。

1. 页面的动线数据分析

动线是指访客的流动路线。在线上购物场景中，这个动线被称为视觉动线，是指访客在浏览页面时因视线移动而形成的路径。

视觉动线有很多种，本节重点介绍 Z 形动线在页面优化中的应用。

Z 形动线是指视线先从左上角开始到右上角，然后从右上角回到左侧下方，最后从左到右移动所形成的视觉动线，如图 6-2 所示。Z 形动线符合访客的浏览习惯。在网页设计中，Z 形动线运用得十分频繁，既能传递品牌信息，又能很好地展示内容。

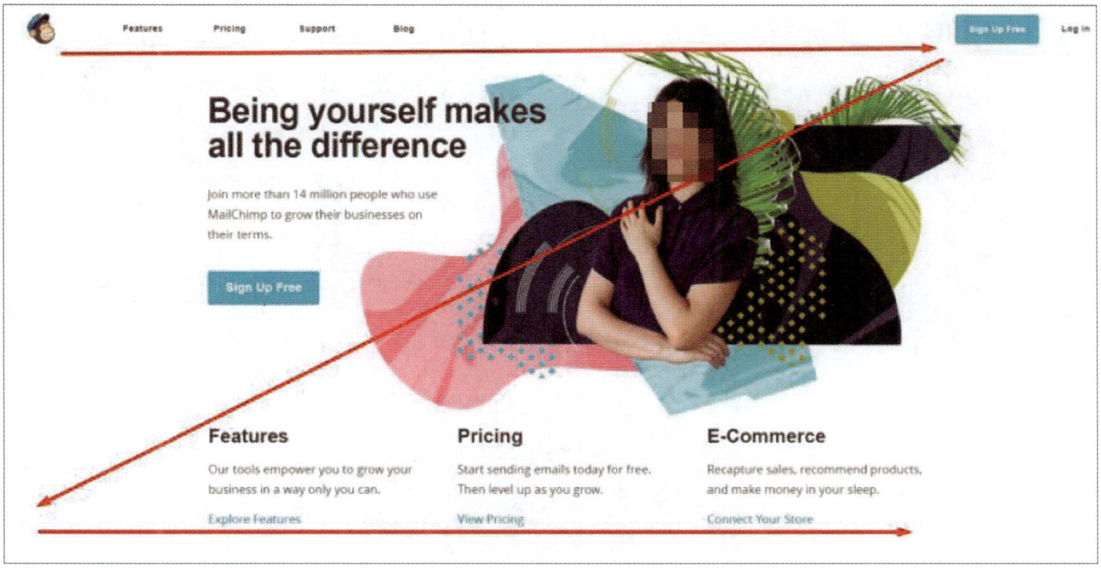

图 6-2　Z 形动线示意图

店铺首页的动线设计一定要符合访客的浏览习惯，即自左向右、自上而下，很多美工为了表达创意，会随意改动视觉动线，使画面有错落感，然而访客在浏览时会觉得非常不适应，因为该页面的视觉动线是杂乱无章的，不符合访客的浏览习惯，所以大部分访客会由于不习惯而跳出店铺首页，这也是很多店铺首页的点击率低的原因。

手机淘宝首页的动线设计如图 6-3 所示，其是标准的 Z 形动线设计，而且大量官方页面（见图 6-4）采用的都是同一底层模板（见图 6-5），这不仅保证了所有页面的统一性，还保证了所有页面的动线都是相同的，让访客不管在哪个页面中，都能找到“熟悉”的感觉，能明白如何进行操作。

图 6-3 手机淘宝首页的动线设计

图 6-4 天猫国际首页

图 6-5 淘宝官方页面的底层模板

2. 页面的布局调整方法

通过对多个淘系官方页面进行分析和对比，我们发现大部分官方页面都会使用同一个底层模板，以此保证页面的整体效果和视觉动线的统一性。

在设计页面的过程中，商家也可以使用一个固定的底层模板来使页面的视觉效果和视觉动线统一。

在调整页面的布局之前，商家要对底层模板进行调整，考虑布局方式产生的视觉动线是否符合访客自左向右、自上而下的浏览习惯。

除此之外，商家在调整店铺首页的底层模板时，还需要考虑访客对店铺首页内容的需求。访客在进入店铺首页时，一般会产生 3 个疑问：① 这个店铺卖什么；② 我想要的东西在哪里；③ 这个店铺是否有优惠活动。因此，店铺首页的必备功能包括：① 访客快速分流；② 展示店铺的商品；③ 呈现店铺的优惠活动。商家在给页面设置每个模块时，需要清楚每个模块的作用是什么、每个模块要将访客引导至哪个页面中。

根据上述原则，我们将一个护肤品店铺的首页底层模板调整出来，如图 6-6 所示。其中，蓝色框选区域的目的是将访客快速引导至各个分类页中，让访客可以快速找到自己想要的商品；红色框选区域的目的是展示店铺的商品；绿色框选区域的目的是展示店铺的优惠券信息，当然，焦点图模块也可以呈现店铺活动。每个模块都有不同的目的和不同的跳转页面，因此我们需要对每个模块都进行合理布局，让访客能轻松地使用店铺首页，从而提高店铺首页的点击率、提升访客的访问深度。

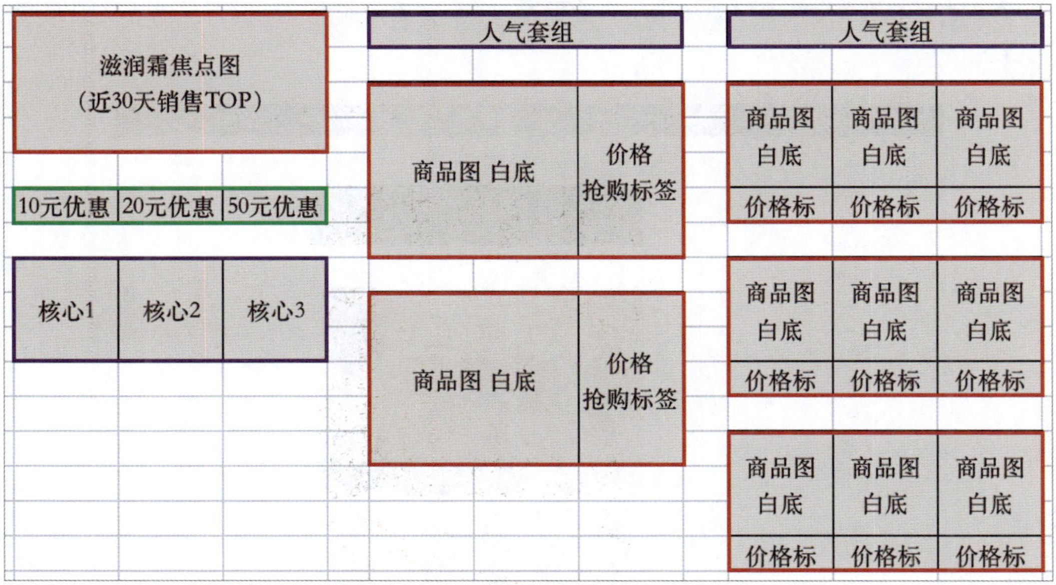

图 6-6　一个护肤品店铺的首页底层模板

3. 店铺首页优化效果的评估方法

店铺首页的优化效果需要根据店铺首页的点击率的变化来衡量，商家可以在生意参谋的“流量→路径分析→店内路径→店铺首页”中查看店铺首页的访客跳转数据，如图 6-7 所示。其中，蓝色“店铺首页”图标左侧的橙色版面呈现的数据是跳转到店铺首页的渠道访客数与占比，如商品详情页的访客数为 246，说明有 246 个访客从商品详情页跳转到店铺首页；右侧绿色版面呈现的数据是跳转出店铺首页的渠道访客数与占比，如商品详情页的访客数为 175，说明有 175 个访客从店铺首页跳转到商品详情页上。

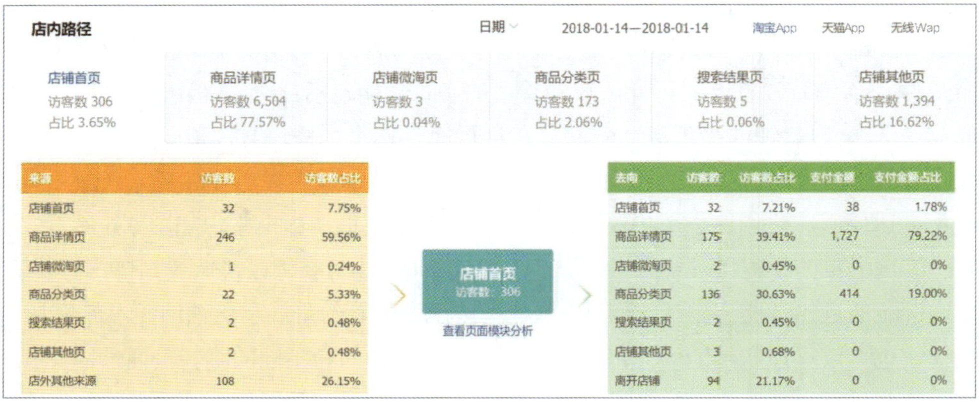

图 6-7 店铺首页的访客跳转数据

商家也可以在生意参谋的“流量→页面配置”中查看无线端淘宝店铺首页的点击分布情况，如图 6-8 所示。

图 6-8 无线端淘宝店铺首页的点击分布情况

最后，商家可以对比新版店铺首页的数据与旧版店铺首页的数据，从而评估店铺首页的优化效果，如图 6-9 所示。如果新版店铺首页的访客占比有提升，就说明该页面的优化有效果。如果出现个别优化失败的情况，那么可以找出问题所在。

	A	B	C	E	F	G	I
1	优化前日期：20xx-xx-xx			优化后日期：20xx-xx-xx			优化评估（自动评估 无须填写）
2	访客所在页面	跳转页面	访客占比	访客所在页面	跳转页面	访客占比	
3	店铺首页	商品详情页	39.41%	店铺首页	商品详情页	43.32%	优化成功
4		商品分类页	30.63%		商品分类页	40.74%	优化成功
5		离开店铺	21.17%		离开店铺	11.29%	优化成功
6							
7	商品详情页	商品详情页	24.70%	商品详情页	商品详情页	23.57%	优化失败
8		商品分类页	0.68%		商品分类页	1.32%	优化成功
9		离开店铺	59.64%		离开店铺	39.08%	优化成功
10							
11	商品分类页	商品详情页	64.83%	商品分类页	商品详情页	63.29%	优化失败
12		店铺首页	10.05%		店铺首页	11.97%	优化成功
13		离开店铺	17.81%		离开店铺	18.28%	优化失败

图 6-9 新版店铺首页的数据与旧版店铺首页的数据的对比

6.2 总体视觉数据

总体视觉数据由多种数据构成，包括店铺视觉数据、商品视觉数据、视觉转化数据等，每种数据都对应不同的视觉设计反馈作用。

6.2.1 店铺视觉数据

1．店铺视觉数据的主要指标

由上文可知，消费者在店铺的行为是可以通过数据来进行分析和优化的，即“透过数据看本质，通过数据做决策”。店铺视觉数据的主要指标有如图 6-10 所示的 4 个（其中，1 个是基础指标，3 个是核心指标）。在生意参谋的“流量→流量看板”中可查看“实时”“1 天”“7 天”“30 天”这几个维度的数据。

（1）访客数：数据统计周期内访问店铺的去重人数。

统计条件：从 0 点到当前时间观看店铺自播直播间、观看自制全屏页短视频 3 秒及以上、浏览店铺自制图文 3 秒及以上、浏览全屏微详情、访问商品详情页及店铺其他页面的去重人数。

去重逻辑：一个访客在统计时间范围内访问多次只记为一个。所有终端访客数为 PC 端访客数和无线端访客数相加去重。

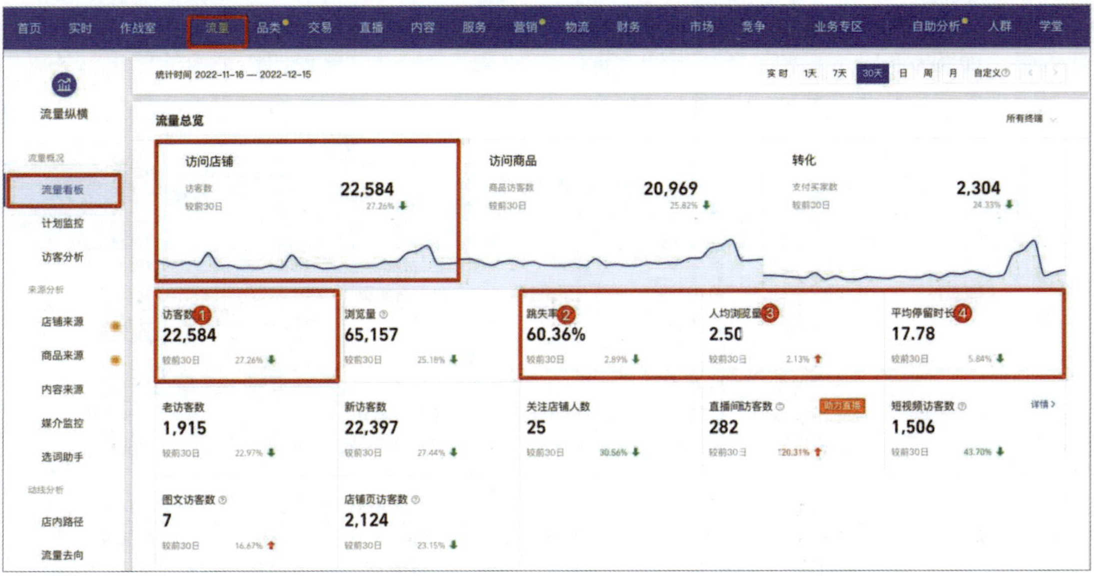

图 6-10 店铺视觉数据的主要指标

在有一定访客数的基础上，店铺视觉数据分析才有价值，如访客数太少，就没有分析的价值。一般情况下，笔者建议日统计数值不小于 1000，月统计数值不小于 30 000，在此情况下可以分析店铺视觉数据。

（2）跳失率：在统计时间内，访客中没有发生点击行为（如收藏、加购、咨询、评价等行为）的人数 / 访客数，即 1- 点击人数 / 访客数，取百分数。该值越小，表示流量的质量越好。多天的跳失率为各天跳失率的日均值。

（3）人均浏览量：每个访客平均浏览页面的数量。该值越大，表示流量的质量越好。

（4）平均停留时长：访客在店铺平均的访问时间值。该值越大，表示流量的质量越好。

2. 店铺视觉数据核心指标的优化

针对 3 个店铺视觉数据的核心指标（跳失率、人均浏览量、平均停留时长），商家能做的优化首先是和店铺 30 天前的统计数据进行对比分析并优化，其次是和同行的统计数据进行对比分析并优化。

1）跳失率

通过图 6-11（数据查看路径：生意参谋的“流量→数据看板”）可以看到店铺的跳失率与 30 天前跳失率的对比，如果跳失率升高了，就要查看最近做了什么店铺视觉调整；如果跳失率降低了，就说明最近的店铺视觉调整是有效的。

通过图 6-12 可以看出店铺的跳失率与同行同层平均跳失率和同行同层优秀跳失率的对比。在自己的店铺已经做到比 30 天前的数据更好后，还有更高的指标可以用来对比，分别是同行同层平均跳失率和同行同层优秀跳失率。其中，同行是指相同类目的商家，同层是指同样层级的商家。

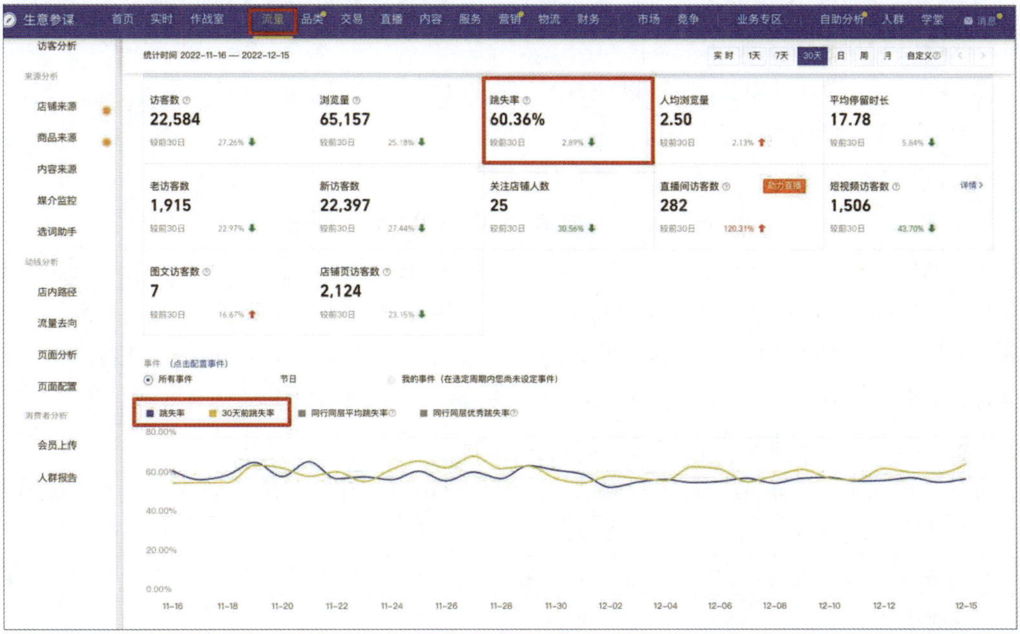

图 6-11　店铺的跳失率和 30 天前跳失率的对比

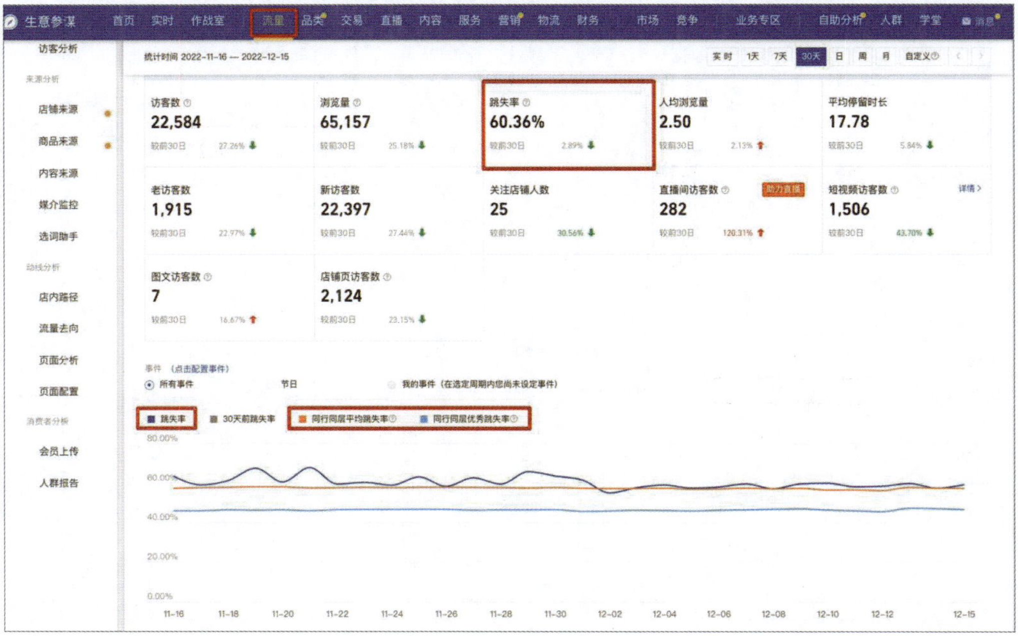

图 6-12　店铺的跳失率与同行同层平均跳失率和同行同层优秀跳失率的对比

针对跳失率主要做的优化包括以下 3 个方面。

（1）减少页面屏数，让页面的加载速度更快，减少访客跳失。

（2）提高页面上图片的质量，在满足平台图片质量要求的基础上缩小图片，以便加快图片的加载速度，减少访客跳失。

（3）在页面上增加动态元素，可以是 GIF 动图，也可以是短视频，或者采用差异化视觉布局，吸引更多的访客，并防止他们跳失。

2）人均浏览量

同跳失率一样，人均浏览量也有与 30 天前人均浏览量的对比，以及与同行同层平均人均浏览量和同行同层优秀数值人均浏览量的对比。店铺的人均浏览量与 30 天前人均浏览量的对比如图 6-13 所示，可以看出该店铺的人均浏览量比 30 天前有所增加；店铺的人均浏览量与同行同层平均人均浏览量和同行同层优秀人均浏览量的对比如图 6-14 所示，可以看出该店铺的人均浏览量多于同行同层平均人均浏览量，但少于同行同层优秀人均浏览量。

针对人均浏览量主要做的优化包括以下两个方面。

（1）在页面上尽可能地放置关联商品，从而吸引访客跳转到其他页面，增加人均浏览量。比较好的做法是放爆款商品，进行聚流设计。

（2）在页面上放置组合搭配商品，吸引访客跳转到其他页面，不过一定要尽可能给访客优惠，从而吸引访客。

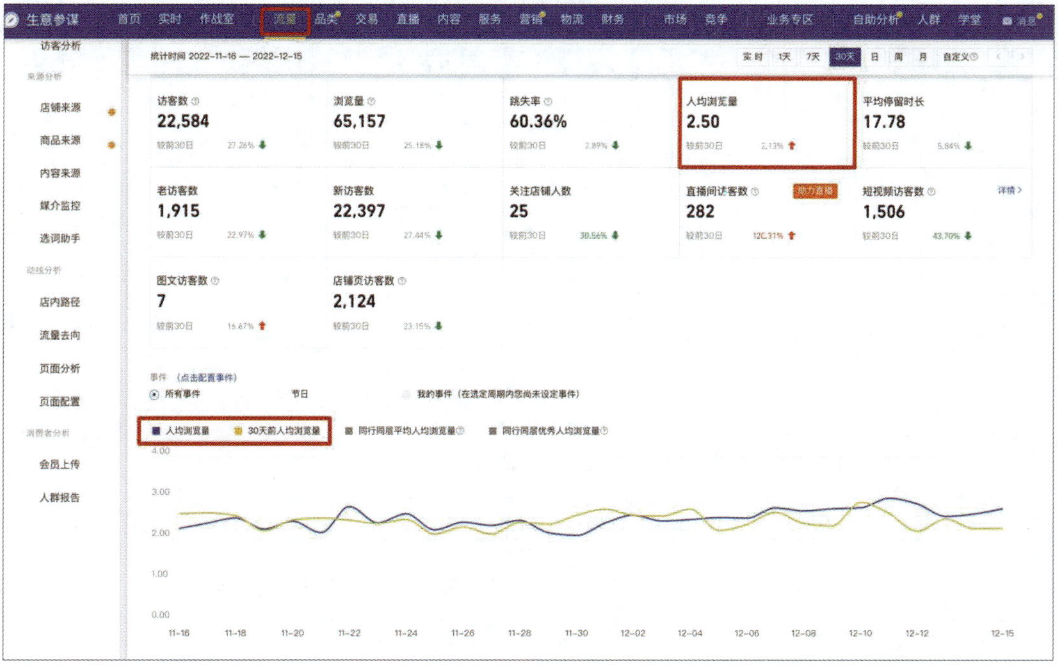

图 6-13　店铺的人均浏览量与 30 天前人均浏览量的对比

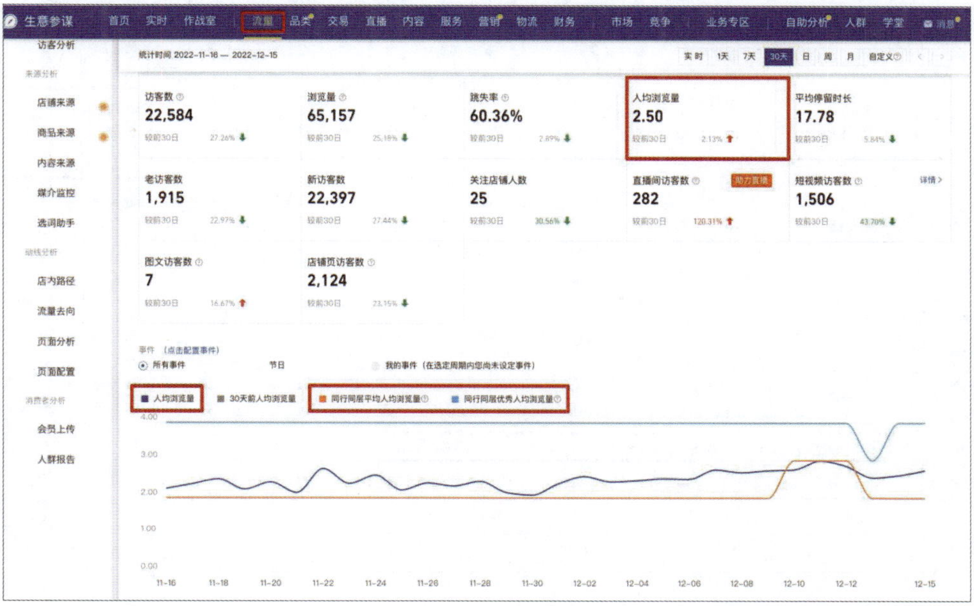

图 6-14　店铺的人均浏览量与同行同层平均人均浏览量和同行同层优秀人均浏览量的对比

3）平均停留时长

店铺的平均停留时长与 30 天前平均停留时长的对比如图 6-15 所示，店铺的平均停留时长与同行同层平均停留时长和同行同层优秀停留时长的对比如图 6-16 所示。

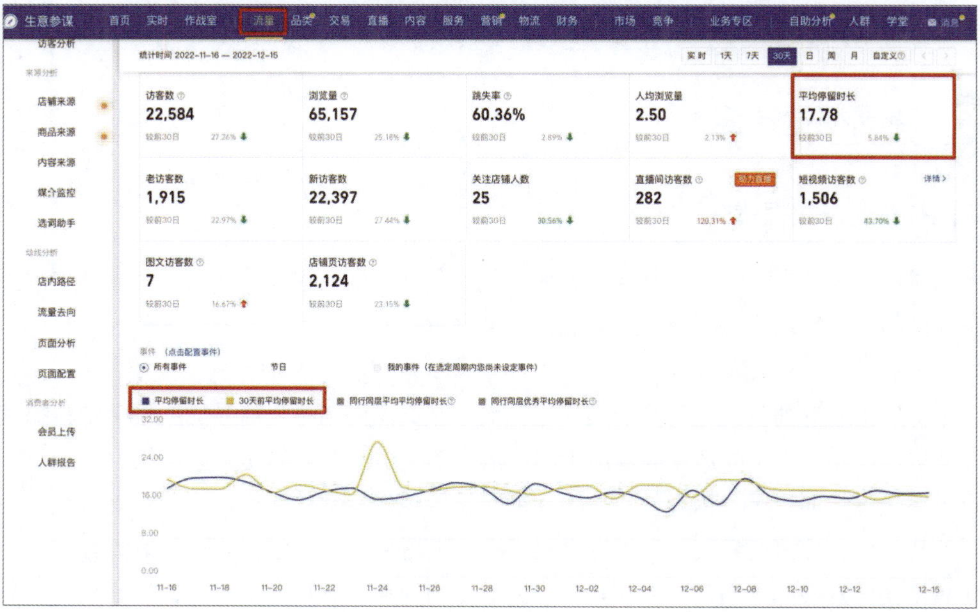

图 6-15　店铺的平均停留时长与 30 天前平均停留时长的对比

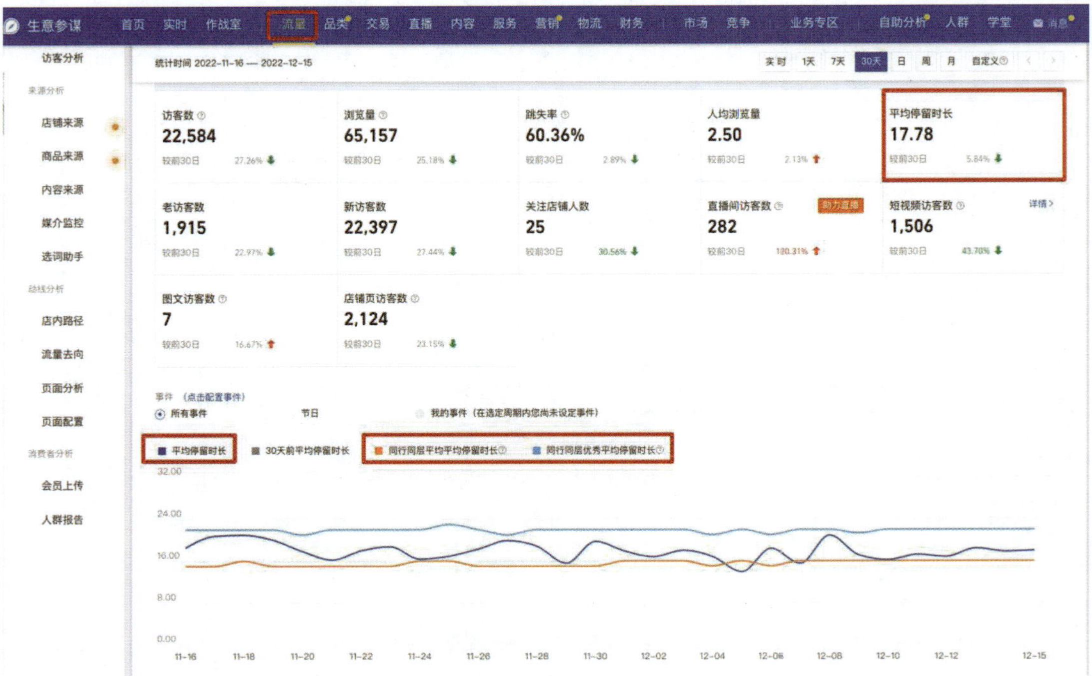

图 6-16　店铺的平均停留时长与同行同层平均停留时长和同行同层优秀平均停留时长的对比

一般来说，平均停留时长越长越好，要增加平均停留时长，就要考虑让访客乐意停留不跳失，商家关键要做好访客核心需求的分析，用利益点吸引访客停留，如增加商品的使用场景，让访客产生身临其境的感觉，或者用访客感兴趣的短视频来吸引访客停留。

6.2.2 商品视觉数据

1．商品主图点击数据优化

商品主图点击数据优化需要从 4 个方面着手，分别是商品主图的点击率、商品主图受众需求分析、商品主图卖点呈现、商品主图优化效果评估。

1）商品主图的点击率

平台能够给商家的只能是商品的展现量，而不是商品的销量。商品的展现量中包括商品主图的展现量，商家需要不断地提高商品主图的点击率来增强商品的流量获取能力。

点击率是指页面上某一内容被点击的次数与被展现的次数的比值，是一个百分数。它反映了页面上某一内容受消费者关注的程度，也经常会被用来衡量一张图片吸引消费者的程度。

商品主图的点击率是指商品主图被点击的次数与商品被展现的次数的比值，反映了商品主图能否有效吸引消费者点击。商品主图的点击率越高，说明商品主图获取流量的能力越强。商品主图的点击率不仅可以用来衡量商品主图吸引消费者的程度，还能反映出商品在平台上受消费者喜欢的程度。

商品能否持续获得平台分配的流量取决于平台上的消费者对该商品的喜欢程度，而消费者对商品的喜欢程度是通过消费者对商品从搜索到评价的综合数据来体现的，这些数据包括但不限于以下数据：商品主图的点击率、商品详情页的浏览时长、收藏率、加购率、转化率、评分等。在很多情况下，商品主图的点击率是以上所有数据的前提，故在自然搜索流量环境下，如果某商品主图的点击率为 0，那么商品详情页的浏览时长、转化率等数据也会是 0，因此商品主图的点击率将直接影响商品的综合数据体现，从而直接决定了该商品能否在平台上持续获取展现量。

2）商品主图受众需求分析

消费者在手机淘宝上搜索商品后会得到商品列表，该列表中包括商品标题、商品价格、商品主图、付款人数等信息，而这些信息都能影响消费者点击该商品的可能性。就商品主图来说，更能满足消费者需求的商品主图肯定会获得更多的点击，故商品主图的文案与其上的商品图片都是满足消费者需求的关键。

例如，消费者在手机淘宝上搜索关键词“高跟鞋 婚鞋”，搜索结果如图 6-17 所示，其中第二排的第二个商品有可能获得消费者的优先点击，因为该商品主图体现的红色主题与消费者搜索的“高跟鞋 婚鞋”的相关性高于其他商品主图。

实际上，每个关键词背后都是一个消费需求，搜索“高跟鞋”和“婚鞋”的消费者显然有两个需求：① 商品必须是高跟鞋；② 商品要适合在婚礼当天穿。

进店关键词是指店铺当前获客能力最强的关键词，其通常拥有不错的展现量，如果能通过优化商品主图来提高这类关键词的点击率，就可以进一步增强进店关键词的展现能力，所以商品主图的主题可以根据进店关键词进行设计。进店关键词可以在生意参谋的“流量→访客分析→行为分布”中查找，如图 6-18 所示。

图 6-17 搜索结果

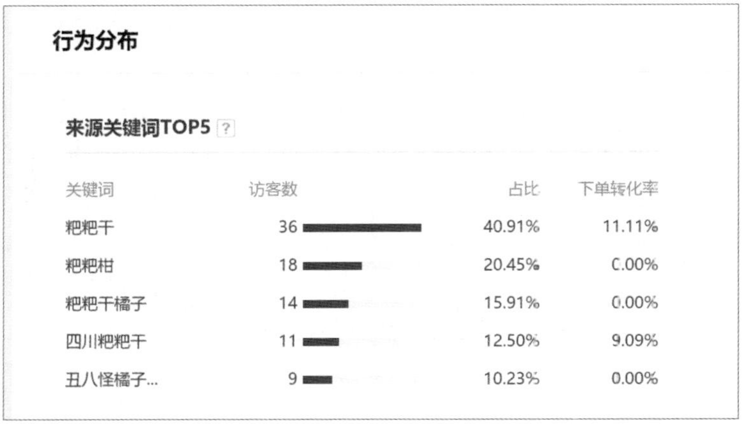

行为分布

来源关键词TOP5

关键词	访客数	占比	下单转化率
粑粑干	36	40.91%	11.11%
粑粑柑	18	20.45%	0.00%
粑粑干橘子	14	15.91%	0.00%
四川粑粑干	11	12.50%	9.09%
丑八怪橘子...	9	10.23%	0.00%

图 6-18　查找进店关键词

3）商品主图卖点呈现

每个关键词的背后都是一个消费需求。商品标题中所写的关键词之所以能被检索到，是因为消费者会根据自己的需求去输入相应的关键词，因此商品主图上所呈现的卖点需要和展现量高的关键词所能满足的需求相对应。

假设某商家售卖的水蜜桃是从果园现采现发的，且其标题中的“水蜜桃新鲜”这组长尾词的展现量非常大，因此该商家可以针对“水蜜桃新鲜”进行卖点的提炼与呈现，最终在商品主图上重点体现“新鲜采摘、果园直发”的信息，从而保证该商品主图在面对搜索“水蜜桃新鲜”的消费者时，是最符合其需求的。

商品的核心卖点应该是根据消费者的需求反推得到的，商家应尽量避免以商品为中心，用主观推测去设定商品的核心卖点。一张商品主图上呈现的卖点一般不要超过 3 个，因为过多的信息堆砌会导致消费者无法在最短的时间内获取准确的信息，所以商品主图上呈现的每个卖点都必须是消费者所关心的。商家应该选择消费者最关心的卖点作为核心卖点，将其他卖点作为辅助卖点。商家可以根据进店关键词获取的访客数对卖点进行排序，由获取的访客数越大的关键词反推出的卖点应越靠前，反之就越靠后。

在很多情况下，消费者搜索的关键词看似是商品的卖点，但并不适合直接放在商品主图上呈现。例如，图 6-19 为“水蜜桃甜”关键词的搜索结果，如果直接把“甜蜜”“甜太多”等字样放在商品主图上，就很难产生较强的说服力，商家需要用关键词加工出更有说服力的卖点。一种非常好用的方法就是多问一个甚至几个“为什么”并回答，如问“为什么新鲜”，答案是“果园现采直发”，那么“果园现采直发”才是商品主图应当呈现的卖点。

在通过进店关键词反推出商品的核心卖点以后，商家就可以确定商品主图修改方案并执行了。一份合理的商品主图修改方案应具备以下 4 点：① 符合当前消费者的需求；② 能反推出需要呈现的卖点；③ 展示当前商品主图呈现的卖点的不足之处；④ 说明如何将卖点呈现在商品主图上。

图 6-19　“水蜜桃甜”关键词的搜索结果

4）商品主图优化效果评估

在商品主图优化效果评估阶段，商家需要对优化前后两个版本商品主图的点击率进行评估，应尽量避免用主观意识去判断优化前后两个版本商品主图的好坏，可以在直通车中单独创建一个计划来进行商品主图点击率的测评，如图 6-20 所示。在这个计划中，商家投放的关键词需要和目前展现的关键词相匹配，如果计划中的关键词与搜索展现的关键词不同，就会导致该计划面向的消费者与日常搜索的消费者不一致，最终会影响结果的精准度。

图 6-20　在直通车中单独创建的计划

在该计划中，添加优化前后两个版本的商品主图为“创意”，并且设置投放效果为“轮播”，如图 6-21 所示。通常，在投放 24 小时后，就可以对两个创意的点击率进行对比。

由图 6-22 可知，优化后的商品主图（上图）的点击率比优化前的商品主图（下图）的点击率高 2.9%。根据这个结果，商家可以将优化后的商品主图作为新的商品主图进行投放。

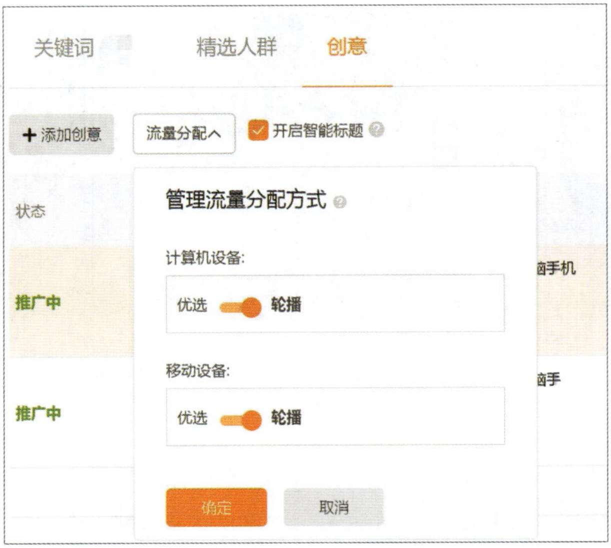

图 6-21　添加创意并设置投放效果

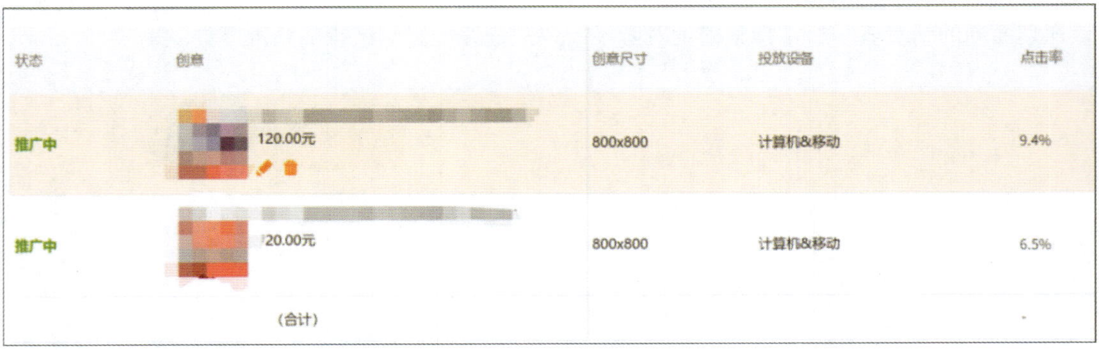

图 6-22　优化前后两个版本商品主图的点击率的对比

如果发现优化后的商品主图的数据不如优化前的商品主图，就需要重新梳理商品主图呈现的卖点。如果重新梳理过商品主图呈现的卖点之后，得到的结果依旧不理想，就需要对消费者的需求重新进行收集和整理，以便找到优化失败的原因。

提高商品主图的点击率是一个循序渐进的过程。商家需要不断地观察消费者需求的变化，根据消费者需求的变化不断地优化商品主图，并通过数据进行效果评估，从而不断地提高商品主图的点击率。

2. 商品详情页数据优化

商品详情页数据优化需要从 4 个方面着手，分别是商品的转化率、商品详情页消费者的需求挖掘、商品详情页呈现内容优化、商品详情页优化效果评估。

1）商品的转化率

商品的转化率 = 购买人数 / 浏览人数×100%。商品的转化率可直接反映出商品受消费者喜欢的程度。商品的转化能力除了与价格、销量、评价、问大家等内容有关，在视觉方面还与商品详情页有很大关系，消费者会通过商品详情页对商品进行了解，故商品详情页也是把消费者从了解者变成购买者的重要“战场”。

在线下购物场景中，导购可以与消费者进行面对面的互动交流，向消费者介绍商品的功能、特点及售后服务等信息，而导购向消费者介绍的信息是否能够让消费者接受，以及导购介绍的卖点是否能够满足消费者的需求，都是消费者做出购物决策的重要依据。而在线上购物场景中，在消费者主动联系商家之前，商家无法通过即时沟通工具向消费者传递商品的卖点及其他信息，只能通过商品主图和商品详情页向消费者传递商品的卖点、服务特点、售后服务等重要信息。

一个好的商品详情页不仅能为商家获取更多的订单，还会直接影响商品的搜索排名。本节会详细讲解如何优化商品详情页，从而增强商品的转化能力。

2）商品详情页消费者的需求挖掘

商品详情页的跳失率与平均停留时长会直接影响商品的转化率。

跳失率的降低和平均浏览时长的延长都会对提高商品的转化率有所帮助，而商品详情页对消费者的吸引力的大小将直接影响这两个数据。商家应当在商品详情页中多呈现消费者希望看到的内容，从而增大商品详情页对消费者的吸引力。

消费者希望要看到的内容就是消费者当下的购物需求。购物需求也会随着市场的变动与时间的推移发生变化，所以商家需要不断地探索消费者最新的需求，并通过优化商品详情页来保证商品详情页中呈现的内容对消费者有足够大的吸引力。购物需求可以通过分析商品的评价（见图 6-23）与问大家（见图 6-24）来获知。如果商品的评价或问大家的数量太少、内容不够丰富，那么商家可以找一些与自己的商品相似度较高且商品的评价、问大家的内容相对丰富的商品进行分析。

由图 6-23 可知，消费者对商品的质量、服务态度、快递服务、性价比等内容比较在意；由图 6-24 可知，消费者对床垫、床板、安装、结实、实木等内容非常关心，而且消费者所提问的内容大多是商品详情页中没有体现出来的内容。以上内容都属于消费者在购买商品时关心的内容，需要商家仔细整理与观察，并用于优化商品详情页。

在收集到大量消费者关心的内容以后，商家可以先按照“商品相关”“服务相关”“物流相关”3 个维度进行分组；再将每个小组中的内容按照消费者关心的热度进行排序，消费者关心的热度可以按照商品的评价与问大家中每个标签下的评价数和提问量来判断，数量越大，说明消费者关心的热度越高。

图 6-23 商品的评价

图 6-24 问大家

3）商品详情页呈现内容优化

在商品详情页呈现内容优化阶段，商家需要针对优化内容制定优化方案，共包括“消费者关心的点”“目前商品详情页不足的点”“优化改进的方法”3 个部分。其中，“消费者关心的点”可通过对商品的评价与问大家中的内容进行整理来获得，并将它们按照“商品相关”“服务相关”“物流相关”3 个维度进行分组；“目前商品详情页不足的点”与“优化改进的方法”都需要通过对“商品相关”“服务相关”“物流相关”3 个维度进行评估后输出。

商家可以使用一个九象限图来清晰地表达商品详情页的优化方案，如图 6-25 所示，在纵向上按照“消费者关心的点”“目前商品详情页不足的点”“优化改进的方法”3 个维度进行梳理，在横向上按照“商品相关”“服务相关”“物流相关”3 个维度进行梳理。

以商品双层实木床为例，其通过商品详情页优化方案的九象限图得出的优化方案如图 6-26 所示。商家可按“优化改进方法”中的内容逐一优化商品详情页。

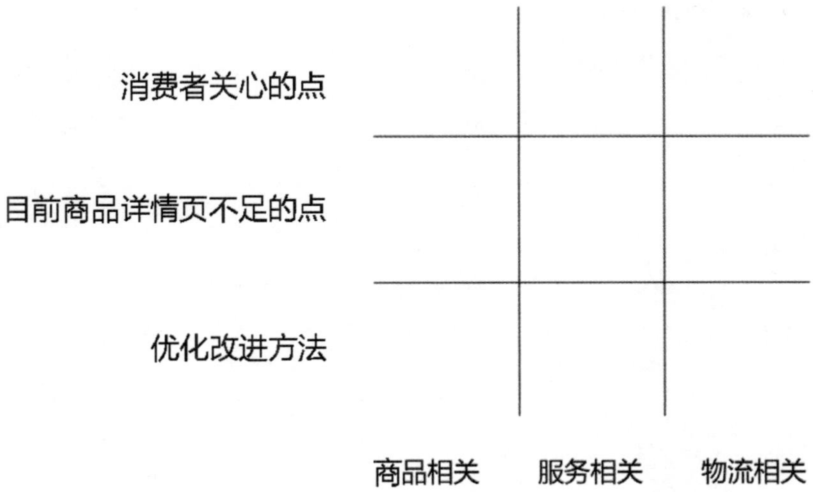

图 6-25 商品详情页优化方案的九象限图

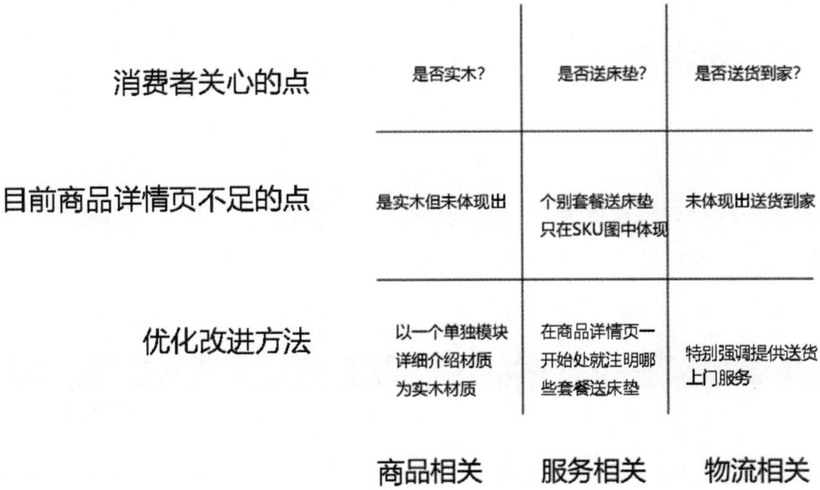

图 6-26 双层实木床通过商品详情页优化方案的九象限图得出的优化方案

4）商品详情页优化效果评估

商家可以通过下单转化率、商品详情页的跳失率、收藏人数增加幅度、加购人数增加幅度等数据来判断商品详情页的优化效果。

商家可以在生意参谋的“商品 360”界面中查看商品的相关数据，如图 6-27 所示。商家要在优化商品详情页前将相关数据保存下来，待完成优化之后再将相关数据进行对比，最终根据数据变化来评估商品详情页的优化效果。

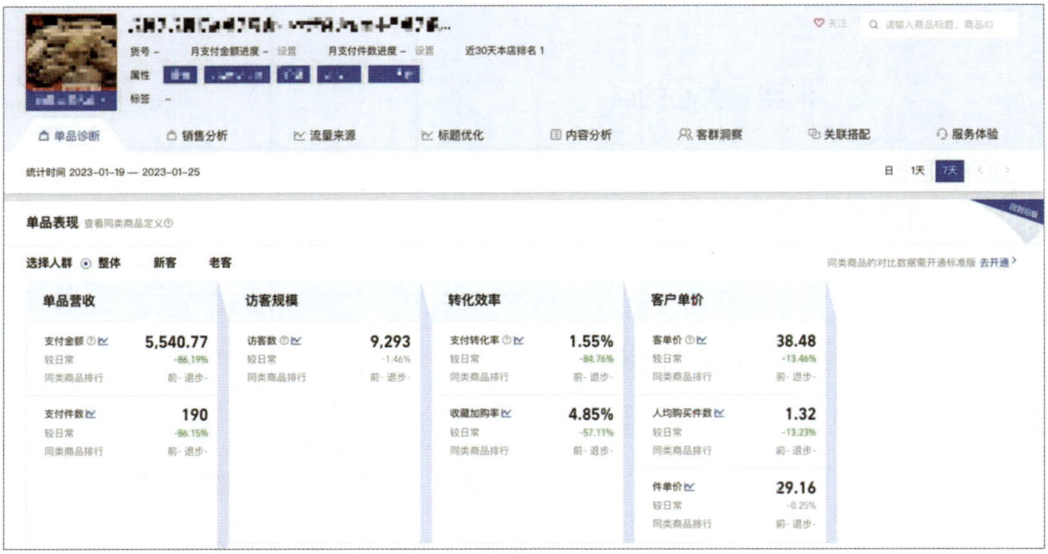

图 6-27　生意参谋的“商品 360”界面

6.2.3 视觉转化数据

1. 店铺整体转化数据

店铺整体转化数据包括店铺在一定时间内的支付买家数、支付金额、支付转化率、下单买家数、下单转化率、UV 价值、客单价等众多转化数据，可以在生意参谋的“流量→流量看板→转化”中查看，如图 6-28 所示。

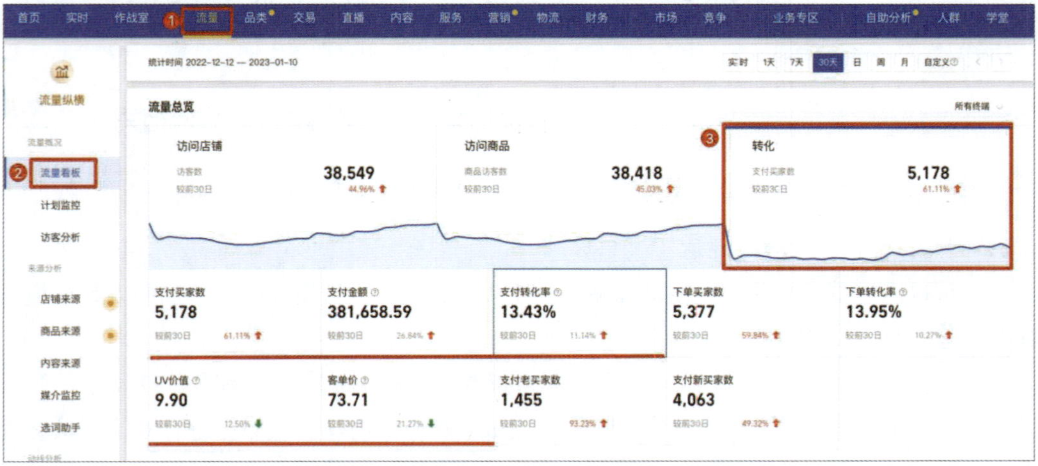

图 6-28　店铺整体转化数据的入口及主要数据

其中重要数据的含义如下。

（1）支付买家数很容易理解，就是在一定时间内，在店铺内成功购买商品的买家数。该数值越大越好。

（2）支付金额是买家拍下商品后通过支付宝支付给店铺的金额。其中统计范围未剔除售后退款金额，预售阶段付款在付清当天才计入内，货到付款订单金额在确认收货时计入内。所有终端的支付金额为PC端支付金额和无线端支付金额之和。

（3）支付转化率是指在统计时间内，支付买家数与访客数的比值，即来访客户转化为支付买家的比例。

如果支付转化率升高，就表示店铺的访客中成交的比例上升。此时，商家应继续保持并关注同行优秀商家的表现。

如果支付转化率降低，就表示店铺的访客中成交的比例下降。此时，商家应关注商品详情页的承接情况，关注下单催付工具的设置。

（4）UV价值是指在统计时间内，全店的支付金额与访客数的比值，表示每位访客能带来多少销售额。

如果UV价值增大，就表示买家进店的消费额上升。此时，商家应继续保持并关注同行优秀商家的表现。

如果UV价值减小，就表示买家进店的消费额下降。此时，商家应关注商品客单价的变动和转化情况。

（5）客单价是指在统计时间内，支付金额与支付买家数的比值，即平均每个支付买家的支付金额。

如果客单价升高，就表示人均消费金额上升。此时，商家应关注客单价上升的商品在页面承接、店铺营销、客服询单中的连带购买情况。

如果客单价降低，就表示人均消费金额下降。此时，商家应关注客单价下降的商品是否进行了单品的营销推广。

每个与店铺整体转化数据相关的数据都有趋势发展图，如商家可以通过如图6-29所示的支付转化率趋势发展图评估最近一段统计时间内此数据是否正向发展，如一直很低、向负向发展，就要重点突破，以便达到店铺整体转化数据向好的目的。

由图6-29可以看出，该店铺的支付转化率比30天前支付转化率有所提升，说明此阶段该店铺的转化数据更好；另外，该店铺的支付转化率高于同行同层平均支付转化率，但一直低于同行同层优秀支付转化率，说明该店铺的整体转化数据还有待优化，需要进行优化分析。

图 6-29　支付转化率趋势发展图

2．店铺 TOP 单品的转化数据

除需要分析店铺整体转化数据外，商家还应紧密关注店铺 TOP 单品的转化数据，因为店铺整体转化数据是由一个个单品的转化数据叠加统计出来的。商家可在生意参谋的“流量→流量看板”的“商品流量排行 TOP10”中查看店铺 TOP 单品的转化数据，如图 6-30 所示。

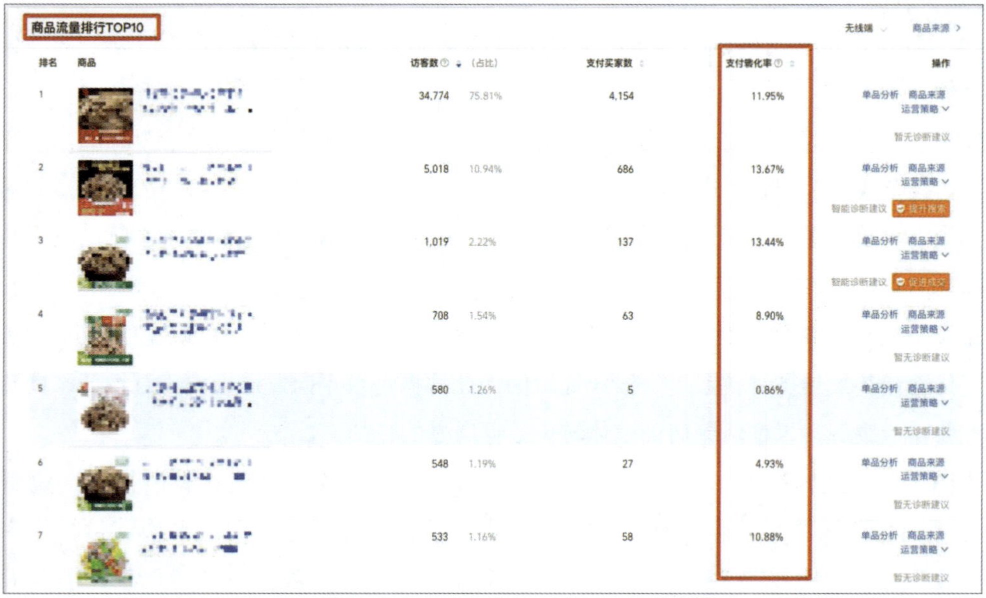

图 6-30　商品流量排行 TOP10

商家可以在“商品流量排行 TOP10”中清晰地看到每个单品的支付转化率。由图 6-30 可知，不同商品的支付转化率的差异非常大，因此商家需要花大量时间去分析支付转化率特别低的商品，因为不能转化就是浪费流量、浪费金钱。当然，商家在分析时也要考虑与同类商品的对比，不能只看最高的和最低的，因为价格、规格等其他因素也会影响支付转化率。

6.3 页面视觉数据分析

页面视觉数据分析可以帮商家更细化地读取及分析店铺内的路径、店铺首页、承接页、商品详情页的数据，并依据数据做出有利于设计的调整。

6.3.1 店铺内的路径数据分析

1. 路径分析

商家通过对消费者进入店铺的路径进行一定的分析，可以更好地服务消费者，在消费者的必经路径上设置一定的吸引点，强化消费者的认知，引导消费者在店铺内的路径，将爆款商品呈现在消费者眼前。

消费者在店铺内的路径分析图如图 6-31 所示，可以看出，消费者进店后被平台进行了分流，最核心的 3 个路径如下。

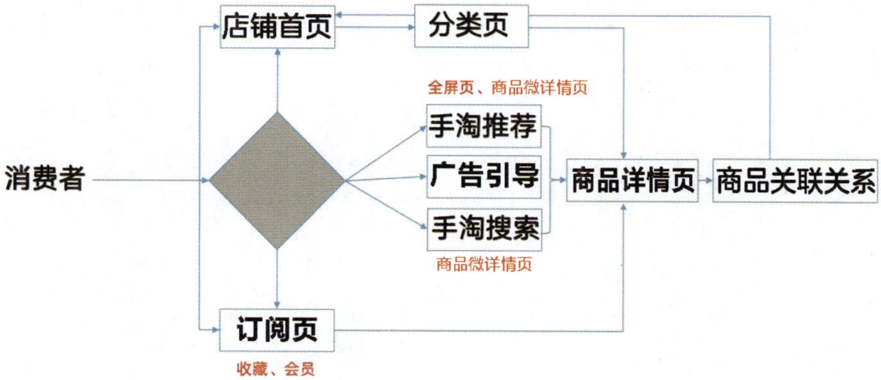

图 6-31 消费者在店铺内的路径分析图

（1）消费者被手淘推荐、广告引导、手淘搜索等直接引导到商品详情页上，其中，手淘推荐主要通过全屏页、商品微详情页上的短视频进行引导，在消费者没有搜索前给予消费者一定的算法推荐，分析出消费者感兴趣的商品并进行强推荐；当然，如果消费者有明确的搜索要求，就按消费者的搜索要求进行商品推荐；还有一种情况就是在推荐和搜索中，平台都留出了广告位，让已投放广告的有关商品进行强曝光，并引导消费者进入强曝光的广告商品详情页。

（2）当消费者以店铺名为主要的搜索方式时，平台直接将消费者引导到店铺首页上，进而再把消费者从店铺首页分流到分类页上，最终还是把消费者引导到商品详情页上，因为在淘宝上，消费者只能在商品详情页上进行下单。

（3）如果消费者是此店铺的会员，那么平台会依据消费者与店铺的关系进行引导和分流，把消费者分流到订阅页上。只有消费者已收藏或者已成为店铺会员才会激发平台进行这个引导分流动作。当然，平台最终还是会把消费者引导到商品详情页上进行成交转化。

如果消费者在商品详情页上没有进行成交转化，那么平台还会依据商品关联关系进行关联商品的推荐和引导，这部分内容会在 6.4.2 节中进行介绍。

2. 店内路径

为了查看消费者在店铺内的详细路径，平台提供了店内路径的入口，如图 6-32 所示。

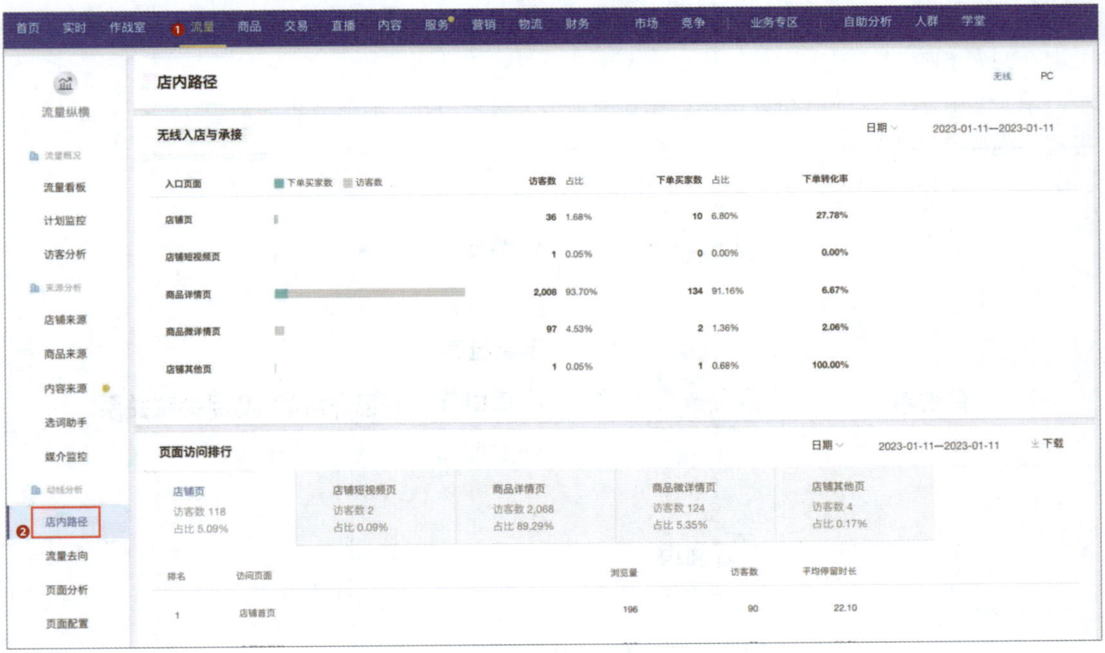

图 6-32　店内路径的入口

“无线入店与承接”主要用于分析消费者通过无线端入店后的主要路径，由图 6-32 可知，在入店后，有 93.70% 的消费者到达商品详情页上。

“页面访问排行”（见图 6-33）也再次验证消费者在店内路径的主要去向，89.29% 的消费者到达商品详情页上，另外，到达商品微详情页上的消费者占比也在提高，因此商家要做好商品微详情页的承接，即主要做好商品微详情页上的短视频承接。

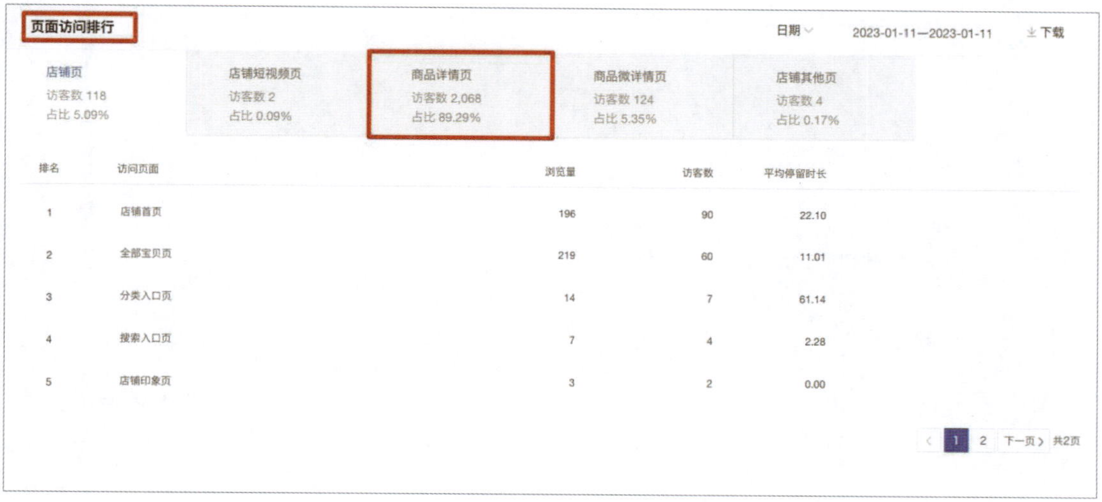

图 6-33 页面访问排行

由店内路径（见图 6-34）可知消费者的来源和去向：消费者的主要来源有 3 个，分别是店铺首页、商品详情页、店外其他来源；消费者的核心去向只有一个，即商品详情页。因此，商品详情页的优化非常重要。

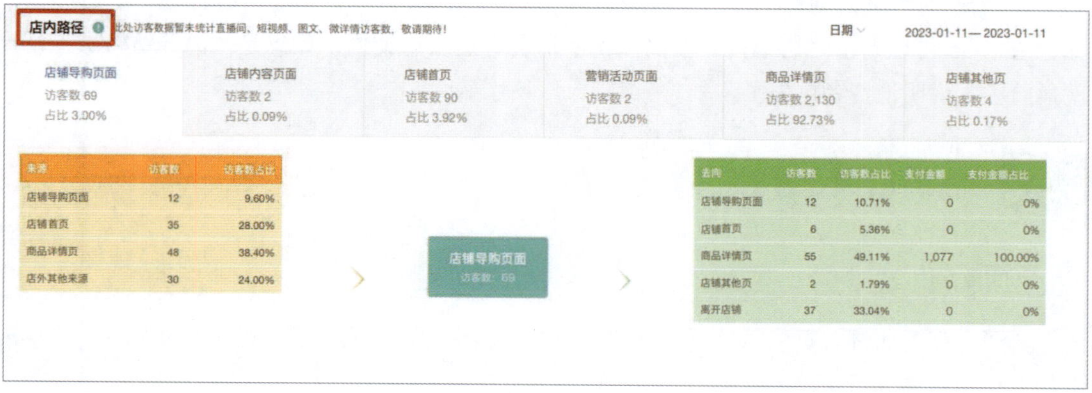

图 6-34 店内路径

3. 流量去向

流量去向的分析主要从“离开页面排行”和“离开页面去向排行”两个维度进行。流量去向的入口如图 6-35 所示。

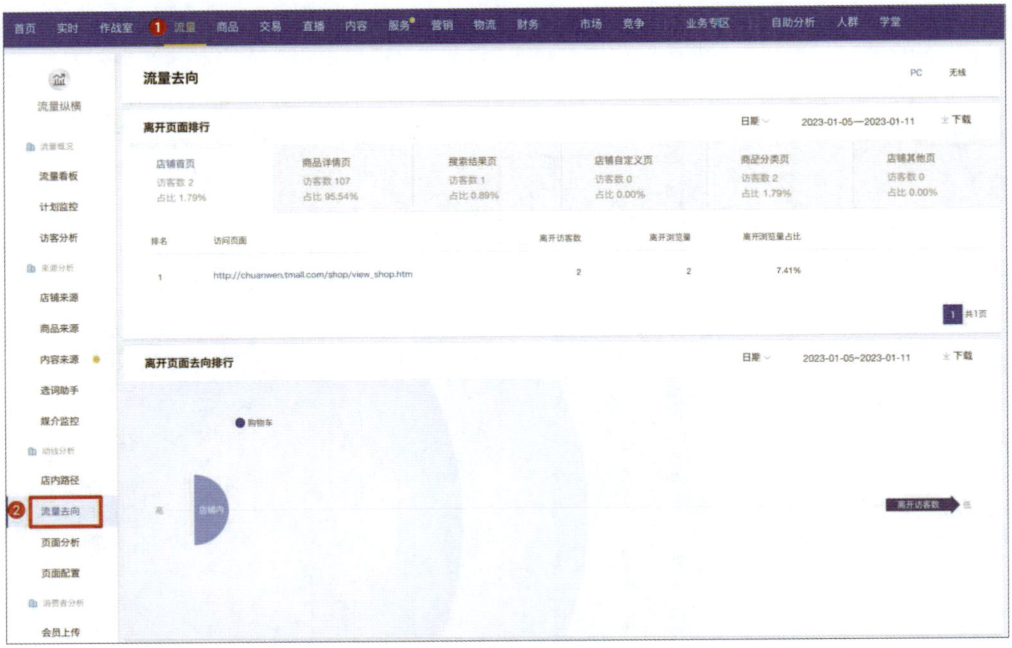

图 6-35　流量去向的入口

在“离开页面排行”中，如果商品详情页的占比较高，就说明商品详情页没能有效地留住消费者，商家需要对商品详情页进行优化。

在“离开页面去向排行”中可以看出两端（“店铺内”和“离开访客数”）的高低，如由图 6-35 可以看出“店铺内”端高，说明消费者还在店铺内。如果是“离开访客数”端高就危险了，说明消费者跳失了。

6.3.2 店铺首页、承接页

1. 页面配置

为了方便对店铺首页、承接页做好数据分析和跟进分析，商家需要做好页面配置。页面配置的入口如图 6-36 所示。

依据要求，商家可以先后对店铺首页、承接页及商品详情页进行定制。详细定制功能说明如下。

（1）店铺首页默认为已定制页面，可自定义添加其他页面；如果添加页面数达到上限，那么可以在删除已定制页面后重新添加页面。

（2）在页面定制成功后，数据从添加成功后的第二天开始提供。

（3）数据没有显示出来的可能原因如下：① 中途重新装修过页面；② 页面没有被点击过。

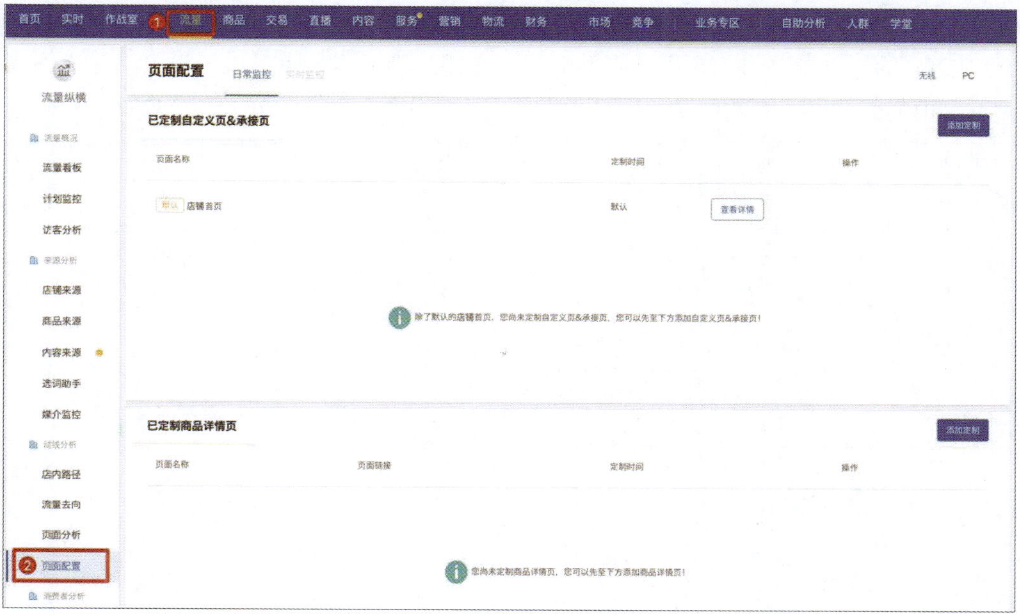

图 6-36 页面配置的入口

（4）如果已定制“双十一”承接页，那么请在店铺模板变更后重新添加。

（5）淘宝商家请注意，淘宝的“双十一”承接页的技术实现问题可能会引起承接页的部分数据无法被统计到。

（6）装修分析功能对浏览器性能的要求高，为了拥有更好的体验，笔者推荐使用 Chrome 最新版本的浏览器、360 极速浏览器、UC 浏览器。

首先，在配置店铺首页时，还能添加 5 个页面，如图 6-37 所示。从实用角度和消费者的访问习惯来看，笔者建议优先添加手机端页面。

图 6-37 添加自定义页 & 承接页

其次，配置商品详情页，同样可以添加 5 个页面，如图 6-38 所示。一般情况下，笔者建议主要对店铺的爆款商品进行页面配置和分析，在添加商品详情页时，可以直接输入商品 ID（在浏览器中打开的一个爆款商品的网址中，选取类似如图 6-38 所示的“id=42378703181”中的数字部分即可），在“输入定制页面名称”文本框中输入商品名称即可，主要是方便后期做分析时进行查看。

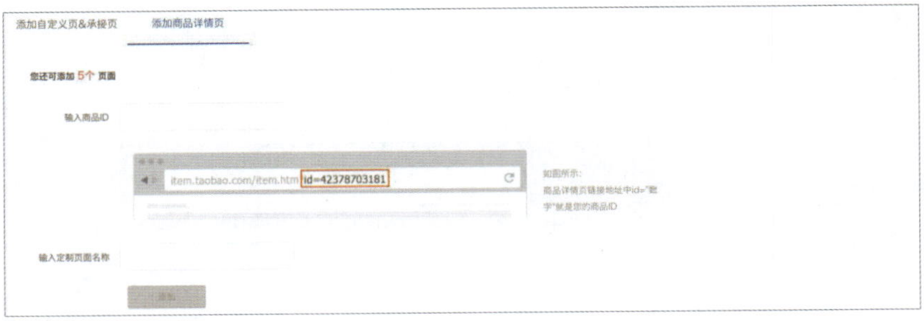

图 6-38　添加商品详情页

2. 店铺首页、承接页的数据分析

在上述页面配置完成后，24 小时后即可对页面进行分析。页面分析的入口如图 6-39 所示。在“页面分析”界面中可以看到已配置的页面，一般情况下，如果不配置，就只能看到默认页面。商家可以依次从“点击分布”“数据趋势”“引导详情”“分布明细”4 个方面查看数据，进行评估分析。

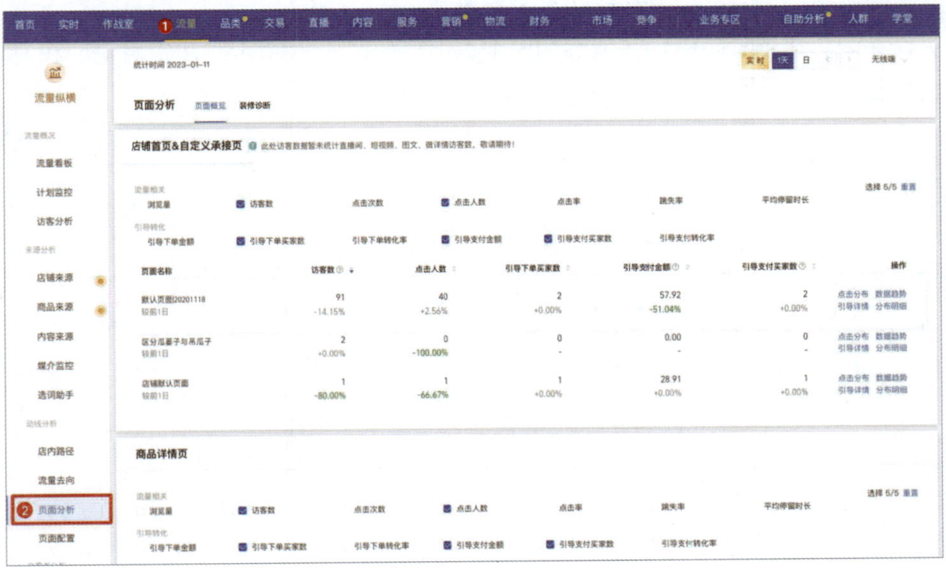

图 6-39　页面分析的入口

（1）“点击分析”可以帮助商家分析页面上哪些模块被点击的次数多，并确认是否让最需要被点击的商品或者模块得到了最多的点击，如果没有，就需要进行相应的调整。6.1.3 节中提到了，可查看相关的点击率和跳失率数据，正常情况下，可以做如下调整。

点击率数据不好的，可以通过调整位置、变换大小、更换主题的方式对商品或者模块进行优化，并继续检测数据是否变化。

重点关注核心爆款商品，一定要将其放在页面前面的好位置上，并且尽可能放大，使用鲜艳的色彩，以帮助核心爆款商品获得更高的点击率。

（2）“数据趋势”分析是对一段统计时间内的众多数据指标的趋势分析图，可以连续呈现调整后的点击情况。

（3）“引导详情”分析可以帮助商家分析从店铺首页进入商品详情页的流畅性，前文已讲过，消费者在商品详情页上才能进行成交转化，所以商家一定要通过店铺首页或者自定义的承接页快速地把流量引导到核心爆款商品的详情页上。

（4）“分布明细”分析可分页面查看商品表现，按模块统计不同区域的点击情况，帮助商家优化页面布局。

6.3.3 商品详情页

1. 页面配置

商品详情页的配置已在前文中讲解过，在此不再重复。需要明确的是，在做任何页面分析前都要进行页面配置，而且配置有时效性，不是立即配置立即就能查看的，要给平台的服务器抓取消费者数据的时间。

另外，商家只需要对核心爆款商品进行页面配置及分析即可，且只有 5 个商品详情页可供分析，如果要分析更多的商品详情页，就需要删除不想分析的部分商品详情页。

特别提醒：商家一定要有数据敏感性，在每次做了页面配置及分析后，都要把数据、分析的结果及优化后的反馈进行留存，方便下次在对同样商品进行分析前有资料可供参考，以便提高优化分析效率。

2. 商品详情页数据分析

在配置好商品详情页后，经过 24 小时便可在商品详情页的页面分析中查看到详细的页面分析数据，主要有“点击分布”“数据趋势”“引导详情”3 个部分，如图 6-40 所示。

（1）“点击分布”：主要显示消费者在哪些页面模块上做出了点击的行为，可以帮助商家更好地理解消费者对商品的哪些描述更感兴趣。

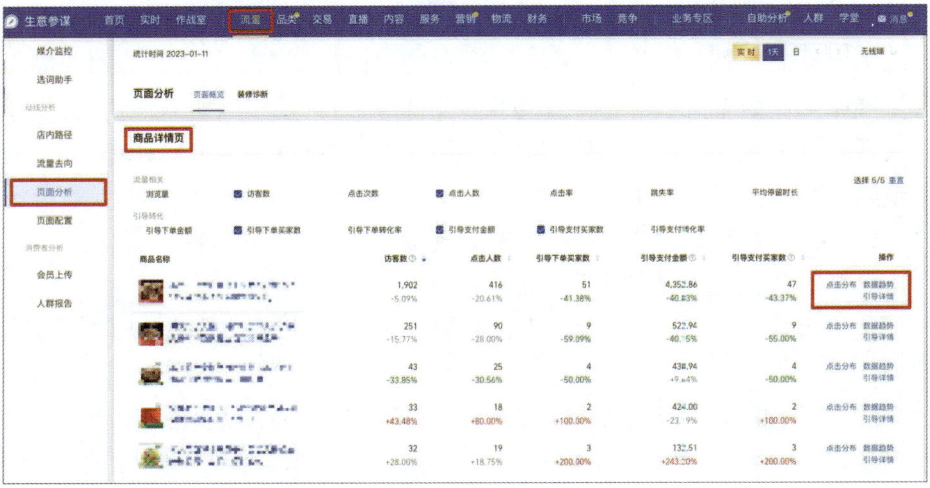

图 6-40 商品详情页的页面分析

当然这里有一点需要注意：依据常规的设计经验，消费者一般对页面前几屏的兴趣度相对偏高（见图 6-41），这几屏被更多地点击；而当页面太长时，明显就能看到页面尾部很少被点击，这时，商家就需要对页面进行设计上的调整，把没有被点击的部分删除，若其特别重要，则可以调整其位置，如将其调整到前几屏，当然也需要继续观察点击情况。

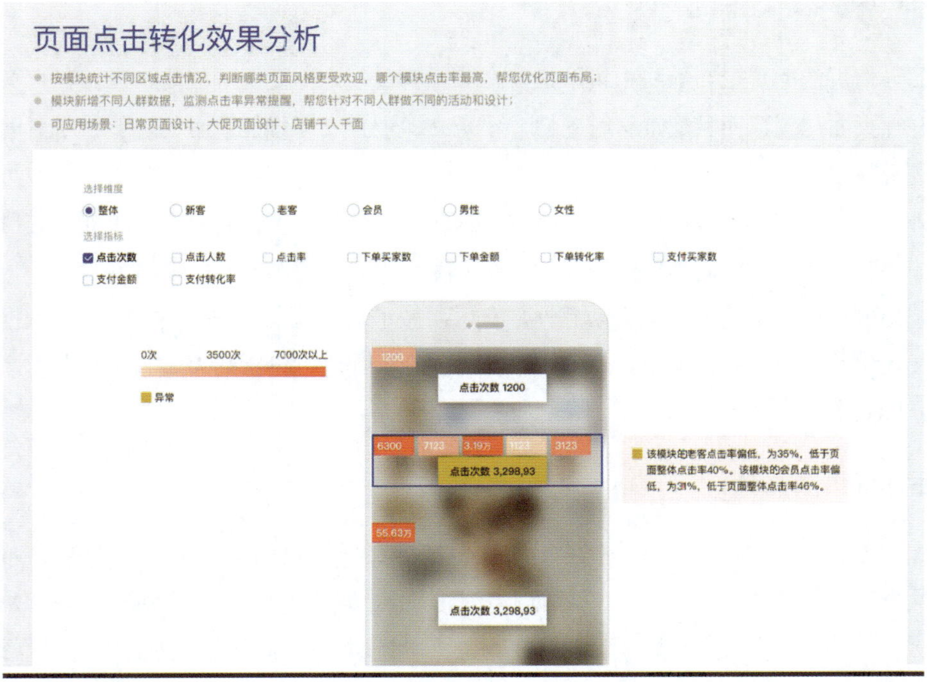

图 6-41 商品详情页的点击分布情况

（2）“数据趋势”分析是对一段统计时间内商品详情页上的众多数据指标的一种趋势分析图，可以连续地呈现调整后商品详情页的点击情况。

（3）“引导详情”分析可以帮助商家分析从商品详情页跳转到其他页面的情况，商家希望将消费者留在店铺内多浏览页面，不希望消费者直接流失。

6.4　单品视觉数据分析

视觉数据最终落地到商品详情页上，因为所有的转化都是从单品上呈现出来的，平台给出了强大的工具帮助商家分析单品视觉数据，包括商品温度计、商品关联数据分析等。

6.4.1　商品温度计

1. 工具介绍

商品引流能力强但转化率低是什么引起的？是页面加载慢、价格高，还是评价差呢？商品温度计可以帮助商家进行诊断。

商品温度计主要有四大功能。

（1）量化转化率：量化商品的转化率，让商家清楚转化环节存在什么问题。

（2）效果解读：对转化效果数据进行解读，让商家明白是哪些位置存在问题。

（3）商品诊断：从页面性能、标题、属性、促销导购、描述、评价等多个方面诊断商品，并提供诊治方法。

（4）无线分析：在无线端，从描述区的页面高度、图片查看、页面打开时长三大方面进行诊断，帮助商家在无线端占领先机。

在当前访客绝大多数都是在无线端的现状下，无线分析功能是被使用得最多的，当然其他几个功能也有相应的使用价值。

2. 工具的入口

商品温度计的入口如图 6-42 所示。“商品温度计”界面中提供了两种对商品进行分析的方式：① 在搜索框中输入店铺内商品的关键词、商品 ID 或粘贴商品 URL，并在提示列表中选中目标商品；② 在“系统推荐”中直接单击商品图片进入，如图 6-42 所示。

3. 工具的使用说明

商品温度计可对 PC 端界面和无线端界面的数据进行分析。

图 6-42　商品温度计的入口及“商品温度计”界面

1）PC 端界面的数据分析

PC 端界面的数据分析主要从两个方面进行：一是商品转化；二是影响商品转化因素检测。商品转化如图 6-43 所示，它从 3 个方面进行分析并给出相应的建议。

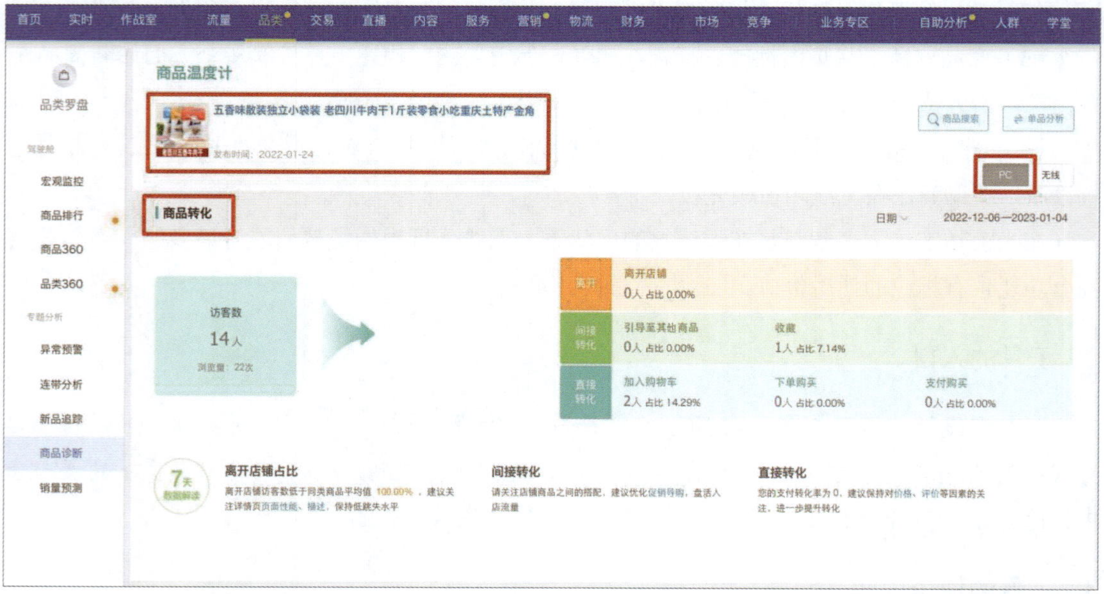

图 6-43　商品转化

影响商品转化因素检测如图 6-44 所示，主要从页面性能、标题、价格、属性、促销导购、描述、评价等多个方面进行诊断，并给出相应的解读及可能优化的信息提示。

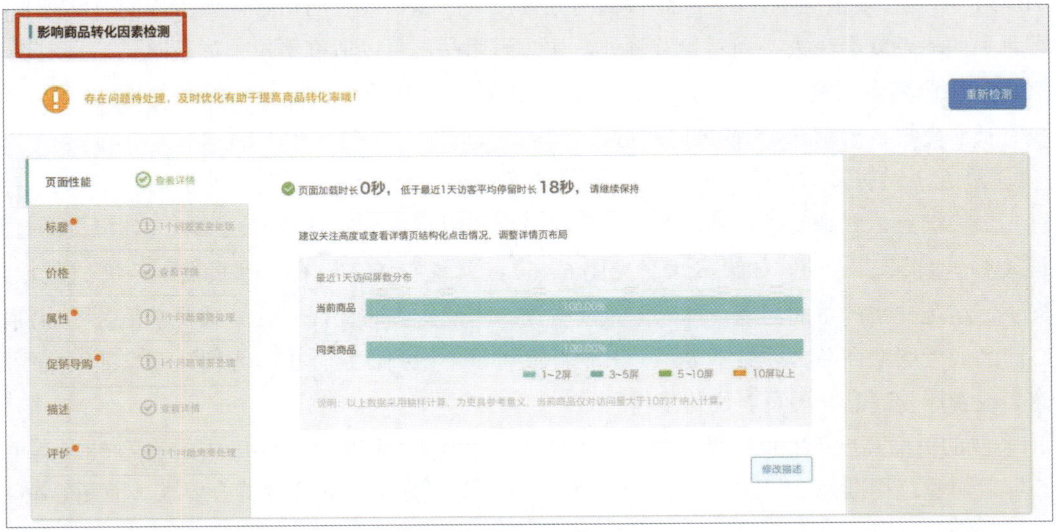

图 6-44　影响商品转化因素检测

2）无线端界面的数据分析

无线端界面的数据分析如图 6-45 所示。根据图 6-45 中的标注，我们依次从 5 个方面进行讲解。

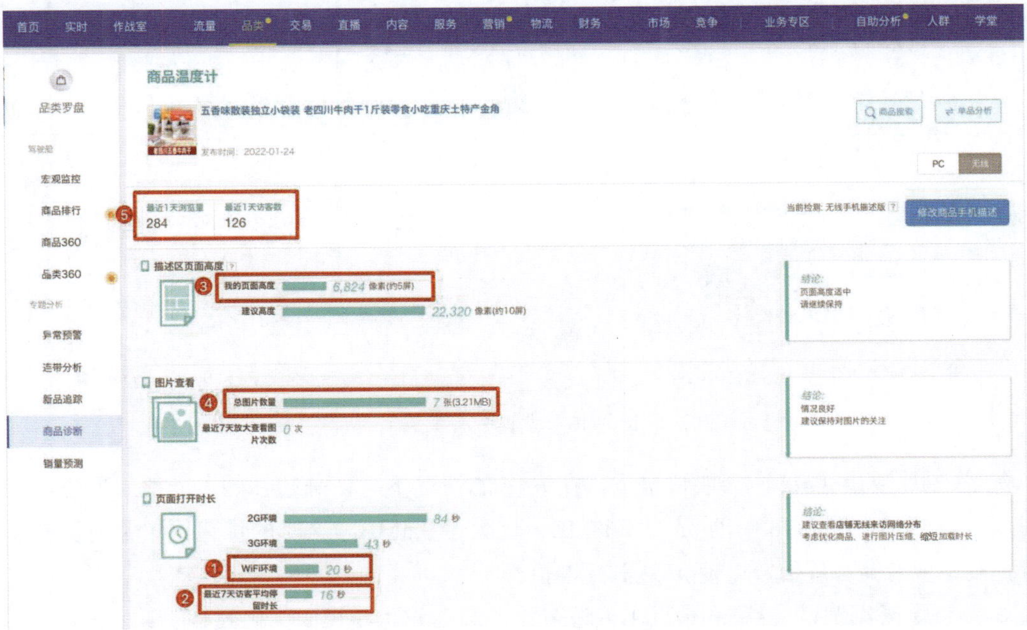

图 6-45　无线端界面的数据分析

① WiFi 环境：在正常的网络环境下，在无线端，访客从访问页面到下单页面的平均时长为 20 秒，所以一般情况下控制在 20 秒以内为宜，时间越长就说明访客需要等候的时间越长，访客跳失的概率就会越大。当然也有例外，如对耐用品，可以适度地拉长加载时长，呈现更多的信息，让访客多浏览一会，一般建议控制在 30 秒之内。若为价值很小的商品且为标品，则加载时长应更短，控制在 15 秒之内即可。

② 最近 7 天访客平均停留时长：主要是访客最近 7 天在这个页面上的平均停留时长。这里有一个关键点，就是要求做到最近 7 天访客平均停留时长（B）最好大于 WiFi 环境页面打开时长（A），即要求 $B>A$。如果 $B<A$（见图 6-46），就说明访客没有等到页面加载完成就已经跳失了，这是非常严重的问题，商家一定要关注。当然更多时候提出的基础要求是关注店铺内核心商品或者爆款商品必须做到 $B>A$，其他商品可以不做到，这样也是方便让商家能聚集于核心商品或者爆款商品开展页面优化工作。

③ 我的页面高度（P）：如果 $B<A$，那么通常会认为是 P 超标。图 6-45 中的 P 为 6824 像素，约 5 屏，而建议标准是 22 320 像素，约 10 屏，说明该页面的设计高度符合要求。而图 6-46 中的 P 为 16 862 像素，约 11 屏，超过了建议高度的 10 屏，这时的优化建议就是减少页面不需要的展现，将屏数控制在建议高度之内。

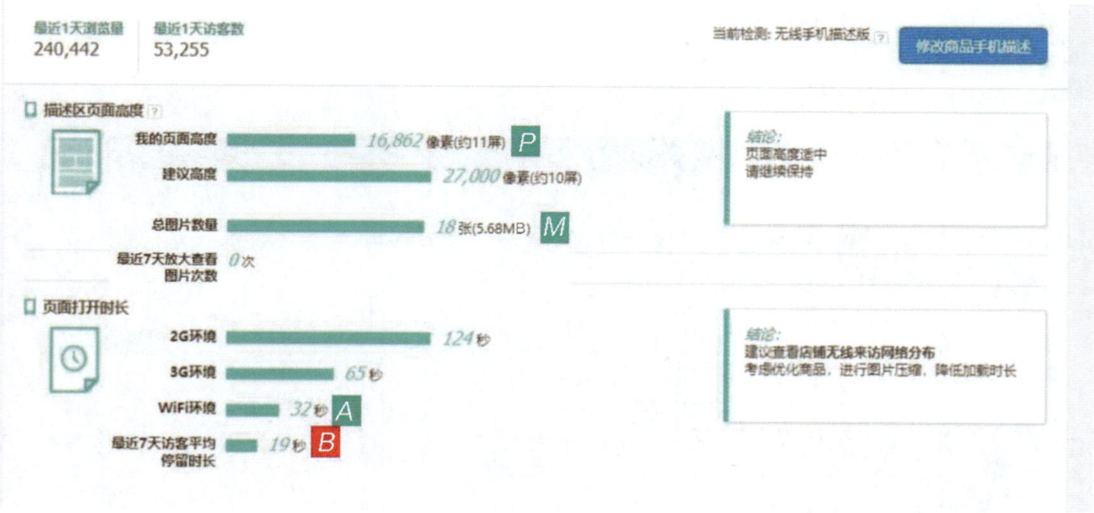

图 6-46 数据分析案例

④ 总图片数量（M）：一般情况下，在 $B<A$ 的情况下，M 是超标的。一般情况下，M 的参考值为 3.5MB，图 6-46 中的 M 为 5.68MB，远大于 3.5MB，这时的优化建议是对图片质量进行提高，或者减少屏数，以使 M 达到标准值。

⑤ 最近 1 天浏览量（X）和最近 1 天访客数（Y）：这也是页面优化效果的重要评估指标，如果这两个数值太小，就说明浏览页面的人比较少，一般情况下以不少于 1000/ 天为最低参照

标准，低于这个标准，相关的指标就会失真，从而失去价值。另外，它们也可以作为对核心商品和爆款商品的考核指标，如果 $X/Y>3$，我们就认为该商品具有成为核心商品和爆款商品的潜力；如果 $1<X/Y<2$，就说明该商品作为核心商品和爆款商品的效果不是很理想；如果 $1<X/Y<2$，而 $Y>1000$，就说明我们需要在页面上多增加关联商品，做好页面跳转设置。

6.4.2 商品关联数据分析

1. 关联评估数据

商品关联对于提升店铺的客单价、促进爆款商品带动店铺其他商品的转化起到非常重要的作用。但是，商品要不要做关联销售，需要使用什么数据作为评估标准呢？一般来说，评估标准有以下两个。

1）商品的转化率

一般情况下，当某商品的转化率很高时，可以不做关联销售，主要是为了使浏览该商品的消费者快速转化，免得因为关联其他商品而使访客左顾右盼，反而降低该商品的转化率。另外，虽然爆款商品的转化率很高，但是为了带动其他有配合属性的商品快速成交，也可以做关联销售，此时建议将商品做成套件，并给予消费者一定的购买套件的优惠，促进套件的快速转化，从而实现爆款商品带动关联商品的转化。

若某商品的转化率不高，则建议做关联销售，并且做两三款关联商品，最多不超过 6 款，目的是尽可能地满足消费者的需求，促进更多商品成交，提高店铺整体的转化率。还有一种方式是，在页面上只做店铺爆款商品的关联，这是一种强引流方式，通过爆款商品留住消费者。

2）商品的跳失率

一般情况下，当某商品的跳失率很高时，强烈建议做关联销售，将更多的关联商品呈现在消费者面前，尽可能多地吸引消费者的关注。关联商品一般情况下不应超过 6 款，防止消费者不知该如何选择。商家也可以在跳失率很高的商品页面上只做店铺爆款商品的关联。当商品的跳失率很低时，一般建议不做关联销售，以便防止关联商品造成消费者跳失。

2. 商品关联数据分析的入口

上述关于商品关联转化率和跳失率的数据相对来说是主观认知，在实际应用中，商家需要不停地去测试不同的关联商品，评估转化和跳失数据，才能更好地找出关联商品的最佳组合。事实上，在进行商品关联数据分析时，我们也可以用另外两个入口的数据。

1）关联搭配

在生意参谋中，通过关联搭配（入口如图 6-47 所示）可以快速地查看商品关联搭配建议，即“店铺推荐－引导详情”中的商品和“连带商品推荐”中的商品，如图 6-48 所示。

图 6-47　关联搭配的入口

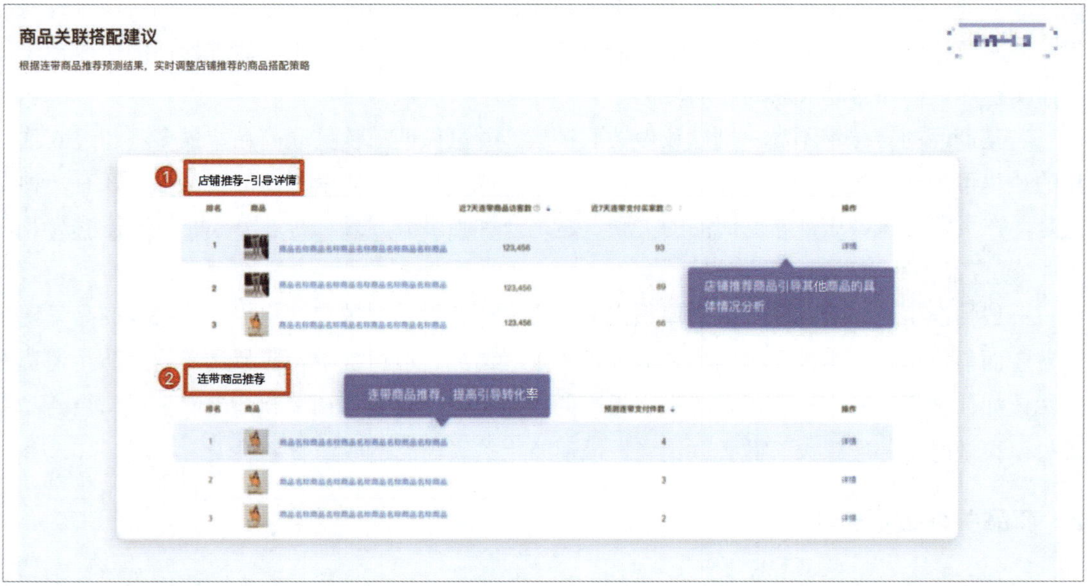

图 6-48　商品关联搭配建议

通过如图6-48所示的数据可以非常精准地分析出最适合与要分析的商品做关联销售的商品。

2）连带分析

在生意参谋中，通过连带分析（入口如图 6-49 所示）可以快速地查看最适合与要分析的商品做连带推荐的商品，并且可以查看关联支付人数、关联购买率等更详细的数据。

图 6-49 连带分析的入口

在为一款商品做关联销售时，商家需要注意以下 3 个方面的事项。

① 提供引流款 / 热销款关联购买商品列表。

② 最多提供 20 款商品，可一键同步至店铺推荐做关联销售。

③ 提供主推款商品连带引导其他商品成交等数据。

说明：关联搭配、连带分析等功能均为品类罗盘付费用户专享的，商家可以订购生意参谋品类罗盘的专业版本来获得该功能。

习题

一、选择题

1．店铺视觉数据的核心指标有（　　）。

A．访客数　　B．跳失率　　C．人均浏览量　　D．平均停留时长

2．下列针对跳失率所做的优化，不正确的是（　　）。

A．减少页面屏数，让页面的加载速度更快，减少访客跳失

B．提高页面上图片的质量，在满足平台图片质量要求的基础上缩小图片，以便加快图片的加载速度，减少访客跳失

C．在页面上增加动态元素，可以是 GIF 动图，也可以是短视频，或者采用差异化视觉布局，吸引更多的访客，并防止他们跳失

D．在店铺首页上什么都不放，以便使页面的加载速度更快

3．商品主图点击数据优化需要从（　　）这几个方面着手。

A．商品主图的点击率　　B．商品主图受众需求分析

C．商品主图卖点呈现　　D．商品主图优化效果评估

4．商品详情页数据优化需要从（　　）这几个方面着手。

A．商品的转化率　　B．商品详情页消费者的需求挖掘

C．商品详情页呈现内容优化　　D．商品详情页优化效果评估

5．“无线入店与承接”主要用于分析消费者通过无线端入店后的主要路径，在入店后，到达（　　）上的消费者最多。

A．商品详情页　　B．店铺首页　　C．专题页　　D．活动页

二、填空题

1．“透过数据看本质，通过数据做决策”是每个商家都应该具备的能力，商家需要先透过________去分析消费者的潜在需求、购物行为等，再通过________去寻找优化运营效果的决策。

2．视觉数据优化模型是基于数据优化模型，针对页面数据进行升级的优化模型，即________。

3．动线是指访客的流动路线。在线上购物场景中，这个动线被称为________，是指访客在浏览页面时因视线移动而形成的路径。

三、问答题

1．对淘宝店铺中的商品页面访问数据进行分析的工具是什么？它主要有哪些功能？

2．商品关联对于提升店铺的客单价、促进爆款商品带动店铺其他商品的转化起到非常重要的作用。但是，商品要不要做关联销售，需要使用什么数据作为评估标准呢？